JN101489

人物叢書

新装版

幣原喜重郎《しではらきじゅうろう》

日本歴史学会編集

吉川弘文館

幣原喜重郎

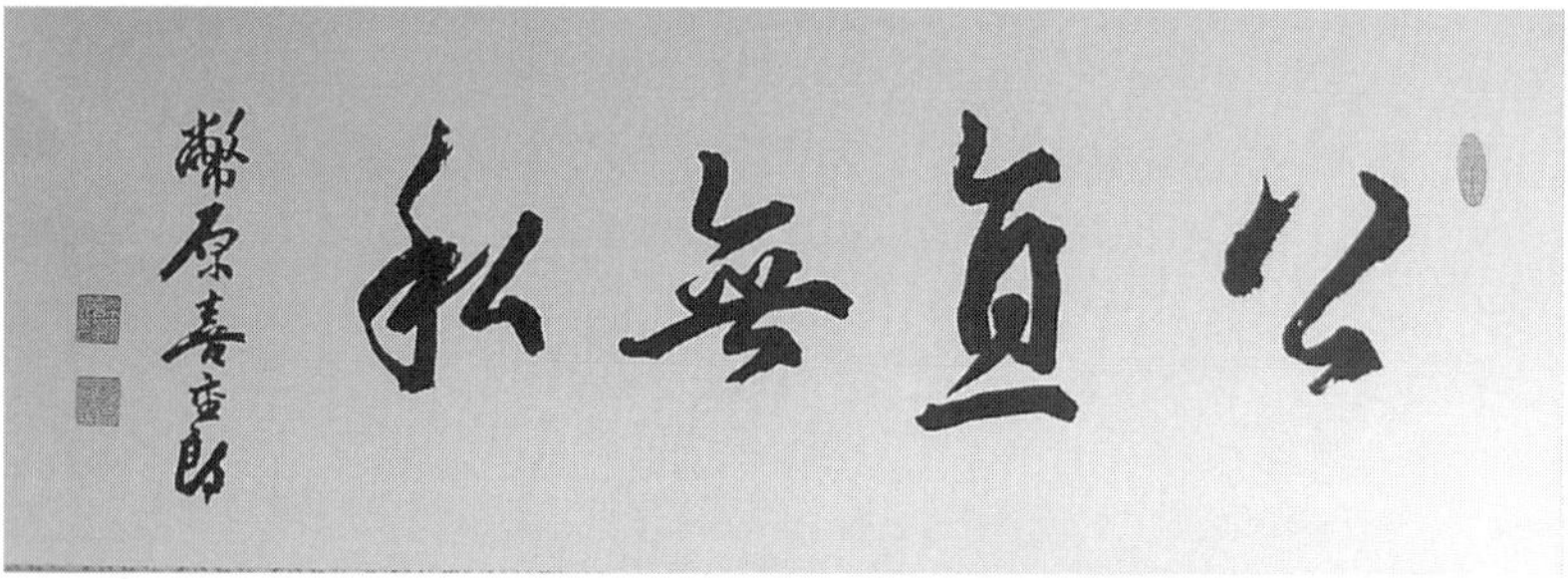

幣原喜重郎の書「公直無私」(門真市歴史資料館提供)

幣原が外相在任中の昭和６（1931）年，故郷の門真町役場に寄贈したものである．「公直無私」とは，公職に就く者は，私心をなくして，実直であれとの意である．国と公を尊重する明治日本の教育・官僚制度のなかで育ち，戦後の責任，義務を疎んじる風潮をなげき，「国事に邁進」し，「邪念がなくして公けに尽してくれる人」を好む（「忘れ得ぬ人々」『文芸春秋』昭和26年１月号）幣原らしい言葉である．

はしがき

幣原喜重郎《しではらきじゅうろう》は、明治五（一八七二）年に生まれ、明治二十九年に外務省に入省し、英米、オランダに赴任したのち、大正四（一九一五）年に外務次官、大正八年に駐米大使に任ぜられ、大使在任中にワシントン会議全権を務めた。大正十三年～昭和二（一九二四～二七）年と昭和四年～六（一九二九～三一）年の二度にわたって外務大臣を務め、国際協調と中国に対する内政不干渉を掲げた幣原外交を展開した。第二次世界大戦の終戦直後である昭和二十（一九四五）年十月には、第四十四代内閣総理大臣に就任、在任中に国民主権と戦争放棄を特徴とする日本国憲法の草案を発表した（公布は吉田内閣）。

英語に長《た》けた先進的な国際人であり、ワシントン会議では、一九二〇年代の東アジア秩序の軸となるワシントン体制成立のキーマンとなった。外相時代の国際協調外交と中国に対する内政不干渉の精神は、戦後の日本国憲法につながったとの評価もある。

だが、現時点で信頼できる幣原の伝記は、幣原平和財団編『幣原喜重郎』、服部龍二

『増補版　幣原喜重郎』ぐらいだ。もっとも、幣原夫人の雅子は、前者の『幣原喜重郎』の内容に不満をもらしたという（木村毅「弱し、されど正し」）。塩田潮《うしお》『日本国憲法をつくった男』は脚色を交えた歴史小説というべきもので、根拠不明の情報も多い。

日本近現代史の重要人物でありながら、幣原の伝記が書かれなかったのはなぜか。理由の一つは、幣原の記録・史料が極端に少ないためだろう。幣原は若いころから日記をつけるなど、克明な記録を残していたが、これらは第二次世界大戦中の空襲で焼失した（『幣原喜重郎』）。加えて、外交官は幣原に限らず、機密を重視する職業柄か、史料を残さない人が多い。陸奥宗光《むつむねみつ》や小村寿太郎《じゅたろう》、加藤高明《たかあき》もそうで、第二次世界大戦を挟んで活躍した重光葵《しげみつまもる》の史料が残っているのは例外である。

まとまった史料としては、外務省が保管する外交文書――外務省記録という――があるが、分量はあまりにも膨大である。代表的な文書だけでも資料集としてまとめた『日本外交文書』もあるが、一冊が辞書のような分厚さで、そこから幣原の意図を汲み取り、文章におこすのは容易ではない。

なお、令和元（二〇一九）年の夏に昭和二十～二十六年分の幣原の手帳（『憲政資料室収集文書』憲政資料室蔵）が公開されたが、これは公務日程と会見した人物の名前のごく一部をメモしただけのもので、幣原の心中が窺える記述はほぼ皆無である。昭和天皇の人間宣言詔書の起草や日本国憲法の制定に関わった昭和二十年末〜二十一年三月も、断片的に「拝謁《はいえつ》」「参《さん》内《だい》」「閣議」などと記されているが、内容の記述はなく、「憲法」や「詔書」の字句もない。他の史料や報道から面会したことが確認できる人物の名前が記されていないことの方が多いなど、参照に際しては細心の注意が必要な史料である。

次は、幣原本人の問題だ。話し好きだったが、機微な政治、外交の詳細は一切口外しなかった。口の堅さは有名で、首相時代の政務担当秘書官の福島慎太郎《しんたろう》は、幣原と政策の話をしたことはなかった（『福島慎太郎氏談話速記録』）。ジャーナリストの伊藤正徳《まさのり》も、幣原からは特ダネを取ることが出来なかった（『幣原喜重郎』）。長男の道太郎《みちたろう》も、昭和二十年十月六日朝、幣原が行き先も言わずに家を出て、どこへ行ったのかと思っていたら、昭和天皇から首相任命の大命を受けていたという（『読売報知』）。

感情を表にすることを避け、プライベートを語ることも少なかった。昭和二十〜二十六年の幣原の手帳も、妹の節《せつ》の死去やその葬儀の記述がないことをはじめ、家族や親族に関する記載はほとんどない。学生時代からの友人も、あまり幣原の人間像を語っていない。これには『幣原喜重郎』の執筆の際も困り、雅子夫人に何かしらのエピソードを求めたが、

「まじめ一点ばりで」という答えしか帰ってこなかった（永井松三「幣原男爵の想出」）。外交官を志した動機もよくわからないのだ。

幣原は「何人も憎めない」温厚な人格者であったが（昭和二十一年三月二日『小林一三日記』二巻）、かえってこれが幣原像に見えにくくしている。人が良すぎて自慢話や自らの弁解、人の批判、さらには事実でも他人に迷惑をかける話を一切しないのである。

昭和十九年ごろ、外交評論家の清沢洌《きよさわきよし》はワシントン会議での幣原の回顧談を筆記にして提出したが、幣原は故人となっていた加藤友三郎《ともさぶろう》海相をはじめ、関係者の迷惑や不利になること、論争になる事項を省くよう求めた。善人すぎて歴史の証人としては「最も不向きな人」なのである（清沢洌「幣原男爵回顧談に対する所感」）。

幣原の自伝とされる『外交五十年』も「小生の執筆に成《な》りたるものでなく」、新聞記者に「出放題《でほうだい》に話したことをそのまゝ速記に書き取られ」たのがもとで、幣原本人は不満もあったが、「吾を謗《そし》るものはその謗《そし》りに任す」と言い、誤りを正そうとはしなかった（昭和二十五年九月十五日秋元俊吉宛幣原書翰『憲政資料室収集文書』）。

これまで幣原は、公に声明された議会演説や『外交五十年』の内容から、戦前に国際協調外交を展開し、田中義一《ぎいち》の強硬外交や軍部の台頭に強く抵抗した平和主義者で、戦後は日本国憲法第九条制定のキーマンとなったと理解されてきた。しかし、前述のように幣原は容易に本心を明かす人物ではなく、平和主義者というイメージだけが先行している。むしろ、近年の研究では、幣原は日本の利益擁護を重視し、門戸開放主義や国際連盟に代表される新外交―言い換えればグローバルな国際協調―の動きに双手《もろて》をあげて賛成したのではなかったと指摘されている。幣原の実像とは、いかなるものであったのか。

幣原本人は生前、自分の死後に編まれるであろう自身の伝記には、「どういう信念を持っておった人だ。そして国のためにどういうことをした、というようなことを書けばいい」と語っていた（岸倉松「幣原喜重郎氏の想い出を語る」）。

本書では、幣原の生涯を描くことを通して、彼がどのように外交理念、信念を形成し、政治家、外交官として何をなしたのか、信念は内外の複雑な政治事情のなかで貫き通せたのか、国際協調外交や日本国憲法に結びつくものなのかを考える。幣原の実像に迫るために、最新の研究や未刊行史料は勿論、これまで用いられることが少なかった雑誌や新聞記事とそのコラム、議会議事録を調査したことにより、理想と現実のはざまのなかで、時と場所によって微妙に異なる言動、対外的アピールの重視や戦後の政治活動なども明らかにすることができたと考えている。

出典について、本書は一般書なので、検索が困難な場合を除いて書名・史料名を掲げるにとどめ、引用に際してはひらがなに直し、適宜濁点と句読点を付した。［ ］内は引用に際する著者の注記である。史料の日付けは本文の記載時期と異なる場合のみ記載した。よく知られた歴史的事実や、新聞報道に基づく一部の事実の記述については出典の記載を省いたものもある。著名な政党名には通称を用いた（立憲政友会→政友会、立憲民政党→民政党、日本自由党→自由党など）。外務省記録などの外交史料館所蔵史料は、本文中に注記すると煩雑となるので、「外務省記録1［などの通し番号］」と表記し、参考文献に史料名などの情報を一括して記した。

外務省用語につき、訓令は外務本省が出先になす命令で、請訓はこれを求めるもの、着電は東京に出先からの電報が届くことをいう。『日本外交文書』は『日外』、『日本外交文書　満州事変』は『日満』と表記した。

目　次

口絵

挿図

第一　おいたち——親の熱意と人の縁——

誕　生

幣原喜重郎は明治五（一八七二）年九月十三日（旧暦八月十一日）、現在の大阪府門真《かどま》市一番《いちばん》町《ちょう》に父の新治郎《しんじろう》と母の静《しず》の二男として誕生した。幣原家は北河内《きたかわち》の大地主で、名字は京都石清水《いわしみず》八幡宮に収める御幣《ごへい》を作る家元であったことに由来するというが、家の記録は明治十八年の淀川の水害で多くが失われたため、詳しいことはわからない（『幣原喜重郎』）。だが少なくとも、十八世紀初頭までに幣原家は京都から門真に移住、地主経営を始め、村有数の豪農に成長していた（『門真市史』三、四巻）。

謎多き私生活

後年、喜重郎は郷里や家系について書かれることを嫌がった。今の地位を築いたのは努力の結果で出自とは関係がない、国の代表である外交官らしく、「郷里ということでなく、日本の一臣民《しんみん》である」との考えによる（岸倉松「幣原喜重郎氏の想い出を語る」）。また、幣原家には「公にゐては私を語らず、私にゐては公を語らず」という家訓があり（兄の坦談、昭和二十年十月八日『毎日新聞』）、喜重郎の子供たちも含めて、家族も多くを語らなかった。このため、プライベートはほとんどわからない。これから述べる幼少期は、兄の坦《たいら》への聞き取りや、門真で現地調査を行なった文芸評論家で作家の木村毅《き》の伝記草稿（「木村毅氏幣原喜重郎伝」）をもとに、関連史料を加えて執筆した。

兄・坦

喜重郎が生まれた時、二歳年上の兄、坦がいた。坦はのちに植民地の研究や教育家として実績をあげ、昭和三（一九二八）年からは台北帝国大学初代総長、同二十一年に枢密院《すうみついん》顧問官に就くなどした。後述するが、明治十一（一八七八）年に喜重郎の妹にあたる長女の操《みさお》、同十七年に次女の節《せつ》が生まれた。姉妹はともに医学の道に進み、医業で活躍した。教育への関心が低い明治初期の農村部で、兄弟妹ともに高学歴であるのは、富農の家系に加えて、親の影響力が大きかった。

父・新治郎

婿《むこ》養子だった父の新治郎は子供の時、「百姓に学問は入《い》らぬ」という風習から寺子屋に通わせてもらえなかったことを残念がり、子供だけは立派にしようと厳しく育てた（新治郎談、大正四年十月三十日『大阪朝日新聞』夕刊）。兄弟の大学進学にあたって手持ちの田畑を売り、大学卒の初任給が二〇円のころに、二八九円二〇銭の借金をしてでも学費をまかなった（『門真町史』）。

平凡な小学校時代

明治十（一八七七）年に喜重郎が入学した古橋小学校（明治十一年の移転時に大和田《おおわだ》小学校と改称）は、生家から徒歩約二〇分、幣原家の菩提寺でもある願徳寺《がんとくじ》にあった。坦は近所でも優秀と評判だったが、喜重郎は平凡で目立たなかったという。

長妹・操

喜重郎の最も古い記憶の一つは、明治十一年九月、篤信家の祖父、九市郎《くいちろう》が臨終の直前、学校から帰ってきた坦に、紙に「なんまみだぶつ」（南無阿弥陀仏）と書くように命じ、その紙を部屋中に貼らせ、阿弥陀仏《あみだぶつ》が見えたかのごとく、「室中《へやじゅう》に、仏様があつまってござる。ありがたいこッちゃ」と拝《おが》んだ。喜重郎は「何もおりはせぬではないか」と不思議がったというものだ。

幣原家の人びと（『門真市史』第６巻）前列に父・新治郎，後列左から喜重郎，操，坦，節

この年の十月九日に、長女の操が誕生、のちに大阪医学校（現大阪大学医学部）に学んだ。その後、緒方正《おがたまさ》清《きよ》（幕末の医者、緒方洪庵《おがたこうあん》を義父とする拙斎《せっさい》の養子）に学び、明治三十四（一九〇一）年に婿養子の文二を迎え、門真で幣原医院を開業する（明治三十五年五月ごろ作成の「幣原家調査報告書」三菱史料館蔵）。明治三十八年に文二を亡くしたが、敬虔なクリスチャンで、門真の教会などで役員を務めた（『昭和大典記念日

本婦徳の鏡』)。

坦は長男として特に厳しく育てられたので、おとなしい性格だったが、喜重郎は自由放任で育てられ、やんちゃで負けず嫌いであった。小学校に入ると、兄弟は亡くなった祖父母が隠居していた離れの別棟《べつむね》を勉強部屋として与えられ、二階が坦、一階が喜重郎のものとなった。二階からは南北朝時代の武将、楠木正行《くすのきまさつら》が戦死した場所に立てられたといわれる小楠公御墓所《しょうなんこうごぼしょ》にある大きな楠《くすのき》が見え、坦は自室を「望楠楼《ぼうなんろう》」と名付けた。負けず嫌いの喜重郎は自室を「楠蔭《なんいん》」と号して対抗したこともあった。

負けず嫌いな性格

明治十二、三年ごろ、喜重郎の通う小学校に、のちに武田仰天子《ぎょうてんし》というペンネームの小説家で知られる青年教師、武田穎《さとし》が赴任してきた。当時の喜重郎はやんちゃで、新治郎に叱られてばかりだった(家人談、大正十三年六月十日『大阪毎日新聞』朝刊)。武田は何とかして謙虚なおとなしい子に変えてやろうとし、手をあげて喜重郎の態度が一変したこともあった。武田は面倒見がよく、放課後も私塾を開いていた自宅に兄弟を呼んで夜まで勉強を教え、喜重郎も恩師として慕った(平井邦男「武田仰天子の生涯と作品」)。

恩師・武田穎

喜重郎の小学校卒業が近づいたころ、新治郎はこれからの時代には英語が必要であると聞くと、武田に相談の上で、兄弟を大阪英語学校に入れることに決めた。入学試験を突破した喜重郎は明治十六(一八八三)年三月に小学校を卒業、四月から親元を離れて大阪

大阪中学校へ入学

城近くの大阪中学校と改称した学舎で学ぶ（明治二十一年八月から京都に移転）。入学願書の提出時、喜重郎は修学年齢に二ヵ月足りないと注意されたが、新治郎は村役場に戸籍謄本の生年月日の二ヵ月繰り上げを頼んだ。戸籍の取り扱いが厳格ではなかった上、親の熱意が物を言った。

末妹・節

翌年九月七日、次女の節《せつ》が誕生した。のちに節は、大阪の緒方病院での医学修行のあと、明治三十四年に大阪府初の女医となった。操の夫、文二が早世したあとは幣原医院を継ぎ、大正時代前半には神戸の御影《みかげ》に院を移したようだ。健康上の理由で結婚はしなかったが、医学の専門誌に多数の論文を寄稿、昭和十一（一九三六）年ごろ、御影に恵まれない乳幼児を対象とした祥樹《しょうじゅ》保育園を設立した（「幣原女史設立の祥樹保育園」、三﨑裕子「明治女医の基礎資料」）。

同窓たち

大阪中学校は明治十九（一八八六）年四月に全国で五校が指定された高等中学校として再スタート、全国から入学志望者を受け入れた。ここで喜重郎が知り合ったのが、三歳年上で、のちの台湾総督の伊沢多喜男《いざわたきお》、のちの首相で二歳上の濱口雄幸《はまぐちおさち》などである。喜重郎の中学時代の成績は良くなかったが（坦談、昭和二十年十月七日『読売報知』）、年上の優秀な同窓に囲まれたことと、負けず嫌いの性格から、成績の上位を争うようになった。濱口とは一、二位を争い、体育の差で喜重郎が一位になることもしばしばだった。

大阪中学校は、今でいえば英語の指定先進学校で、喜重郎が二、三年生くらいの時に米国人教師が授業を行なったことがあった。英語での発言を求める教師に生徒は面食らったが、喜重郎は一人手を上げて「シーゼ・ムーン」と大声で答え、教師に激励されたことを思い出とした（幣原『外交五十年』）。また、明治二十一（一八八八）年の修学旅行ではガキ大将格の伊沢と記録係を務め、卒業間近には雑誌部理事として名を連ねた。在学中、『都の花』という文芸誌に投稿した小説が掲載されたというが、ペンネームでの掲載のため、今となっては喜重郎の作品は特定できない。

母・静の死

明治二十一年八月に母の静を亡くした。後年、喜重郎は母を思い出すとその面影がよみがえり、「感謝と追慕の涙」がこみ上げてくると語っている（大正十三年六月十一日『東京日日新聞』）。

もっとも、現在まで伝わっている中学・高校時代の話はこれくらいしかない。大学時代の話は仲のよかった濱口、伊沢とは学科が違ったこともあり、さらに少ない。

東京帝国大学へ入学

帝国大学（東京帝国大学）法科大学進学は明治二十五（一八九二）年九月である。進学に際して新治郎は受け持ちの教官に相談、おとなしい坦は文科に、やんちゃな喜重郎は法科に進ませることにした。大学時代に関する情報は、卒業時に明治二十八年卒業を意味する二八《にはち》会という同窓会が作られ、その主要メンバーになっていたという程度しかわからない（『伊沢多喜男』）。二八会には幣原、濱口、伊沢のほか、上山満之進《かみやまみつのしん》、高野岩三郎《いわさぶろう》などが名を連ねていた。なお、法科の教員には教授に穂積陳重《ほづみのぶしげ》（法科大学学長）、穂積八束《やつか》（憲法・国際法）、講師に外交官でもある秋月左都夫《あきづきさつお》（国際法）がいた。

脚気に苦しむ

喜重郎は卒業試験中に脚気《かっけ》で倒れた。試験には合格して明治二十八年七月に卒業はできたが、病気も手伝ってか、成績は四十一人中、十五番目で、抜きんでた秀才ではなかった（「新大臣出世物語　外務大臣幣原喜重郎氏」）。

進路については、いつごろからか、外国事情に興味を持ち、外交官を目指したが、九月の外交官及領事官試験は脚気のために受験できなかった（幣原「忘れ得ぬ人々」）。『幣原喜重郎』や宇治田直義《うじたなおよし》『日本宰相列伝17　幣原喜重郎』には、外交官を志した動機を、日清戦争の講和に際して、日本の遼東《りょうとう》半島獲得に反対した独露仏による三国干渉への反発とあるが、典拠は示されていない上、幣原本人やその周辺の人物が三国干渉が動機であったと語った史料は残っていないので、実際のところはわからない。

外交官及領事館試験に合格

脚気が快方に向かっていたころ、恩師の穂積陳重から農商務省入りを勧められて十一月から農商務省鉱山局に勤めた。しかし外交官をあきらめきれず、農商務省をやめて、明治二十九（一八九六）年九月の外交官及領事官試験を受験することにした。その際、上司の鉱山局長は入省したばかりでの辞職は認められないとして幣原を叱ったが、農商務大臣秘書官の早川鉄治《てつじ》の配慮で幣原の辞表を受理、休職扱いとした（『幣原喜重郎』）。これも人の縁である。

二年前の九月に始まった外交官及領事官試験は、日本語と選択外国語による履歴書と論文の書類審査ののち、一次試験（論文と外国語、口述の要約筆記）、二次試験（憲法をはじめ、国際法、行政法、民法、刑法など法学諸分野と外交史から選択二科目。合格者は口述試験を受ける）に進んだ（『外務省の百年』上）。試験内容から外務省は、外国語ができ、法学の知識に富み、高い事務能力を持つ青年を求めていたことは明らかで、英語を得意とし、法科出身の幣原にはもってこいであった。試験に合格した幣原は十月六日に外務省に入省、仁川領事官補の辞令を受けて、翌年一月に着任した。

「急進主義の方」

幣原の奥底には野性的なものがあり、これを理性で抑え込んでいる人物であったという評価がある（『楢橋渡伝』）。実際、若いころの幣原は「急進主義の方」であった（『幣原家調査報告書』）。幼少期と学生時代の幣原をみてみると、頑固で負けず嫌い、厳父である新治郎の命令は聞くが、自分の考えを押し通すという急進的、野性的な面が強かった。だが、外交官としての修養を重ねていくうちに理性が加わるのである。

第二　外務省入省と結婚

ニュータイプの外交官

外交官といえば、語学と様々な専門知識に長けた優秀なエリートのイメージがある。しかし、幣原が外務省に入省したころの日本の外交官は、語学や国際法、各種の調査研究よりも、大陸への雄飛といった大袈裟な政治論を語る豪傑タイプが多かった。だが、幣原は前者の、地味だがシッカリ仕事をこなすニュータイプの外交官で（伊藤述史「日本の新外交と幣原さん」）、これが、のちに彼を出世街道に導く武器となる。

仁川時代

最初の上司は仁川領事の石井菊次郎《きくじろう》（のちの外相）で、幣原の勤勉さと英語力に感嘆した。幣原は、漢城（現在のソウル）と仁川を結ぶ鉄道や道路の訴訟事務に従事した。『外交五十年』や『幣原喜重郎』には、当時の幣原が酒好きで飲み明かしたエピソードが紹介されている。だが、幣原に言わせれば、仁川の寒さに堪えきれなかったことと、酒豪といえば英傑であるというイメージも手伝った若気の至りだった（昭和二十五年九月二十五日秋元宛幣原書翰『憲政資料室収集文書』）。幣原は自分から酒席に誘ったり、家で晩酌をすることもなく（永井松三「幣原男爵の想出」）、「外に芸がないから、せめて酒だけでも飲もうと練習したのだ」と言う（石橋湛山『サラリーマン重役論』）。幣原といえば酒豪というイメージは、演技も入っていたのかも知れない。

ロンドン領事館着任

明治三十（一八九七）年十一月に石井が北京公使館に転出すると、幣原は明治三十二年四月まで仁川領事館の事務代理を任された。その次に配属されたのはロンドン領事館補で、明治三十二年五月三十一日に辞令を受け、八月十九日に着任した。

英語の学習

幣原がロンドン時代の思い出としてよく語ったのが、英語の学習である。それなりに自信があった英語を本場で使ってみると、作文能力は高いが、発音は全く通用しなかった。英国人の家庭教師を雇ったが、最大の障害は染みついた和製英語で、ＡＢＣからやり直したが直らない。負けず嫌いの幣原は教師に、あなたも外国語を修得する時にイギリス訛《なま》りを直せますか、と問い詰めてやりこめたこともあった（幣原「外語大学」）。幣原は英語の達人というイメージがあるが、本人は事あるごとに英語下手を自嘲していた。文章力は英米人を上回ると評判だったが、発音は引け目を感じていたようだ（太田為吉「幣原さんを語る」）。

語学を完全に習得するには十数年を要する上、幣原は外交官生活の半分以上は本省、つまり東京勤務であった。どの外交官も東京在勤中はいかに語学力を維持するかで苦労する。幣原は休日になると大量の本を買い込んで、家では洋書を中心に本を読んでばかりであったという（石峰生「首相臨時代理幣原喜重郎男」）。これは個人的な興味、関心もさることながら、語学力維持の工夫でもあったろう。

幣原は明治三十三年十二月四日にベルギーのアンヴェルス（アントワープともいう）領事に、翌年九月五日には釜山領事に任じられた。外交官及領事官試験を通った若手外交官は、短期間の内に様々な任地を行き来しており、幣原も同様に修業時代を送った。

岩崎雅子と結婚

明治三十六年一月二十日、のちに首相として幣原を外相に起用することになる加藤高明《たかあき》の妻である春路《はるじ》の妹で、三菱財閥創始者の岩崎弥太郎《やたろう》の四女、雅子と結婚した。これは幣原の勤務振りを高く評価していたロンドン時代の上司である荒川巳次《みのじ》総領事の推薦と、加藤の期待によるといわれた（『幣原喜重郎』）。だが加藤が最も期待していたのは、幣原と同期入省の小池張造《ちょうぞう》で、この時点では幣原とは親しい間柄ではなかった。実際に縁談を勧めたのは加藤ではなく、荒川から幣原のことを聞かされていた加藤の妻、春路だった（武者小路公共「幣原さんの想出」）。

幣原は仁川時代に知りあった英国領事の妹と恋仲だったが、雅子との縁談で別れざるを得なかったらしい（岸倉松「幣原喜重郎氏の想い出を語る」）。良家出身の雅子の影響もあり、結婚後の幣原は、次第に子供時代のやんちゃな性格から、生真面目なものに変わっていった（「木村毅氏幣原喜重郎伝原稿」）。

正反対の夫婦

幣原喜重郎・雅子夫妻（昭和６年頃，毎日新聞社提供）

夫婦の性格は正反対だった。雅子は口では「私は余り外に出る事を好まぬ方です」と言いながら、姉の春路が駐英公使となった加藤高明とともに渡英する際にはこれに同行して留学、英仏両国語をマスターして社交性もあった。家では何から何まで洋式を取り入れ、大正時代に自家用車を運転、ファッション・センスにも優れ、各国外交官夫人との交際も巧みにこなした（大正十三年六月十一日『東京朝日新聞』朝刊、同日、ならびに大正五年十月三十一日、同十年五月二十八日『読売新聞』）。だが、孫の隆太郎氏によれば、喜重郎は家ではいつも和服を着し、社交性を欠いていたという（『外交史料館報』二二）。内田康哉《やすや》は、社交面について幣原には「助け手」が必要と書いている（大正十年八月三十日『内田康哉関係資料集成』一巻）。

長男・道太郎生まれる

明治三十六年の十一月二十四日に長男の道太郎《みちたろう》を授かった。喜重郎は「物事に批判的であれ、決して付和雷同《ふわらいどう》するな」「決して嘘をいふな、真実を語れ」と言って子供たちを育てた（道太郎談、昭和二十年十月七日『読売報知』）。

岩崎家との関係

幣原は雅子との結婚により、加藤と三菱財閥の後楯《うしろだて》で地位を築いたという風評が晩年に至るまでささやかれ、結婚当初は省内でも幣原への嫉妬もあった（武者小路「幣原さんの想出」）。だが加藤高明が岩崎家から経済的な支援を受けたものの、岩崎家は政治に深く関与しないことを家訓とし、加藤に便宜を依頼することはなかったのと同様（奈良岡聰智「加藤高明と岩崎家」）、幣原と岩崎家の関係もプライベートな部分に限定されていた。

岩崎家の史料を保存する三菱史料館にある幣原の書翰は、義兄で三菱財閥総帥の岩崎久弥《ひさや》に宛てた米国への転任挨拶と（大正元年九月十二日）、オランダから帰国する日取りが確定した旨の報告で（大正四年九月一日）、政治や通商に関する記述は皆無である。

門閥・縁故にとらわれず

幣原に縁故のある外交官もいたが、特別扱いされたわけではない。大正十年に外務省に入った木内良胤《きうちよしたね》は、幣原の義父である岩崎弥太郎《やたろう》の次女、磯路《いそじ》を妻とする木内重四《じゅうし》郎《ろう》の長男であったが、外交官として最高位の大使になれないまま、幣原が首相を務めた昭和二十一（一九四六）年に行なわれた大規模な外務省の人員整理を機に、外務省からの退官を余儀なくされた。

岩崎久弥の長女、美喜《みき》を妻とする沢田廉三《れんぞう》は、大正十四（一九二五）年七月に久弥を通じて外相だった幣原に国内の比較的楽な部署への転任を求めたが（奈良岡聰智「澤田廉三・美喜と岩崎家、昭和天皇（二）」）、沢田が次に配属されたのは激務を強いられる電信課長であった。

沢田のあとに電信課長となった佐久間信《しん》は激務に耐えかねて音《ね》をあげたが、幣原にたしなめられている（佐久間信「思いだすまま（その三）」）。

幣原は岩崎家の生活支援を受けたが、その利益代表ではなかった。のちに触れるが、義兄の加藤の外交方針に異を唱えるなど、幣原は門閥、縁故には左右されなかった。勤勉で公正たろうとした性格は、外交官として経験を積むに従い強固なものとなり、その勤勉な態度とあいまって、彼の知見が外交政策にも反映されるようになる。

第三　日露戦争からワシントン会議まで
―幣原協調外交の形成過程―

一　第一次世界大戦の勃発まで―幣原外交の思想形成期―

日露戦争時の強硬姿勢

青年外交官時代の幣原は、野性的で血気盛んであった。日露開戦直前の明治三十七（一九〇四）年二月六日、露国のコザコフ釜山領事は日本軍艦が港内の露国商船を捕獲したことに抗議を申し入れたが、釜山領事の幣原は商船捕獲で日露は国交断絶状態になったとして突っぱねた。さらに、事が露国本国に報告されて報復を受けるのを阻止すべく、独断で領事館に勤務する日本巡査と協力して、なかば脅迫的に露国領事館の電信差し止めと電線切断、電信局の占領を命じ、本国からの電信局の占領解除命令にも異議を唱えた（幣原『外交五十年』、『日韓外交資料集成』五巻）。

翌年八月のポーツマス講和会議に際して、御前会議で一時樺太《からふと》（サハリン）の割譲要求を断念すると決定した時には憤慨、露国は南樺太の割譲に応じるとのマクドナルド駐日英国公使の情報を得ると、上司の石井菊次郎《きくじろう》通商局長とともに、珍田捨巳《ちんだすてみ》外務次官の説得に努めた（『幣原喜重郎』）。

本省電信課に就く

日露開戦直後の明治三十七年三月二十八日に帰京した幣原は、四月一日から本省勤務となり、電信課に務めた。当時の外務省は人員不足に悩まされており、本省勤務者は異なる局、課を兼務することが多かった。電信課長の石井も人事課長を兼務したあと、取調課長（国際法、広報担当）を、十一月二十六日からは通商局長も兼ねた。幣原はその穴を埋める形で事実上の電信課長代理の役割を担った。

電信課長は出世の登竜門である。役職から重要な会議に列席することを許された上、すべての外務電報に目を通す機会を得たことは貴重であった。電信事務は、外交文書の書き方だけでなく、機密保持の重要性や電報から読みとれる国を憂うる意見を通じて、外交官としての心構えを会得できるとされる（大野勝巳『霞が関外交』）。また、のちに外務次官となる永井松三《まつぞう》によると、パリ講和会議（大正八・一九一九年）以前の外交官の多くは英語ができなかったというが、そうしたなかで、当時はほとんどが英語でなされていた電信事務を扱ったことは、卓越した英語力と事務処理能力が重宝された証だった。

小村寿太郎の姿

この時期、幣原の印象に残っているのは、小村寿太郎《じゅたろう》外相の姿である。明治三十八（一九〇五）年七月八日、小村は熱烈な大衆の見送りを受けて講和会議に出席すべくポースマスに向けて出発した。小村は見送りに来ていた幣原に、大衆は帰国する時には暴徒と化して「おれに危害を加える」と耳打ちした。国民は戦勝の報に酔って賠償金や樺太の獲得を期待していたが、日本の国力は限界に達していた。講和会議が決裂して再度戦争になれば日本の敗戦は確実で、小村は露国が強く反発している賠償金や樺太の獲得断念も視野に入れていた。真相を国民に知らせれば良かったと思う人もあるかも知れないが、国力が限界に達している事実を公にすれば露国は講和に応じたであろうか。小村は秘密外交に徹しなければならなかった。講和会議で賠償金を獲得することができなかったことで、小村はジャーナリズムによる非難の的となり、日比谷焼き打ち事件に発展した。

騒然とするなかで小村は帰国、新橋駅では迎えの桂《かつら》太郎《たろう》首相と山本権兵衛《ごんべえ》海相が小村の両腕を組んで、ともに列車から降りてきた。狙撃されても死なばもろともで、幣原は「当時の元老大官の覚悟は実に偉いものだと、私はつくづく感じた」。小村は体調を崩して骨と皮ばかりであったが、休む暇《いとま》もなく、講和条約で日本が獲得した諸権利について清国の了解を得るため、医者をつけるべきとする幣原らの申し出を断わって北京に旅立った。幣原は小村の姿に涙の出るほどの感銘を受けた（幣原『外交五十年』）。

幣原が国家の運命の岐路に際して伊藤博文《ひろふみ》、桂太郎、小村寿太郎などの当事者たちが真剣に国事にあたった姿を目の当たりにしたのは、思想形成に大きな影響を与えたであろう。幣原は「国事に邁進する人」「邪念がなくして公《おおや》けに尽してくれる人」を好んだ（幣原「忘れ得ぬ人々」）。九章でも触れるが、幣原が日本の国を中心に考える人物であったのは有名で、血縁や門閥にとらわれない性格が作られていったのである。

デニソンとの出会い

もう一つ、特記すべきは、ヘンリー・ウィラード・デニソンとの出会いである。デニソンは一八四六年に米国で生まれたお雇い外国人で、横浜で弁護士活動をしていた明治十三（一八八〇）年から大正三（一九一四）年七月に六十九歳で没するまで、外務省法律顧問を務め、歴代外相の相談役となり裏から日本外交を支えた。

のちの、いくつかの幣原の論稿と、『幣原平和文庫』にある伊藤述史《のぶふみ》や太田為吉《ためきち》の回顧談によれば、デニソンは職務を全うするためにも日ごろから情報に接する必要があるとして、時間があれば電信課長の部屋を訪れていた。幣原も住み込んでいた官舎がデニソンの家に近く、自然懇意となり、英語力も大いに向上した。デニソンは小村外相、珍田外務次官の信任が厚く、そのデニソンの寵愛を受けている幣原への期待も大きくなった。この結果、幣原は英語が得意な法律家として外務省内で重宝されたという。

デニソンから聞かされた話で特に印象的だったのが、日露開戦直前の日露交渉に関するものである。幣原は昭和十五年二月、後輩外交官のために執筆した「外交文書の文体、起草者の心得並に諸種の形式」のなかで、次のように語っている。明治三十六（一九〇三）

年七月、デニソンは小村から日露交渉の訓令起草を命じられたが、日本は戦争をする覚悟があるかがわからないので書けなかった。すると小村は交渉の経過、結果次第だと答えた。覚悟を悟ったデニソンは、開戦時には外交文書を公表して内外の世論に訴える必要があるので、日本が「切実に平和の維持に尽くしたることを知らしめ、全世界の同情を我方に惹《ひ》き付くるやう」細心の注意を払ったという。

小村外相，デニソン外務省顧問

ポーツマス講和会議日本全権団の一コマ．右手前が小村，後列中央がデニソン．小村を見ると，幣原が言うように骨と皮ばかりである．

その後、明治四十五（一九一二）年春、幣原は一時帰国するデニソンの部屋の整理を手伝った時、机の引き出しから日露開戦直前の小村訓令の草稿を綴じ込んだ分厚い書類の束を発見、お手本として譲ってくれるよう求めた。だがデニソンは草稿をストーブのなかに投じて火をつけ、自分は小村の命を受けただけで、日露交渉の功は小村にあると語った。幣原は日露戦争で日本が「全世界民心の圧倒的支持」を得た要因の一つが、デニソン起草の外交文書であったにもかかわらず、自らの働きを誇ろうとしない高潔な人格に感銘を受けた（以上『近代外交回顧録』四巻）。また、「少しでも自国を有利な立場に置くといふことが大事」であることも痛感した（「幣原喜重郎男随談録」）。国際社会へのアピールも意識したデニソンの慎重な外交文書起草は、駐米大使、外相時代に生かされる。

次男と三男

この間、明治三十八（一九〇五）年十一月四日に正式に電信課長に任命された。プライベートでは、明治三十九年二月十日に次男の重雄《しげお》を授かったが、三男の平三は早世した（生没年不明）。

駐米大使館参事官

明治四十一（一九〇八）年七月に成立した第二次桂太郎内閣のもとで条約改正交渉が大詰めに入ると、幣原は十月七日から取調課の課長を兼務、条約改正をサポートした。明治四十四年七月二十九日に取調課が局に昇格すると、幣原は同局長に昇任した。幣原は外相時代を含む通算三十四年余りにわたる長い外交官生活のなかで、在外勤務はわずかに通算十四年余り、あとは本省勤務であった。これは国際法知識と実務能力を高く買われて本省の懐刀として重宝されたことを意味するが、課長、局長を長く勤めれば、やがて在外公館の重要ポストに転出しなければならない。明治四十五年五月八日に日露戦争期に外務次官を務め、幣原の勤務ぶりを目にしている珍田捨巳駐米大使の求めで駐米大使館参事官（大使館のナンバー２）に任ぜられ、八月十四日に東京を出発、九月八日に着任した。

排日土地法に抗議

当時、在米大使館が対応に追われていたのは、カリフォルニア州土地法―いわゆる排日土地法―問題である。原因は増加する日系移民によって州民の職が奪われることへの懸念であったが、日露戦後の日本に対する警戒とメディアの過熱報道で問題が増幅され、一九一三（大正二）年五月五日に州議会は合衆国憲法に東洋人の帰化権が明記されていないのを根拠に、帰化不能外国人、すなわち、日本人の土地所有を認めないとする法案を採択した。珍田は五月十日、ブライアン国務長官に抗議を申し入れた。

ブライスの忠告

幣原はこのころ、ジェームズ・ブライス駐米英国大使にバッタリ会った際、移民問題について国内世論が「やかましい」ので抗議すると告げた。これに対してブライスは「アメリカと戦争する覚悟があるのですか」と問い、米国は不当な要求をしても、のちにはそれを是正してきた歴史を持っており、時期を待つべきだ、英国は前日に米国上院を通過した差別的な内容のパナマ運河通航税にも抗議しないと語った。その話の通り、二年後に米国はパナマ通航税を廃止した。のちに幣原が駐米大使となって再会した時も、「あなたは国家の運命が、永遠であるという事を認めないのですか」「長い目で、国運の前途を見つめ、大局的見地をお忘れならぬように願います」と諭された（幣原『外交五十年』）。

もっとも、駐米英国大使は四月からライスに交代、幣原の回想に近い話は、五月十四日の外交文書に、前日にライスが珍田に対米戦争を回避すべくパナマ問題で冷静な態度をとる旨を語ったとあり（『日外』大二―三）、記憶違いが混ざっている可能性もある。

英国へ転任

大正二年十一月四日、井上勝之助《かつのすけ》駐英大使の希望で、幣原は駐英大使館参事官に任ぜられ、十二月三十日に着任、英国の外交や議会制度を研究した（岸倉松「幣原喜重郎氏の想い出を語る」）。ここで影響を受けたのが、英国の外相であったエドワード・グレーである。グレーは要点をついた率直な話を聞かせてくれる一方で、余計なことをしゃべらない。外相就任時には所有する株券や証券をすべて売り払って、政治とカネのような疑惑を持たせなかった。また外交上の暗号電信はどの国でも盗んだり、盗まれたりするが、グレーは盗み出した暗号電信を持ち込まれても、「こういうものを読んで判断すると、かえって自分の判断を誤まる」と言って受けつけなかった（幣原『外交五十年』）。グレーの態度は、デニソンの高潔な人格とともに、幣原が高く評価するもので、後年の「正直な外交」という評価につながる。

外交では人脈が大切

外交官の根本的な使命は、今も昔も変わらない。世界の流れと国益を考え、大量の情報を収集、分析し、内外の様々な状況を考慮して交渉（というよりも、巧みな駆け引き）にあたる。関係国の政治、経済、軍事、歴史、文化などの各分野を理解し、人脈を広げて自国を売り込む。分けても人脈が物を言う。

幣原の人間性

幣原は自らの英語力を自嘲し、当時の外交官に必要な伎倆とされたダンスをやらなかった。だが、外交界での交遊関係は広く、ゾルフ駐日ドイツ大使（在任は大正十・一九二一〜昭和三・一九二八年）は、外相時代の幣原を世界の三大外交官として評判であると語った（中外商業新報編輯局編『政治家群像』）。これには幣原の人間性が大きかった。幣原は国際的な舞台で活躍するために必要なことは、最低限度の外国語能力とならんで、あるいはそれ以上に「世間の尊敬と信用を受ける品性」と「人格の修養」であると語った（幣原「外語大学」）。

幣原は日ごろの読書と勉強が物を言って、政治外交から内外の名著、大衆文学に至るまで幅広い知識を持ち、話題に事欠かず、各国使臣の心を捉えた（『政治家群像』）。何よりも「人の悪口を決して云はぬ」ことが内外人の信用を集めた（谷正之「和蘭公使時代の幣原さん」）。多くの人は「春風の如き邪心なき態度に魅せられる」のである（昭和二十一年三月二日『小林一三日記』二巻）。外交官に必要な資質は知性、知識、機転に加えて、正確、平静、おだやかさ、忍耐、謙虚、忠誠、そして最も大切なのが誠実とされる。デニソンやグレーに学んだ高潔な人格は、外交界での幣原ファンの拡大となり、交渉を有利にすすめる要素になったのである。

外相グレーの答弁

グレーに関する話はまだある。当時、メキシコで起きていた排英運動に関して、英国は居留民保護のために軍艦の派遣を決定したが、米国はモンロー主義（南北米大陸に対する第三国の政治的、軍事的干渉を拒絶する。その代わり、米国は他大陸には一切干渉しない）の立場から反発、次に英国が求めた米国による居留民保護要請も拒否した。グレーは議会で追及されたが不干渉政策をとると答弁、英国の新聞各紙はグレーを支持した。幣原はなぜ答弁が支持されたのかわからない、「もし僕らの国において、外務大臣があんな答弁をしたら、その晩のうちに殺されてしまう」と英国の新聞記者に問うたが、記者からは「こんな事件でアメリカと戦争が出来ますか」と返された。幣原は英国人が外交問題を冷静に考える常識を持っていることをうらやましがった（幣原『外交五十年』）。

外交問題と世論

世論との関係について、幣原はブライスに外交の専門性と特殊性から外交の民主化は困難であると教えられた。それは、国内問題なら情報を公開して国民に審判を仰ぐことは難しくないが、機密事項が含まれる外交問題のすべてを公開することはできない。国民も自国を贔屓《ひいき》し、メディアも営業的見地から読者受けする報道に走る。国民の多くは外国事情と縁が薄く、関連知識として必要な各国の歴史や地理事情などを理解しきれず、国際関係は流動性が強い。結果、国民が外交問題の正確な知識を得ることは困難で、得られたとしても「国家永遠の利害を達観」した的確な判断は難しい。それは過去の事例からも明らかというのである（幣原『外交大観』）。この教えや日露講和条約の締結で非難を浴びた小村の例からも、幣原は外交は専門家たる外交官が担うべきと考えた。

オランダ公使に着任

大正三（一九一四）年六月二十六日、幣原は駐オランダ公使（兼デンマーク）に任ぜられ、七月十八日に着任した。同月末に第一次世界大戦が勃発、参戦を決した日本政府は八月十五日の閣議で、二十三日正午を期限とする対独最後通牒を決定したが、戦争による通信途絶のために確実に通牒がドイツ政府に通達される保障はなかった。そこで、オランダとスウェーデンの日本公使館から最後通牒を携えた密使を在独大使館に派遣するよう訓令された。

密使派遣を断念

幣原は在独邦人に急病人が出たとして部下の横田誠一郎《せいいちろう》の入国を打診したが断わられ（幣原『外交五十年』）、任務の危険性もあり密使派遣を断念した。のちに船越光之丞《ふなこしみつのじょう》駐独代理大使は、スウェーデンの内田定槌《さだつち》公使が縁故のある同国駐在のブラジル公使に依頼して通牒をドイツに打電させたのを引き合いに幣原を批判したが、船越は幣原外交の批判者なので、その評価は多少割り引く必要がある（『近代外交回顧録』二巻）。八月十七日の井上駐英大使の電報によると、幣原は機密保持の立場から、第三国人に依頼する選択肢を最初から捨てていた（『日外』大三―三）。外交機密の重視は幣原らしい対応だ。

対華二十一ヵ条要求に反対

この年の末から翌年春にかけて、対華二十一ヵ条要求が問題となる。加藤高明《たかあき》外相は大戦に参戦してドイツの山東《さんとう》半島租借地を奪い、同地を日本から中国に還付する際の条件として、早いもので大正十二（一九二三）年には返還しなければならない満蒙諸権益の期限延長を求めようとした。だが、大隈《おおくま》内閣を支え、加藤が総裁を務める立憲同志会は少数与党で、国内の過大な利権拡張要求を無視できなかった。これで中国の政治、財政、軍事各部門への日本人顧問の採用や各種優先権を求める第五号要求が生まれ、最後通牒を叩きつける強引な交渉を行なった。

幣原は義兄の加藤が指導した二十一ヵ条要求に反対する意見を提出したという。意見書は残っていないために内容はわからないが、高圧的な態度で過大な要求を突きつけるやり方は、長期的、大局的見地で考えるべきとのブライスの忠告や、デニソンから聞かされていた三国干渉という不当な要求がかえって日本の国論を一致させたとの教訓（『日本外交秘録』）―二十一ヵ条要求はかえって中国の対日団結を促す―に反するものにみえたのだろう。のちに部下の谷正之《まさゆき》は、要求が日中関係を決定的に悪化させるとの幣原の予想が的中したことに感服した（谷「和蘭公使時代の幣原さん」）。

幣原外交の思想形成期

この時期の幣原は、誠実な人格を身につけ、長期的見地に基づく穏健な外交を進めることの重要性を学んだ。後年の幣原外交の思想形成期といえよう。

二　第一次世界大戦と幣原外務次官—幣原外交の準備期—

外務次官に就任

大正四（一九一五）年八月の大隈内閣の改造で、加藤に代わって、石井菊次郎《きくじろう》駐仏大使が外相に就任することになった。その際、石井の補佐役となる次官に選ばれた幣原は十月二十七日に帰京、二十九日に外務次官に就任した。外交官及領事官試験合格者では初のことであった。

幣原は帰国時の談話で、永世中立国のベルギーがドイツに侵犯されて惨憺《さんたん》たる状況に置かれている、戦況から各中立国の中立維持も予断を許さなくなった、オランダも一時は食糧事情が危機的な状態に陥ったと語った（十月二十八日『東京朝日新聞』）。これは、第二次世界大戦後の永世中立への反対につながる実体験であった。

また帰国直後に、大正三年七月に亡くなったデニソンの遺言で、その蔵書のすべてを譲られた。デニソンとの絆の強さを示す話で、後年、幣原はデニソンを師匠のような人であったと振り返った（幣原「忘れ得ぬ人々」）。

幣原外交の準備期

大隈改造内閣、寺内内閣期の外務省は、陸軍や臨時外交調査委員会といった外務省外の勢力に外交政策が主導される不遇な時代で、幣原も影響力を発揮できず、事務に没頭していたとされてきた。だが次官は大臣に次ぐ官僚機構の最高位のポストで、省内の政策決定や人事、予算などに大きな影響力を持つ。幣原は大正四〜八年の長きにわたり次官を務めたことで省内の影響力を強めた。この時期は、幣原外交の準備期といえる。

豪傑型から幣原型へ

この時期の重要なポイントは、①それまでの外務省の主流は、小村寿太郎外相に仕えた山座円次郎《やまざえんじろう》政務局長、本多熊太郎《ほんだくまたろう》秘書官など大陸政策を担当した豪傑型といわれたグループだったが（太田「幣原さんを語る」）、石井外相のころから語学と専門・事務能力が高い幣原型の外交官が好まれるようになり（伊藤「日本の新外交と幣原さん」）、その結果、幣原の地位が押し上げられたこと、②この時期の外相は、石井は別として、本野《もとの》一郎は二〇年ぶりの本国勤務で、後藤新平は外務省外の出身、内田康哉は省内の人望を欠くといったように、外相の指導力が不十分だった分、幣原の役割が大きくなったこと、③幣原の次官就任によって、形成されつつあった外交理念が、一部であっても、実際の外交政策に反映され始めたことである。

日独戦役講和準備委員会

いくつか例をあげよう。まずは、大正四年九月十日に外務省内に設置された日独戦役講和準備委員会である。講和会議対策を目的とする同会の委員は、外務省を中心に陸海軍と内閣法制局から選出され、幣原は十二月一日の第二回会議から委員長を務めた（大正五年十二月二十五日まで三十一回開催）。委員会の討議内容は、講和に関する法律問題や近年の事例など専門的なもので、長岡春一《はるかず》や木村鋭市《えいいち》などの幣原型外交官や、山川端夫《ただお》（海軍側委員、のちの外務省条約局長）の発言が目立った。これに対して、当時、省内を切り回していた豪傑型の小池張造《ちょうぞう》政務局長は、大正五年五月三日に納得のいかない条件ならば講和会議に参加すべきでないとの見解を示すなどしたほかには、目立った発言はなかった（外務省記録1）。

対中強圧外交への批判

次は対中政策である。外交は高い専門性が求められる時代になった。二十一ヵ条要求と、袁世凱《えんせいがい》の皇帝即位（帝制実施）の阻止が内外の批判を浴び、前者では加藤が、後者では小池が外務省を追われるなど、豪傑型の対中強硬・干渉政策が失敗したことは重要だった。

帝制阻止は、袁世凱に不満を募らせていた参謀本部と、これに呼応した小池が主導した。小池は加藤が更迭され、石井の帰国待ちという外相交替期を捉えて運動、石井が外相に就任した翌日の大正四年十月十四日の閣議で、列国共同での帝制中止勧告の発出を決定させた（野村乙二朗『近代日本政治外交史の研究』）。次いで、二十八日に日英露三国共同の勧告がなされたが米中は反発、英国も袁支持に転じるなど、日本は批判の的となった。

幣原はブライスの忠告や二十一ヵ条要求への反対に加えて、クルペンスキー駐日露国大使に強圧を加える覚悟なくして中国に威圧的態度をとるべきではないと述べたことから（大正五年八月十二日『日外』大五―三）、対中強圧外交には反対だっただろう。だが、幣原が帰国した時には反袁政策のレールが敷かれており、大正五年六月十二日の『東京朝日新聞』が評したように、対中政策については石井外相、幣原次官ともに既成事実になっていた小池路線を、事務的に承認するしかなかった。

幣原、対中新政策指導

大正五年十月四日、大隈内閣は総辞職、九日に寺内正毅《まさたけ》内閣が成立した。大隈内閣の対中干渉政策に対する批判が内外で沸騰、本野一郎新外相は、幣原と、小池に代わって政務局長に就任した小幡酉吉《おばたゆうきち》に対中政策の再検討を命じた。定説では、この時の内政不干渉と列国協調を趣旨とした対中新政策は小幡が中心となって策定、幣原が正式な意見書の形に整えて本野が元老の了解を得た上で、大正六（一九一七）年一月六日の閣議で決定したとされる（『小幡酉吉』）。だが、新政策の趣旨は小幡が長を務める政務局案にはなく、幣原の指導が大きかった。それは幣原の次官留任と小幡案への修正過程からいえる。

幣原の留任

明治三十一（一八九八）年の大隈重信兼任外相・鳩山和夫外務次官の就任以来、外相交代には次官の交代を伴うことが慣例化しつつあった。加えて寺内内閣は幣原の義兄、加藤高明に対抗して誕生、副総理格の後藤新平内相は前内閣の対中外交の責任者処分を強く求めた。だが、寺内首相と後任外相の本野は幣原の留任を希望、特に本野は不案内な東アジア問題は幣原に一任するとした（『幣原喜重郎』）。

省内の事情もあった。慣例では次官は四十歳代の公使、参事官、本省局長から抜擢されており、世代的には外交官及領事官試験の合格者が望ましい。加えて新外相の本野は二〇年ぶりの国内勤務なので、次官は本省事務に精通した人物でなければならない。だが九月二十五日には本省事務に詳しい小池や、長く通商局長を務めた坂田重次郎《じゅうじろう》の更迭は確実となっていた（『東京日日新聞』）。在外勤務中の候補は落合謙太郎《けんたろう》（オランダ公使）と本多熊太郎（駐英大使館参事官）に絞られるが、落合は入省以来ほとんどが在外勤務で、本多も本省勤務には六年のブランクがあった。そうなると本省で九年にわたり要職を務めた幣原の留任が最も適切である。中国勤務経験がないという不安はあるが、電信課長や次官業務を通じて中国の知識はあり、政務局長に中国通を起用して補佐すれば足りる。

政務局長・小幡酉吉

省内の主要人事は、外務次官が案を作成していた。だが、この時の政務局長人事は小池の置き土産だった。小池の希望により、彼の盟友で、在華公使館の参事官である小幡酉吉が起用されたのだ。小幡は二十一ヵ条要求や袁世凱帝制阻止の動きを批判、中国との戦争を回避すべきとした点では幣原と共通していたが、「厳粛公正な強硬態度」で中国に臨む姿勢は陸軍に近いものがあった（『小幡酉吉』）。小幡は帰国時の談話で中国の統一にはまだ時間がかかるとの予測を示した（大正五年十月二十日『東京朝日新聞』）。

政務局案

次に掲げる十二月五日の政務局案は、小幡の予測を前提にしたものであった。

十二月三日、本野外相は幣原、小幡と政務局第一課長の小村欣一《きんいち》を招致した（『東京日日新聞』）。対中政策の検討を命じたのだ。十二月五日と二十日の政務局案には、①中国に対しては威力と恩を示す。恩については、中国の統一は困難なので、「国に施すと云ふよりも寧ろ個人に施す」という内政不干渉とは両立しない発想のもと、合弁事業や援助を通じて日本の勢力を浸透させる、②日本自身の防衛のためにも欧米列強からアジアを擁護しなければならないが、国力差を考えて、列強との提携を通じて東洋の指導者としての地位を確保する、③列強に対しては日本が中国との「特殊の関係」から、同国に「優越なる勢力を扶植」することへの理解を求める。その一環として、日中間で領土保全に関する協約を締結するが、協約の内容は日本の事前了解なくして第三国の新規勢力範囲の設定を認めないという、独善的なものだった。また、日本の自衛上必要な権益がある満蒙には、二十一ヵ条要求を彷彿《ほうふつ》とさせる警察権掌握と治安維持、秕《ひ》政《せい》改革をなす、第一次世界大戦で日本が占領した山東半島は「永久に保持する」。このように、政務局の方針案は露骨な勢力拡張にあった。だが、これらの案に対しては、何者かが「？」を書き込んでいる（外務省記録2）。

別の外務省案

このころ、右の政務局案とは全く異なる別の外務省案が寺内首相に届けられていたようだ。その別案には、①政務局の勢力拡張案がすべて削除され、②「我安寧《あんねい》及利権の侵迫せられざる限り［中国に］全然不干渉の態度を執る」ことを明記、③特殊利益は領土拡大を目的とするものではないので、領土保全には抵触しないとあった。関連して、政務局案にあった中国への「指導」の語について、保護や併合への第一歩であり、領土保全主義に反すると批判した。そしてもっとも特徴的といえるのが、④政務局案では、満蒙と他の地域にある権益を区別する論拠を、満蒙は地理的に中国本部ではなく、外藩《がいはん》、辺境であるとの地理的理由に求めていたが、別案では、山東半島や福建省の権益は経済的なものだが、満蒙のそれは「政事［治］上」の意味があるという、日本としての重要性を論拠にしたことである（「対支外交方針」『寺内正毅関係文書』）。

満蒙権益の聖域化

別案には作成者名は書かれていないが、④の部分は、政務局以外の国際法知識の豊富な人間が修正に関与したことを物語っている。というのも、一八九九（明治三十二）年の第一回ハーグ会議（万国平和会議）で国際紛争を司法的に解決する常設仲裁裁判所条約が締結された際、essential《エッセンシャル》、vital《バイタル》とも表現される国家の存立に関わる死活的利益に関する問題は「政治的紛争」として、国際裁判の対象から除外された（拙稿「日本外務省と国際連盟軍縮、安全保障問題」）。当時の国際法概念を踏まえて、満蒙権益の聖域化を試みたのだ。

別案作成の主役は幣原か

当時の外務省で、政務局のトーンを変えられるだけの国際法知識と役職を持つ者は、幣原次官と法学博士である本野外相しかいない。だが、本野は中国問題に疎く、この時期は一月十九日に閣議決定する戦争協力強化に関する意見書（本野「対露援助ニ関スル方針」『寺内正毅関係文書』）の起草に没頭していたし、彼が十二月三十日に提出した対中政策案は、寺内や元老の了解を得るために、別案に手を加えたものとされる（坂野潤治『近代日本の外交と政治』）。そうなると、別案作成の中心人物は幣原以外に考えられない。

外務省の最終案

十二月三十日の本野案は、別案を反映して政務局の勢力拡張案をすべて削除し、中国に対する内政不干渉を掲げ、さらに「成るべく列国と協調を保つ」とあった。一方で、本野の戦争協力強化の意見書にもあった、列強に中国に対する日本の優越なる地位を承認させるとの一文と、政務局案にある「指導」の語が復活している。もっとも指導は「指導啓発」というように、「啓発」とセットで用いることで、中国の自発的改革を促す形にして政務局の勢力拡張案にブレーキをかけた（外務省記録2）。つまり、満蒙権益を政治権益と位置づけるとともに、中国に対する内政不干渉を表明した別案が幣原案で、本野案が外務省の最終案といえる。

在華経験のなさが強み

最後に、対中内政不干渉の発想はどこから生まれたのか。これには幣原に中国経験がないことが功を奏したといえる。当時の中国を実見した外交官の多くは安定した政府が存在せず、内戦が恒常化する現状に幻滅、普通国とは異なる対応を求めた（例えば佐久間信「思いだすまま（その六）」）。のちに幣原の不干渉政策を批判した芳沢謙吉《よしざわけんきち》や吉田茂など、中国通の外交官は中国への影響力行使を求める嫌いがあった。

これに対して幣原はデニソンの寵愛を受け、取調課・局長を務めた国際法の専門家である。近代国際法の大原則は主権国家を対等とすることで、幣原の外交官としての任地も韓国を除けば米国とヨーロッパである。在華経験がないからこそ中国に幻滅する機会を持たず、ヨーロッパ・スタンダードに基づいて中国を捉えることができたといえる。

不干渉から干渉へ

こうして、大正六年一月九日の閣議で、のちの幣原外交を象徴する列国協調と中国に対する内政不干渉の理念を掲げた対中外交政策（『日外』大六—二）が決定に至った。だが、不干渉方針は、西原借款に代表される干渉政策に姿を変える。

西原借款

大正六年二月三日、米国は対独断交を決定、中立国に同調を求めた。中国は断交の条件として借款供与などの援助を希望した。日本では米国主導での中国の対独断交や第一次世界大戦への参戦が行なわれれば、米国の対中経済進出と中国の親米・反日傾向に拍車がかかるとの懸念が強かった（五月二十五日本野外相電報案『日外』六—三）。寺内内閣は機先を制すべく、二月九日の閣議で日本から中独断交を提議するとし、寺内の私設秘書である西原亀三《かめぞう》が訪中、中国の大戦参戦を条件に借款を含む対中援助を持ちかけた。これは内戦を抱える段祺瑞《だんきずい》政権の希望もあり、段を援助する干渉政策になった（斎藤聖二「寺内内閣における援段政策確立の経緯」）。幣原は西原借款に反対して寺内に睨まれ、次官更迭の可能性もあったという（大正七年十一月六日『翠雨荘日記』）。

臨時外交調査委員会の弊害

このほか、寺内内閣期の施策で問題になったのが、臨時外交調査委員会（以下、外交調査会）である。これは首相・内相・外相・陸相・海相の五閣僚に主要各党の党首らを加えた外交政策の最高決定機関で（ただし憲政会総裁の加藤高明は不参加）、幣原は大正六年六月六日に事務方の幹事に任命された。外交は専門性と特殊性から外交官が担うべきと考える幣原（三章一節参照）は、のちに「あんな不都合なものはなかつた」と振り返った。委員の多くは責任ある閣僚ではないし、外交は専門外である。幣原は彼らに知識を提供する参考書類の作成に忙殺され、委員も流動的な国際情勢に対応できずに、「時機を失してばかりゐた」。その上、外交調査会の干渉で内閣の責任感が低下、これが外交力の低下につながり「外交上困つたことが少くなかつた」という（昭和三年八月一日『東京朝日新聞』朝刊）。

中国をめぐる日米交渉

こうしたなか、一九一七（大正六）年四月に第一次世界大戦に参戦した米国は六月四日、自軍閥間の内戦が続く中国に対する日英米仏の内争停止勧告を打診した。本野は七日、自国の権益が脅威にさらされていない段階での勧告は内政干渉になると訓令した（「米国ノ対支勧告提議一件経過概要」外務省記録3）。幣原も八日、ホイーラー駐日米国代理大使に、日本人は中国への強い利害関係から米国の対メキシコ感情に匹敵する国民感情を持っているのに対して、米国には中国の内政に関わることを正当化するに足る現実の利害関係を有しないと抗議した。幣原起案とされる十三日の外相回答文では、日本は中国に「政治上、経済上卓越した利害関係（paramount interests《パラマウントインタレスト》）」を有するとの注意を喚起した。パラマウントは、米国がしばしば軍事干渉を行なっていたメキシコに用いてきた語で、日本にとっての対中関係を、米国にとっての対メキシコ関係になぞらえることで、日本の対中優越権の承認を引き出そうとしたが、米国の同意は得られず、日本政府は再考を余儀なくされた（以上、拙稿「幣原喜重郎の満蒙権益観の形成と危機対応の論理」）。

最大の利害関係国日本

その後の再考を経て、七月二十四日ごろに作成された石井菊次郎遣米大使宛の心得には、米国の対中利益は経済的なもので自国の安危に関係しないが、日中の経済関係は米国のそれを上回り、政治的にも中国には日本の「安危休戚《あんききゅうせき》」に関わる「特殊且緊密な利益があると強調、特殊利益が侵迫されない限りは米国の対中経済活動を阻害しないが、日本を抜きにした満蒙の特殊利益に影響を及ぼす事業は黙視できないとあった（『日外』大六―三）。

心得の作成者は不明だが、当時、幣原は法的定義が曖昧だった特殊利益（または権益）をどう表現するかを研究しており（『幣原喜重郎』）、この問題の経緯から大いに関与したはずである。日本は中国に対する最大の利害関係国であり、満蒙権益は政治的権益でもあるとの論理は、のちの幣原の中国、満蒙問題に関する説明で頻繁に用いられる。

石井・ランシング協定

十一月二日に石井・ランシング協定が成立、地理的近接性に基づいて日本と中国本部との間には「特殊の関係」が、日本に接壌する地方（満洲、福建、山東）には「特殊の利益」があることが確認された。

ソ連誕生

一九一七（大正六）年、露国では二度の革命が起こり、社会民主労働党左派のボリシェヴィキ派が政権を掌握した。連合国にとって露国の戦線離脱は痛手で、穴を埋めるべく英仏は日米によるシベリア鉄道占領を求めたが、米国は反対、日本も対米関係に配慮、外交調査会では本野以外の全員が出兵に反対した。健康を害した本野は大正七（一九一八）年四月二十三日に外相を辞し、内相から転じた後藤新平が外相となった。幣原は外交調査会と枢密院《すうみついん》で影響力を持つ伊東巳代治《みよじ》から後藤の補佐を頼まれたこともあり、次官に留任した（大正七年十月九日『翠雨荘日記』）。

規則に縛られる性格

後藤外相時代にこんな話がある。大正七年に本多熊太郎参事官と交代で永井松三《まつぞう》を在英大使館に派遣することになった。幣原は慣例と内規から永井が参事官に昇格するにはまだ四〜五ヵ月の勤務が必要として一等書記官での派遣を求めたが、後藤は本多と交代なのだからと言って永井を参事官にした。永井はこの話を規則に縛られる「幣原式」と振り返った（永井松三「幣原男爵の想出」）。この性格はシベリア出兵で顔を出す。

シベリア出兵

幣原は革命後の露国に関して、反革命派に同情を示したが、列国協調の見地とロシア人の反発を警戒して、出兵や反革命派への援助には慎重だった（大正七年四月十三日『日外』大七―一、一月七日 *FRUS*, 1918, Russia, v. 2）。だが一九一八（大正七）年六月一日と七月三日に連合国最高軍事会議はシベリア出兵を決議、米国も七月八日までに日米が各七〇〇〇の兵力を派遣することで出兵に同意した。寺内内閣は七月中旬から八月初頭にかけて、米国の経済勢力拡張に備えて、技術と資本力で劣る日本が対抗できる勢力を確保するためにも、将来の経営を視野に入れた大規模派兵に傾斜した。

この間、幣原はシベリア出兵に反対したが、最後は政府の出兵方針に従った。外務省内には幣原が口にしていた反対意見を一文にして寺内に直訴を試みた者もあったが、幣原は「やり方が悪い」と叱った（武者小路公共「幣原さんの想出」）。次官以下の事務官が意見具申するのは当然だが、政府が方針を決定したあとでこれに異を唱えたり、辞職するのは政府や外相を補佐する官僚のなすべき道ではない。永井のいう「幣原式」だ。

満洲行政権統一問題

幣原の具申で外相と政府が動いた例もある。満洲経営に関する行政権問題である。当時の満洲行政機関は関東都督府《かんとうととくふ》（陸軍）、満鉄、領事館（外務省）の三系統が複雑に入り組んでいた。寺内は陸軍系統による満洲行政権の統一と満洲経営を推進すべく、大正六年五月一日の閣議で官制改革案を提出した。本野はこの案にアッサリ同意したが、幣原は強く反発、本野も反対にまわった（『幣原喜重郎』）。幣原は、関東都督という日本の植民地機関が満鉄の経営に深く関与し、中国領土にある在満領事を指揮するのは国際法上の問題があり、中国人の反感も招くと批判していた（次官案「満洲制度改正ノ件」外務省記録４）。

外務省の巻き返しで、政府決定を経た七月三十一日の改正関東都督府官制では、都督は外交に関しては外相の指揮監督を受けることになり、最低ラインの抵抗には成功した。だが、翌大正七年七月に陸軍系統による満洲行政権統一問題が再燃した。幣原は小村欣一政務局第一課長に対案作成を命じ、これが原敬《たかし》内閣で採用され、大正八（一九一九）年四月に満洲行政機関の軍民分離（都督府廃止により、民政機関としての関東庁と軍事機関として関東軍が設置）がなされた（熊本史雄「南満洲行政統一問題と外務次官幣原喜重郎」）。

幣原型と知米派を重用

小池政務局長が更迭された後の外務省では、幣原の影響力が拡大していた。それは、幣原が次官として案を作成していた人事（大正七年六月八日『東京朝日新聞』）に色濃く表れた。それまでの外務省の出世コースは英中に在勤して本省の局・課長などの幹部職に就くことにあった。だが、小池が政務局長から去った大正五年秋ごろから、政務・通商・条約各局のメンバーや各課長などの要職には、英中の在勤経験が短い、もしくは皆無だが、仏蘭、ベルギーなどヨーロッパ大陸法の強い影響を受けている国に在勤し、国際法関係の職務も担当してきた国際法畑のキャリアを持つ歴任した幣原型―佐分利貞男《さぶりさだお》、松田道《みち》

一《かず》、長岡春一《はるかず》―や、長い在米経験と通商関係職を歴任した通商畑の知米派―斎藤良衛《さいとうりょうえ》、埴原正直《はにはらまさなお》、田中都吉《ときち》ら―の起用が目立つようになった。外務省の歴史のなかで、幹部人事での米国経験者の重視と、豊富な中国経験を持つ中国通外しが顕著であったのは、幣原の外相時代と（矢嶋光『芦田均と日本外交』）、ここで指摘した次官時代の後半だけである。

こうした人事傾向は、外交問題に強い専門性が求められるようになったことと、対米関係の重要度が増したことを背景に、幣原が主導して国際法に強い幣原型と通商を専門とする知米派を好んで起用する一方、対中干渉を主張する傾向が強い中国通を敬遠したものといえる。幣原の次官時代は、「外交上重要の事項は幣原次官が切り盛りして来た」との論評の通り（大正七年四月二十四日『東京日日新聞』）、幣原が外務省内で大幅に力を伸ばした幣原外交の準備期であった。

三　パリ講和会議と新外交への対応―幣原外交の前哨戦―

原敬内閣と幣原の留任

大正七（一九一八）年九月二十九日に原敬内閣が成立した。政友会総裁の原は憲政会総裁の加藤高明とはライバル関係にあり、原が日記に記した通り、加藤を義兄とする幣原を警戒していた（大正六年七月三十一日）。だが外相には原が期待した牧野伸顕《のぶあき》が辞退、外務省内で人望を欠く内田康哉《やすや》を起用せざるを得なかった上、幣原次官は原と敵対する伊東巳代治と後藤新平に評価されていた（大正七年十月八、九日『翠雨荘日記』）。第一次世界大戦の終戦・講和が目前に迫るなか、日独戦役講和準備委員会の委員長であった幣原を更迭するのは、内政・外交上のリスクが高かった。

十月四日、ドイツは米国に休戦を提議、休戦に続く講和に世界の視聴が集まった（正式な休戦条約の締結は十一月十一日）。このころの伊東巳代治の日記によれば、講和問題への原と内田の対応は緩慢で、原は日独戦役講和準備委員会の資料すら読んでいなかった。十一月六日、苛立《いらだ》つ伊東は幣原を呼び出して原、内田への注意を求めた。幣原はヨーロッパの情勢が流動的なので十分な対応ができていないと認めた（『翠雨荘日記』）。

国際連盟対策に苦慮

確かに外務省は情報不足で苦慮していた。特に困却したのは新外交対策で、十月中旬の時点では軍縮と集団安全保障を担う国際連盟（以下適宜、連盟と略す）の設立、勢力範囲などの経済障壁の除去、民族自決、公開外交という新外交の理念を示す十四ヵ条をはじめとするウィルソン米国大統領の声明類が知られていたが、具体案は明示されていなかった。

幣原は国際連盟という「円卓会議で我が運命を決せらるるのは迷惑至極だ」と警戒しつつも、「大勢順応《たいぜいじゅんのう》の外《ほか》ないだらうが、充分に研究してかゝらねばならぬ」として、研究を命じた（『幣原喜重郎』）。幣原は「国際上の信用」を重視する一方で、「従来の万国会議」では小国が権力を振るってきたとして、国際会議は日本の「不利不便」になりかねないと考えていた（大正五年四月五日、五月十日外務省記録1）。十一月十一日の政務局答申は、連盟成立を求める国際社会の大勢に抗することはできないが、集団安全保障に必要な制裁の具体案は示されておらず、実効性は疑問である、各国が自国の勢力範囲の撤廃に同意するかも不透明で、連盟は成立しても、理想からかけ離れたものになると評した（政務局「参考書類六、国際連盟」『牧野伸顕関係文書』）。

「適当なる保障」

　十三日の外交調査会の席上、内田外相は答申を反映した十四ヵ条に関する外務省意見書を提出したが、これはなるべく国際連盟の成立を延期する、成立の場合は人種的偏見から生じる不利に備えて可能な限り「適当なる保障」を求めるとの大勢順応案で、十二月二日の外交調査会で承認された（『翠雨荘日記』）。

「有益なる修正」

　翌大正八年一月二十二日から、講和会議で国際連盟規約の討議が始まった。日本が警戒したのが、軍縮と制裁に関する条項である。というのも「国内の安寧《あんねい》」に支障のない程度にまで軍備を縮小するとの当初案では、内戦が恒常化している中露両国を近隣に控え、状況次第では権益と居留民保護のための出兵を余儀なくされる日本として、難色を示さざるを得なかった。日本全権団は軍縮の限度を国の安全に支障のない範囲にすると修正させることで自衛力の保持を確保、軍縮も地理的環境や諸般の事情を考慮するとの一文を規約第八条に盛り込ませた（拙稿「日本外務省と国際連盟軍縮、安全保障問題」）。幣原は二月二十二日の外交調査会でこれらを「有益なる修正」と評価した（『翠雨荘日記』）。

幣原の発想は現実主義

幣原というと国際主義者、理想主義者のイメージが強いが、後年「利害得失を離れて外交といふものはない」と語ったように（「幣原喜重郎男随談録」）、彼の根本的発想は、個々の国家は自らの利害関係に基づいて行動する現実主義（リアリズム）にあったし、生涯を通じて実際の政策指導は現実主義に基づいていた。事実、多数国は建て前はともかく、本音は他国のために血を流すことを良しとせず、連盟の目玉政策である侵略国に対して共同で制裁を加える集団安全体制の構築の動きには、一貫して消極的だった。

日英同盟を支持

幣原も大正九年六月四日に、第三国の侵略に対する連盟の安全保障機能の発動には連盟理事会の全会一致が必要な上、理事会の決定には強制力がないが、日英同盟は同盟国への兵力援助を義務にするという実効性の差異を指摘、翌十年七月四日にはメディアを通じて米国民に同盟への理解を求める説明書を発表した（『日外』大九―三下、十―三下）。

幣原好みの幹部人事

だが、幣原は米国の台頭と国際連盟に象徴される新外交に消極対応ばかりしていたのではない。次官の意が強く反映される人事では、原、内田の講和会議対応が緩慢だった大正七年十月二十九日、政務局長に埴原正直《はにはらまさなお》通商局長、後任の通商局長には田中都吉《ときち》駐米大使館参事官が任命された。外務省中枢から中国通が消えたことは意外だと評された(『東京朝日新聞』)。埴原と田中はともに長い在米経験と通商関係職のキャリアを持つ通商畑の知米派で、大正八年四月十五日までには連盟対応を担う条約局の新設と、幣原型の松田道一の条約局長起用が内定した(『東京日日新聞』。局の発足は七月二日)。新外交に対応すべく、幣原好みの幹部人事が行なわれたのである。

原敬からの信頼を得る

この間、外交調査会では国際連盟に強い不信感を持つ伊東巳代治が原内閣の対応を激しく非難したが、幣原は原と伊東の間で連盟対応の調整に努めた(二月二十四日『原敬日記』五巻)。幣原は義兄で憲政会総裁でもある加藤高明の原批判に同調せず、原、内田を助け、緩慢だった政府の講和会議対応を軌道に乗せたのである。原も加藤と幣原の言動に温度差があることに気づき、両者には姻戚関係があっても、政治的な提携関係がないことを悟って、次第に幣原を信頼するようになった(大正十年十一月四日『読売新聞』)。

幣原は大正九年九月七日に講和会議の功績により男爵に叙せられ、華族の一員となった。憲政会からは冷ややかな声が聞こえたが(『東京朝日新聞』)、幣原が加藤との姻戚関係を私的なものとし、原を首班とする政府に尽くしたことが認められたといえる。

新四国借款団問題

講和会議と前後して浮上したのが、新四国《しんしこく》借款団問題である。一九一八(大正七)年七月十日に米国が提起した既存の四国借款団に代わる新四国借款団構想は、対中経済勢力を拡大するためにも、勢力範囲（外国領土における優先的特権）の否定という新外交理念のもと、中国にあるすべての各国の借款優先権を新借款団に提供させるものであった。

日本にとって最大の問題は、借款団参加に際して満蒙権益を借款団事業から除外できるかであった。外務省内では埴原政務局長や小村第一課長は満蒙鉄道以外の権益を借款団に提供しても構わないとしたが、幣原は慎重だった。

外務省は、大蔵省や借款団の日本代表銀行となる横浜正金《しょうきん》銀行（正金）の小田切万寿之助《おだぎりますのすけ》の意見を聴取、大正八年五月六日に一案を作成した。この案は新借款団構想に賛同するが、大蔵省や正金の主張を反映して、満蒙権益の提供は「国民感情」から応じることはできないとしていた。さらに五月十三日の大蔵省の意見を加味した二十日の閣議決定には、満蒙に対する日本の特殊な感情と利害関係は列国も承認済みで、既存の四国借款団も満蒙権益の留保を認めたとして、適用除外を求めるとあった（外務省記録5）。

列挙留保の新戦術

財界では満鉄や東亜興業株式会社、大倉組などの満洲に関わる主要七社が満蒙除外を求め、政界でも、第一党の政友会総裁でもある原首相、第二党憲政会総裁の加藤高明、第三党国民党党首の犬養毅《いぬかいつよし》も満蒙除外を主張した。

しかし、六月十六日十時四十分に米国政府は満蒙除外に難色を示しているとの電報が着電した。日本は満蒙除外に反対する国際社会と、除外を求める国内の板挟みとなったわけだが、ここで幣原は新たな戦術に出る。幣原が発電させた十六日十六時三十分の訓令では、満蒙という地域そのものの留保を求めるのではなく、一歩後退して各利権を精査して、正統性のある利権だけを列挙して留保する列挙留保の形で満蒙権益を守ろうとした（熊本史雄「大戦間期外務省の情報管理と意思決定」）。

再交渉決定

幣原の新戦略に基づく案は、列挙留保と地域留保のいずれかの選択を求める形で、八月七、十三日の外交調査会で検討された。だが伊東巳代治は留保そのものが国際社会の大勢に逆行する、要は新借款団からの脱退か、満蒙除外の撤回かの二者択一として、満蒙問題への決意を論じるべきとした。田中義一《ぎいち》陸相も日本の生存問題と主張、権益維持を求めた。結局、交渉を決裂させない範囲内で今一度除外交渉を試みることとし、訓令文は外務省と伊東の間で調整することになった（『原敬日記』五巻、『翠雨荘日記』）。

トーンダウンした訓令

十六日に発電された訓令には伊東案にあった「満蒙の除外」を「満蒙に関する留保」とトーンダウンさせていた。筆跡からトーンダウンへの書き換えは幣原と推定される（熊本「大戦間期外務省の情報管理と意思決定」）。

死活的利益の主張

この訓令には、日本は近接する地理的関係から中国に「緊切なる利害問題」を有する、特に満蒙には国防と経済的生存から重大な関係があり、国民の「感覚鋭敏」であるとの説明がつけられたが、在英米仏の日本の大使、代理大使は任国政府への一連の訓令伝達を躊躇した。だが本省は二十六日に「緊切なる利益」の訳語としての vital interests《バイタル　インタレスト》（死活的利益）を指定した上で、本件は欧米諸国にとって死活的な問題ではないが、日本にすればその「安全にも影響」しかねない、国民の「危惧の念一層深甚」な「政治問題」であると指示した（『日外』大八―二上）。

中国に対する日本と欧米諸国の利害関係の差異を強調すべく用いられた vital の語の意味するのは、政治的問題は一種の聖域とする当時の国際法概念である（三章二節参照）。以後、幣原は利害関係の差異と、満蒙権益の留保を求める声が強い国内事情を訴えることで、米英を説得しようとした。

国民感情を訴える

幣原は八月二十八日、オルストン駐日英国代理公使に、政友会、憲政会の二大政党とも満蒙権益の留保を求めている国内事情と、本件は日本の安全に死活的（vitally）な影響があるとの注意を喚起した（*DBFP*, 1st ser. v. 6）。だが、政務局が電報としてまとめた会談録には vital の語が抜けていたため、幣原は「緊切なる利益」の語を挿入、この種の問題を議論することは「何国と雖《いえども》容認し得ざる所」であり、いかなる内閣でも「民意を基礎」とするとして妥協の困難性を訴えた。九月三日にも電報案を国内事情を強調する内容に大幅修正、満蒙留保を「主張するの外なきこと」と加筆した（外務省記録5）。

その後、幣原が駐米大使として着任する直前の十月二十八日、米英の新四国借款団に

フォーミュラ（公文）案

関する対日回答が在米大使館に届けられた。それは満蒙の地域留保は認めないが、幣原が求めた列挙留保を認めるものだった（中谷直司『強いアメリカと弱いアメリカの狭間で』）。

だが地域留保に未練を持つ日本政府は、大正九（一九二〇）年二月末に満蒙の借款事業には必要な措置を留保するとのフォーミュラ（公文）の政府案を作成した。幣原は三月二日に政府案を国務省に提出した際、補足説明を加えた。それは、本借款団は欧米諸国にとっては単なる経済問題だが、日本にすれば「自家の安寧《あんねい》を保全するに必要の手段を執るの権利を留保せざるを得」ない、日本と欧米諸国を同じ土俵で論じることは「国家自衛の観念に反し、到底我国論の承認せざる処」という注意喚起で、利害関係の差異の強調が希薄な政府案を補った。

三月十六日の米国政府回答は、「国家の自衛権」（英文では自己保存権）は世界的に認められているとして日本の立場に理解を示した。これを評価した幣原は三月十八日に「自衛の必要に基《もと》づく主張」は「米国政府に対抗することを得べきものと信ず」として政府のフォーミュラ（公文）案の撤回を求め、日本政府もこれを受け容れた（『日外』大九―二上）。

幣原は第一次世界大戦後の主流となった新外交に巧みな対応を試みた。vital の語に象徴される日本と欧米諸国との利害関係の差異を強調し、日本の立場への理解を求めた。こうした姿勢は、幣原のワシントン会議や外相時代の対応にも顕著に表れる。

四　日米関係とワシントン会議
―駐米大使時代と「幣原外交」の登場―

駐米大使に任命

大正八（一九一九）年三月十二日、原は石井菊次郎駐米大使の帰国希望を容れ、後任の人選を命じた。第一次世界大戦後の新外交の潮流を作り、移民問題や対中政策、シベリア出兵をめぐり関係が悪化する米国に駐在する大使は重要で、幣原は九月十一日に駐米大使に任ぜられた。大使は外交官では最上位の栄誉だが、幣原は年老いた父、新治郎《しんじろう》への思いから、内心では赴任を嫌がっていた（家人談、大正十三年六月十日『大阪毎日新聞』朝刊）。

なお、幣原の後任次官の最有力候補は、豪傑型で幣原とは不仲の本多熊太郎であったが、最終的には、外務省きっての知米派で、幣原と縁深い関係にある埴原正直が異例の抜擢を受けた（九月一日『東京朝日新聞』）。省内での幣原派優位が維持されたのである。

家族も米国へ同行

ここで駐米大使時代の幣原の家族や勤務ぶりをみてみよう。幣原の海外赴任の多くは単身赴任だった。在米日本人移民向けの新聞『日米』（大正十三年七月一日）によれば、幣原は「外交官のなやみは子弟の教育にあるよ、矢張り日本の学校にいれるのが一番だ。任地へ［妻子を］連れてゆくのは考へものだ」と語っていたという。だが駐米大使時代は雅子夫人の強い希望もあり、大正九年四月から一年間だけ長男の道太郎《みちたろう》と次男の重雄《しげお》を米国に留学させ、雅子も同伴した（大正九年三月二十九日、同十年五月十五日『読売新聞』）。

石射猪太郎の回想

部下であった石射猪太郎《いしいいたろう》によると、幣原は滅多に部下を叱らない、非常にクダケタ「面白い上官」であった。無頓着で、他の大使であれば苦情が百出するようなボロ事務所や大使官邸にも文句を言わなかった。唯一の道楽というべき散歩も、米国では時代遅れになっていた英国式の山高帽《やまたかぼう》を被って、ステッキを持ち、前かがみで歩くという「極めて古風ななり」であった（石射「幣原男の想出」、同「駐米大使時代の仕事」）。雅子夫人が持ち前の社交性を発揮して評判となり、大使館の庭に菜園を造っていたのとは正反対である（大正十年五月十五、二十八日『読売新聞』）。

自力と他力

幣原は部下に対して、口うるさい、厳しい指導はしなかったが、これに関して一部の部下は、大使館の上層部は後輩の育成を怠っているとの不満を口にしていた。幣原は自らの努力で地位を築いてきたという自負が強い分（一章一節参照）、自分で学んで身につけろという考えを持っていた。このため、「どうも今の若い連中は自分自身はちつとも勉強しないで、人の指導が悪いとか何とかと云つて他力本願を考えて居る。どうも困つた事だ」と洩らしていた（石射「幣原男の想出」）。

さて、幣原が駐米大使時代に直面した大きな課題は、日系移民排斥、シベリア出兵への非難、ワシントン会議である。

日系移民排斥問題

多くの日系移民を抱えるカリフォルニア州では、帰化権を持たない者の土地所有は認めないが、五年間の借地権を認めた一九一三（大正二）年改正の土地法を、州民の投票で改正、借地権を否定する運動が強まっていた。特に強い批判を受けていたのが写真結婚である。明治四十一（一九〇八）年の日米紳士協約では日本からの新規労働者の渡米を禁止していたが、在米邦人の妻子の渡米は認められていた。このため、お見合いを写真で済ませた新妻が渡米、夫との間で生まれた子供は自動的に米国の市民権を得る、すなわち日本移民の増加につながることから問題化していた。

写真結婚の禁止を具申

幣原は、写真結婚問題は、お見合い結婚が普通であった日本との結婚観の違いだが、米国で批判され、排日論者の口実になっていると懸念した。幣原は十一月二十日にランシング国務長官から写真結婚の禁止と引き換えにカリフォルニア州の土地法改正の阻止に努めると打診されたのを機に、二十四日に改正阻止は不確実だが、排日問題で日本が優位に立てるとして写真結婚の禁止を具申（『日外』大八―一）、原内閣は十二月五日の閣議で写真結婚の禁止を決定した（『原敬日記』五巻）。だが翌年、土地法改正の動きが活発化する。土地法は州法なので合衆国政府の影響力は限られ、改正阻止は難航した。

モリスとの交渉

ここで浮上してきたのが前駐日大使モリスの存在である。幣原とモリスは大正九年七月末から接触を開始、州法よりも上位にある日米の国家間協定を締結することで州法を無効化しようとした。両者は九月二十一日から翌年一月二十四日にかけて非公式会談を行ない、協定案の作成まで漕ぎ着けた。だが米国の政権交代で陽《ひ》の目を見るに至らず、十一月二日の大統領選挙と同日に行なわれた州民の投票で、改正土地法が採択された。直接の成果はあげられなかったが、加熱しがちな日米の世論にブレーキをかけて日米関係の安定を保つことには成功した（蓑原俊洋「移民問題解決への二つの日米交渉」）。

シベリア増兵問題

やっかいなのはシベリア出兵である。日本は米国に先んじた勢力扶植を企図して出兵の数と範囲を拡大、米国は日本の勢力拡大を阻止すべくこれを非難した。原内閣は大正七年十二月に治安維持に必要な兵力を除いて減兵に踏み切ることを決定したが、問題はボリシェヴィキ派の脅威に直面している居留民保護と治安確保であった。

これに関して、原内閣は反革命勢力として英仏の後援を受けていたコルチャック政権に期待したが、同政権は大正八年夏ごろから急速に勢力を低下させるばかりか、窮地を脱すべく日本軍の派兵を求めた。原内閣は七月十一日の閣議で慎重な態度をとるとしたが、田中義一《ぎいち》陸相は八月十三日の外交調査会以降、コルチャック政権の崩壊はボリシェヴィキ派の勢力拡大をもたらし、満洲、朝鮮を通じて日本国内にも影響が及ぶ「帝国の存立に関する重大事件」として、コルチャック政権への援助と大規模な増兵を求めた。

田中義一陸相

十一月にコルチャック政権がオムスクから東方二千数百キロのイルクーツクに後退すると、原内閣は田中の増兵要求に応じ、幣原に対して二十七日の外交調査会で決定した五〇〇〇～六〇〇〇名規模の増兵に関する対米打診が訓令された。だが、米国は返答しないばかりか、大正九年一月八日に突如、一方的にシベリア撤兵を通知した。

日本、増兵を決定

一月十日、幣原はランシング国務長官を訪ね、事前交渉抜きでの一方的な撤兵通知は非礼であり、米軍の撤退で現地の日本軍は孤立して危機に陥ると批判、今後もし日本が駐兵継続や増兵をしても、共同出兵という協調の枠組みを無視した米国には異議を申し立てる権利はないと申し入れ、ランシングも弁明に終始、「異議を唱ふ可《べ》き理由なし」と認めた（『日外』大九―一下）。だが、日本政府はこれで日本軍の自由行動の承認をとりつけたと解釈、一月十三日の閣議は数千名規模の増兵を決定した。後年、幣原は自らの言動が増兵決定に「逆用されちやつた」と苦笑した（昭和九年三月二十五日『東京朝日新聞』朝刊）。

弁明に追われる

だが、主要国がシベリアから撤兵、ボリシェヴィキ派の政府承認は避けるが、対露通商再開に向けて動きだそうとする時に、海外では日本だけが出兵を継続し、現地軍も策動をしているのではないかとの批判を浴びた。当時の外交文書からは、幣原が米国からの抗議や説明要求への弁明に追われていたことがわかる。対日疑念の払拭は幣原にとって大きな課題で、次第にメディアを通じた広報に力を入れるようになる。幣原はマスコミ嫌いの「難物」で知られていたが（馬場恒吾『現代人物評論』）、かつてデニソンが実践した国際社会へのアピール（三章一節参照）を実行する。

メディアを「善導」する

本省ではパリ講和会議で日本の広報が中国側のそれに惨敗した経験に鑑み、大正九年四月から情報部を通じた広報を開始したが、それは日本の政府機関や、その系列の御用通信社による宣伝、新聞操縦といった手法であった。これに対して幣原は、メディアの発達した米国では新聞操縦は嫌悪され、有害として別の方法、すなわち大統領、国務長官が新聞記者との接見を通じてメディアを有効に指導している例に鑑みて、メディアの「善導」を求めた。大正十（一九二一）年には大使館内に情報部を新設、顧問として米国人元新聞記者のモアーを招聘、その助言を受けつつメディアとの良好な関係を築き、彼らに各種の調査資料を提供すべきと具申した（大正九年九月二十四日外務省記録6、同十年八月十三日同前7）。

メディア・アピール

一方で、要人自らによる説明の重要性も認識（大正十年六月二十四日『日外』大十—三下）、のちには新聞や雑誌記事だけでなく、漫画にどう描かれるかといったメディアを通じたイメージの重要性を語った（大正十三年八月十八日『東京朝日新聞』朝刊）。幣原が力を入れたメディア・アピールは、ワシントン会議での平和主義のアピールにつながる。

ヒューズからの打診

一九二一（大正十）年七月九日、ヒューズ国務長官は幣原に日本の海軍軍縮会議（ワシントン会議）への参加を打診した。この時の会議議題は海軍軍縮だけだったが、英国は日英同盟継続に対する米国、中国、カナダの猜疑心に対処すべく、中国を加えた太平洋会議の開催を求めたことで極東、太平洋地域の秩序形成が議題に組み込まれた。日本政府は極東、太平洋問題の討議は紛糾を招いて会議進行を困難にするばかりか、対シベリア、中国政策も列強に掣肘されかねないと警戒した。七月十三日の回答訓令では、会議への参加意思を示す一方、議題から既成事実や日中二国間問題を除外することと、海軍軍縮のほかは門戸開放、機会均等などの主義や原則の協議にとどめるのが望ましいとした。

七月十四日、ヒューズは各種の国際問題は協調の枠組みで解決するのが時代の風潮であるとして、日本の回答に不快感を示した。だが幣原は、日中関係を含む複雑多岐な極東、太平洋問題を数週間程度の国際会議で解決することはできない、議題を事前確定するなどの成算を立てずに会議に臨み、結果、失敗すれば国際関係は一層不安定になると反論した。痛い所を突かれたヒューズは、会議では原則を見出すにとどめる、事前に関係国間で議題を確定させることに異議はないと答えた。幣原は二十日着の具中で米国は極東、太平洋問題の具体案を持っていないと思われる、これを逆手にとって極東、太平洋地域の安寧と日本の「平和的発展」に必要な議題を提出するなど、「我より進んで会議を利用する方針を執」ることを求めた（以上『日外』ワシントン会議、上）。

本省の守勢的逆用論

公明正大な態度によって侵略的とみられがちだった日本の国際的信用を回復し、門戸開放主義を逆用して極東、太平洋方面への経済進出を求めて会議の主導権を握るとの方向性は幣原、本省とも一致していたが、本省は議論の焦点を極東問題以外にそらすことに力点を置いていた（外務省記録8）。七月二十二日の閣議決定も、ワシントン会議では極東、太平洋問題の討議を後回しにする間、中国、シベリア問題の解決に努めるという守勢的なもので（『原敬日記』五巻）、閣議決定文には、逆用論の一方で、山東《さんとう》問題などの特定の問題を議題から外すことに最善を尽くすといった方針が明記されていた。

幣原の積極的逆用論

だが、幣原のそれは、メディア・アピールを交えたより積極的な逆用論だった。幣原は七月二十六日着の具申で特定議題の除外は誤解を招くと批判した。八月に入り米国から十一月十一日の会議開会を打診されると、八月十四日の着電で政府に具体案の提示を求めるとともに、日本が最も利害を感じる太平洋、極東問題の主導権を握るべく、「公明正大なる平和政策を宣明」にする積極提案を通じて「世界の公論に対し我将来の地歩を有利」にすべきとした。八月二十九日、九月十五日の着電でも公明正大な態度と、最大利害関係国としての積極提案による主導権確保を求めた。

平和国家アピール

メディア・アピールに関しては、幣原は八月三日着の具申で、米国の会議打診に対する七月二十六日の政府回答文の公表が遅れたことを批判、八月十三日に米国から会議の正式招請を受けると、翌日の着電で政府に迅速な回答と公表を求め、十六日の着電では回答文案を具申した。文案は米国の人心に「最有利なる印象を与」えるためにも、日本には徳川時代に長期の平和を維持してきた「無比《むひ》の歴史」があり、国家間の武力争闘が停止し「人類の間、只友愛あるのみ」の時代を望んでいるとして平和国家を全面的にアピール、次いで日本は極東の「安寧《あんねい》及繁栄の維持」に最大の関係を有しているとの注意を喚起した。二十三日に決定、公表された日本政府の正式回答文は、文言こそ異なるが、「世界の平和及康寧《こうねい》は日本政府並国民が長く抱懐《ほうかい》せる素望《そぼう》」であり、「日本が太平洋及極東の平和維持に関しては特に緊密重要なる利害関係を有する」というように、全体的なトーンは幣原案を取り入れたものであった（以上『日外』ワシントン会議、上）。

また、幣原が米国の雑誌、カレント・ヒストリー（*Current History*）誌に寄稿した「日本の率直なる公式声明」のなかでは、「日本が欲しているのは平和と友愛」である。日本は経済的生存のためにも中国大陸の開放を希望するが、特権は求めない。日本が匪賊

（武装集団）の横行する満洲に「秩序と法の制度」をもたらしたことで、同地は発展したとの主張を展開した。

山東問題解決を試みる

特記すべきは、政府訓令を待たずに、パリ講和会議を難航させた山東問題の解決を試みたことである。日本は第一次世界大戦で奪った山東半島の旧ドイツ租借地に関して、ベルサイユ講和条約に基づきいったん日本がドイツから継承、次いで日本からこれを中国に還付する際、山東鉄道の合弁化を含む日中協定を求めていた。だが、中国は講和条約を挟まない直接還付を主張することで、鉄道の合弁化などに反対していた。

七月二十一日、幣原はヒューズに会議を成功させるためにも、関係国の国民感情を刺激しかねない問題は会議前に解決すべきとして、山東問題を提起した。中国は米国の後援でベルサイユ講和条約を改廃しようとしているとして、その希望を断ち切るべく、米国から中国に山東問題に関する日中直接交渉を行なう旨の勧告を求めたのだ。日本政府も七月二十六日の訓令で幣原の措置を是認した（『日外』ワシントン会議、上）。ヒューズは九月十五日の幣原との会談で三日付けの日本案に好感を示したが、二十二日になって米中両国内の反発を恐れて慎重な態度をとったために解決には至らなかった（『日外』大十—二）。だが、ここで作られた両者の協力関係は、ワシントン会議終盤で力を発揮する。

人選は「幣原中心主義」

こうした幣原の具申や行動は、多くの閣僚や外交調査会でも高く評価されていた（十一月四日『読売新聞』）。原は八月末の会議全権の人選にあたり、「幣原の是迄《これまで》の働振《はたらきぶり》も仲々《なかなか》感心なれば、彼を十分に働かすを得策とす」と述べて、林権助《ごんすけ》駐英大使や石井菊次郎駐仏大使の全権団加入説を退けて、幣原と同列、もしくは格上の外交官を加入させなかった（『原敬日記』五巻）。九月二十七日に徳川家達《いえさと》貴族院議長、加藤友三郎《ともさぶろう》海相、幣原の三名が全権に任じられたが、「幣原中心主義」との論評の通り（九月二十八日『読売新聞』）、原の意中は幣原であった。

その原内閣は、八月二十三日の閣議で先手を打って門戸開放主義を積極的に逆用する会議訓令案を決めたが、同日の外交調査会で「調査を要する」との意見がつけられたために、訓令の発電に至らなかった（『原敬日記』五巻、『日外』ワシントン会議、上）。九月八日になってヒューズが示した議題案は、「日本側に都合の悪い案件の一覧表」というべきもので、日本の会議対応は後手に回ってしまった（麻田貞雄『両大戦間の日米関係』）。

ワシントン会議開会

ワシントン会議は十一月十一日に開会したが、幣原は腎臓結石を発症して十七日から会議を欠席した。会議開催が浮上した初夏から一層多忙を極め、連日深夜一時、二時まで働き、父の新治郎の死去（九月一日）には帰国は勿論、挨拶状すら出せず、心労がたまっていた（九月二十八日『東京朝日新聞』朝刊）。

四ヵ国条約

ここで一つの事件が発生した。英国全権のバルフォアがヒューズに対して、脅威が発生した時に二締約国（日英）は防御的な同盟を締結できるという、日英同盟に代わる日英米三国協商案の締結を打診したのである。病床でこれを知らされた幣原は試案を作成、十一月二十一日にバルフォアに届けられ、バルフォアが加筆したものが、日英同盟の廃棄と、これに代わる日米英仏が有する太平洋上の諸領土の現状維持と権益の相互尊重を約した四ヵ国条約になった（『日外』ワシントン会議、上）。

幣原試案

注目は、幣原試案の特徴である。試案は、①同盟の復活を削除して日英同盟の失効を明文化、②バルフォア案が協定の目的を太平洋にある「領土権を防護」するためとしたのに対して、幣原は防護対象に「緊切利益（vital interests《バイタル インタレスト》）」を、対応すべき脅威には、締約国の領土権のほかに「地域に生ずることあるべき事態」を加えた。

①は、モンロー主義を国是とする米国への配慮である。幣原は前年六月四日の意見書で、機能性に問題がある国際連盟よりも日英同盟を評価したが、それ以上に同盟の意義は日本の国際的孤立を防ぐ「無形上の利益」、すなわち、国際的信用としていた（『日外』大九—三下）。ワシントン会議を成功させることでの信用を重くみたのである。

日英同盟の廃棄に関して、幣原は安全保障を軽視したとの批判がある。確かに、この時点では日本の軍艦保有量は対米六割になる公算が大きくなっていたが、米英海軍は太平・大西の両洋に分散配備を余儀なくされる上、当時のテクノロジーでは、広い太平洋を挟んだ日米は、ともに長期間の大規模遠征は困難とみられていた。つまり、同盟が廃棄されても日本の安全保障に大きな脅威はなかった。

②は、幣原試案を一見した山川端夫《ただお》条約局長が意図を見抜いたように、「緊切利益」とは日英同盟に明記されていた「特殊利益」に代わるもので、「地域に生ずることあるべき事態」とは、中国の政情混乱による居留民保護の出兵もあり得るとの配慮であった（『日外』ワシントン会議、上）。実際、幣原も前年六月四日の意見書で、他国からの批判覚悟で日英同盟の「特殊利益の防護」の語を残置すべきとしていた（『日外』大九—三下）。

だがバルフォアは「緊切利益」を削除、十二月十三日に調印された四ヵ国条約から中国問題を除外、問題は九ヵ国条約に移された（『日外』ワシントン会議、上）。

九カ国条約

中国の漸進的近代化のための国際協調を規定した九ヵ国条約の骨子となったのは、十一月二十日のルート四原則である。原則の一つである「友好国の安寧《あんねい》に害ある行動」を控えるとの一文は、日本の満蒙権益に対する米国の暗黙の了解だった。内田はより明確な文言での権益の保障を求めたが、幣原は大正十一年一月二十六日着の具申で、それを求めれば議論を紛糾させ、中国の反日気勢を刺激して、かえって日本に不利になるので、安寧で満足すべきとした（『日外』ワシントン会議、下）。

第六回総会演説

だが幣原は、大正十一年二月四日のワシントン会議第六回総会における演説で、記録に残すという外交テクニックを通じて、満蒙権益と中国に対する日本の立場を喚起した。幣原は中国の平和、統一と莫大な資源の開発は日本にとって「死活に関する底《ほど》の利害関係（vitally interested）」があり、在留邦人は数十万におよび、巨額の投資も行なわれている。中国に有する日本の「特殊利益」とは他の諸国とは異なるこれらの「現実の事態」を指す言葉であると表明した（外務省記録9）。これに各国代表が異論を唱えなかったことで、日本はワシントン体制下でも満蒙権益の存在が容認されたと解釈する。

幣原は独走したか

ところで、日英同盟廃棄に言及した幣原試案については、政府訓令を仰がずに独走したとの批判がある（岡崎久彦『幣原喜重郎とその時代』）。確かに、本省も全権団の独断先行的な行動を問題視、内田は大正十一年一月十二日に注意を与えた。だが、全権団は一月十五日着の電報で、欧米各国の全権は自己の責任で即決しており、やむを得ず機宜の処置をとったと反論した（『日外』ワシントン会議、上）。

というのも、この時期、ワシントンからの電報が東京の本省に届くまで四十時間以上かかるケースもあり、外務省、政府、外交調査会等の手続きを経た訓令がワシントンに着くまでにはさらに日数が必要である。これでは現地で即決する各国全権と勝負できない。迅速な対応が求められるなかでの措置は、英国が望めば日英同盟を日英米三国協商に改めもよいとの前年十月十二日の政府方針の趣旨に鑑みても、一概に批判されるべきものではない。また、本省幹部の多くも日英同盟に未練を持ちつつ幣原試案を支持、内田も十二月三日にバルフォア再修正案に基づく交渉を認めた（『日外』ワシントン会議、上）。

舞台は日中直接交渉へ

幣原の活躍で特筆すべきは、先に触れた山東問題である。ワシントン会議が始まると中国は列国が困難視する治外法権撤廃、在華各国駐屯軍の撤退、租借地の返還を相次いで提起して混乱を引き起こしていた。十一月二十五日、ヒューズは中国の山東問題上程によって会議がさらに混乱するのを防ぐためにも、これを会議から引き離した日中直接交渉として行なうことを求めた（『日外』ワシントン会議、下）。十二月一日から英米オブザーバー同席での日中交渉が始まったが、難航、加藤は病床の幣原に決裂必至と伝えた。

危機感を深めた幣原は医師の制止を振り切って会議に出席、十二月十六日には交渉決裂を防ぐためにも山東鉄道の日中合弁化という半譲歩案から「殆ど其の全部を譲歩」する借款鉄道化（中国への鉄道還付）を提案した（十日の訓令では借款鉄道化は決裂寸前まで提示しない予定とされていた）。内田は二十一日の訓令で幣原をたしなめ、二十四日には中国に歩み寄りの姿勢がなければ交渉の打ち切りを通告するよう訓令した。

幣原は二十、二十四日着の電報で、中国はワシントン会議決裂の責任を日本に負わせようとしている、日本の「寛大公正なる態度」が理解されつつある際の交渉打ち切りは「極めて不利」とし、二十七日にヒューズ、翌日はバルフォアに相談を求めた。両名とも交渉打ち切りは対日世論の悪化だけでなく、米国のワシントン会議で調印した諸条約の批准（承認）を困難にするとして、交渉継続に意欲的な幣原に期待した（『日外』ワシントン会議、下）。大袈裟にいえば、ワシントン会議の成否は幣原の肩にかかったのだ。

山東問題の決着と報告

最終的には翌年一月二十、二十一日のバルフォアとの会談で案出された妥協案（山東鉄道は一定条件のもとで一五年間は日本の借款鉄道にする）に、幣原と埴原正直（幣原病欠を補うべく急遽全権に就任）両全権が独断で同意した。これをもって二十二日にヒューズが強い態度で中国に妥協案の受諾を求め、二十五日に中国の施肇基《しちょうき》全権も受諾を回答した（『日外』ワシントン会議、下）。これで山東問題は事実上決着したが、二十〜二十五日までの山東問題の経過報告が本省になされた形跡がない。幣原ら全権団は確実に交渉を妥結させるべく、本省に経過を報告せず、会議閉幕を目前にしたタイミングで、中国全権の受諾という既成事実を得た上で報告したのである。

その他の成果

幣原は、当初日本政府が議題化に反対していたシベリア撤兵と二十一ヵ条問題でも成果をあげた。前者では米国のヒューズ、同国全権のルートと連携して、一月二十三日に在留邦人と朝鮮国境方面の安全の保障がなされれば即時撤兵すると声明、翌日、ヒューズもこれを支持してシベリア撤兵問題の討議を終了させた。後者は、二月二日に幣原は一旦締結した条約を否認する中国を批判、二十一ヵ条といっても第五号要求を他日に譲るなど多くの条項を省いて条約を締結した、第五号要求もこの場で撤回すると表明した。翌三日、中国全権の一人である王寵恵《おうちょうけい》は幣原演説に異を唱えたが、ヒューズは幣原演説に満足の意を示して討議を打ち切った（『日外』ワシントン会議、下）。

国際的な外交官へ

ワシントン会議で幣原が各国要人と緊密に連絡をとり、粘り強い交渉で各種の問題を処理して会議の成功に貢献したことは、一大使にすぎなかった幣原を国際的な外交官に飛躍させた。ある時、部下の「外務大臣の椅子も待つているんでしょう」との問いに、幣原は次官時代の経験から「日本の政界というものは実に複雑で、僕等の様な者には外務大臣は駄目だ」と答えたが（石射「幣原男爵の想出」）、ヒューズ、バルフォアとわたりあった幣原が外相に推されるのは時間の問題であった。

帰国

さて、大正十一年二月七日にワシントン会議は閉幕、幣原は腎臓結石を悪化させたこともあり四月十九日に帰国した。大正十三（一九二四）年の外相就任までは、大使の肩書きはあるが、任地がない無任所という一種の浪人時代であった。

幣原の信仰心

このころであろうか、こんな話がある。幣原は、時折帰郷しては墓参を欠かさなかった。亡父の新治郎が生前に教えを乞うていた浄土真宗《じょうどしんしゅう》の僧侶、蜂屋賢喜代《はちやよしきよ》と面談した時、信仰について自らは「無宗教だ」と語った。だが蜂屋に「信仰のちっともないものが、墓参りをして何の意味がありますか」と言われて返す言葉がなかった。その時、臨終の直前に南無阿弥陀仏と書かせた紙を貼らせて、「室《へや》じゅうに仏様がござる」と言った祖父の九市郎《くいちろう》の姿が、宿題のように胸のなかに残っていると述懐した（「木村毅氏幣原喜重郎伝原稿」）。

晩年、幣原は寺院や教会に参拝したり、宗教を学ぶ時間はないが、「無宗教ではありません。なにか宗教的なものをもっていますが、それが仏教であるか、キリスト教であるか、決まっていないのです」と語った（幣原「義務」）。

関東大震災

大正十二（一九二三）年二月に新築した東京駿河台の自宅には、多くのデニソンの遺贈書が収められていた。だが、九月一日の関東大震災で家は焼失、遺贈書は五冊を残して灰に帰した。もっとも、震災当時は帰郷中で、被災を免れた（幣原「忘れ得ぬ人々」、家人談、大正十三年六月十日『大阪毎日新聞』朝刊）。こののち、岩崎家所有の駒込《こまごめ》の庭園、六義園《りくぎえん》の片隅に居を移した。

駐米大使時代の幣原は、第一次世界大戦後の国際社会の大勢となった新外交に配慮、平和主義をアピールして呼応姿勢をみせ、ワシントン会議の成功にも大きく貢献した。だが、満蒙権益の確保に留意するなど、新外交ありきではなく、日本の国益に適《かな》うか、否かを対応の基準にしていたといえる。こうした二面性は外相時代にも表れる。

第四　第一次外相時代と田中外相期

一　新時代の外相・幣原喜重郎の登場

加藤高明内閣

大正十三（一九二四）年五月十日の衆議院総選挙で護憲三派（憲政会、政友会、革新倶楽部）が勝利、第一党となった憲政会の加藤高明《たかあき》総裁が首班候補にあがった。首相を選定する立場にある元老の西園寺公望《さいおんじきんもち》は、二十一ヵ条要求やワシントン体制への批判など、加藤の憲政会が強硬外交を掲げてきたことを不安視、加藤の首班奏薦《そうせん》は渋々だった。

外相に就く

となれば、外相人事は重要である。加藤は幣原との姻戚関係を気にしつつも、幣原を外相に起用した（『石井菊次郎遺稿　外交随想』）。ワシントン会議の立役者である幣原を外相に据えることで、党の外交方針を従来の強硬外交から協調外交に転換し、西園寺の支持を獲得しようとしたのである（村井良太『政党内閣制の成立』）。

非政党員ゆえの利点

こうして六月十一日に加藤高明内閣が成立、幣原が外相に就任したのだが、ここで注目したいのは、幣原は憲政会という政党に入会せず、加藤もこれを認めたことである。

というのも、加藤は政党政治の確立を目指し、第二次大隈《おおくま》内閣では政党員のまま外相の地位についた（奈良岡聰智『加藤高明と政党政治』）。すでに欧米諸国の外相の多くは政党員であったことを考えあわせれば、これは疑問である。

その理由としては、第一に、加藤が組閣にあたり内相、蔵相といった主要ポストを憲政会で独占しようとしたことに、政友会が反発していたことがある（六月十一日『東京日日新聞』朝刊）。護憲三派の連立政権を円滑に運営するためにも、幣原が非政党員であるのは好都合だった。第二は、幣原自身が政党に関係すべきではないと考えていたことである（幣原『外交五十年』）。

政党から距離を置く

問題は後者である。幣原は、なぜ政党が嫌いなのかという理由を語ったことはないが、次の要因が考えられる。幣原の外務省入省間もない明治三十一（一八九八）年六月三十日から十一月八日にかけて、首相は議会に基盤を持つ責任内閣制の確立を目指す大隈重信《しげのぶ》であった。大隈は基盤となる憲政党を組織して、各省の幹部は一時的に政党系列の人材で占められた。外務省も例外ではなく、外務次官は小村寿太郎《じゅたろう》から鳩山和夫、政務局長は中田敬義《なかたたかのり》から早川鉄治《てつじ》、通商局長も内田康哉《やすや》から重岡薫五郎《しげおかくんごろう》に代えられた。この人事に対して、外務省内では、語学と専門能力、世界的視野を持つ者が「二流の人」に代えられるとの批判が起こっていた（明治三十一年七月二十日大隈重信宛林権助書翰『大隈重信関係文書』九巻)。外交は専門家たる外交官が担うべきと考える幣原(三章一節参照)にとって、特定の政党に深入りすることは、人事、政策とも変更を迫られるという悪例であり、将来を嘱望されながら外務省を去った中田のように、優秀な人材も失いかねなかった。

実際、幣原は憲政会と政友会の対立が激化し、加藤内閣退陣の可能性が浮上していた大正十四(一九二五)年六月十日、「外交の継続性」を理由に、政権交代による外相更迭はなすべきではないと書いた(伊沢多喜男宛幣原書翰『伊沢多喜男関係文書』)。昭和四(一九二九)年七月に二度目の外相に就任した際には、政権と外相交代に伴う省内の人事異動を嫌い(昭和二十八年七月一日宇治田直義宛川島信太郎書翰『幣原平和文庫』)、田中外交の遺物で、対中方針が幣原と相反する吉田茂外務次官や有田《ありた》八郎《はちろう》亜細亜《アジア》局長を留任させた。

新時代の外相

幣原は新時代の外相だった。それ以前の外相は、威厳を保つためにも偉そうに部下を呼びつけて用を命じ、下僚の挨拶にも応えなかった。だが外相となった幣原は、自分から部下を訪ねて仕事を進め、下僚や給仕の挨拶にも一つひとつ丁寧に答えたという(「新大臣出世物語　外務大臣幣原喜重郎氏」)。

これから外相時代の記述に入るが、その前に、幣原がどこまで外交政策の立案、実施に関与したのかについて、確認しておきたい。というのも、日本の官僚制度の特徴の一つは、下からのボトムアップで政策を立案、実施する稟議《りんぎ》制である。外務省もこのころには、かつての陸奥《むつ》宗光《むねみつ》や小村寿太郎といった卓越したリーダーが政策を主導するのではなく、担当する局、課が政策を立案、大臣はこれを慣例的、機械的に決裁する形に移行しつつあった（熊本史雄『大戦間期の対中国文化外交』）。

指導する幣原外相

しかし幣原には、他の外相にはない特徴があった。それは類稀《たぐいまれ》な外交知識と実績を背景に、指導する外相であったことである。

書類に手を加える

田中義一《ぎいち》と幣原（第二次外相期）のもとで外務次官を務めた吉田茂や戦後駐英大使を務めた大野勝巳《かつみ》によると、田中は局、課作成の決裁書類を前に、「大丈夫か」と聞くだけで、機械的に承認するだけであった。しかし、幣原は注意深く読み込んで手を加え、時には原形をとどめないほどの書き直しや、やり直しを命じた（吉田茂『回想十年』下、大野勝巳『霞が関外交』）。実際、外務省記録を見ても、幣原の前後に外相を務めた内田康哉、田中義一は局、課作成の訓令案に押印するだけのことが多かったが、幣原はほとんどの決裁電報に何らかの修正を施し、デニソンに教えられた「少しでも自国を有利な立場に置く」（「幣原喜重郎男随談録」）ことを実践していた。他の外相なら下僚に起案させたものをチェックするだけだった議会演説の原稿や閣議案、声明案などを自ら起草することもあった。これは幣原外相時代特有の事象である。

真面目な人材を起用

人事でも、感情で人をみれば「国事を誤る」として好き嫌いを戒め（幣原「忘れ得ぬ人々」）、

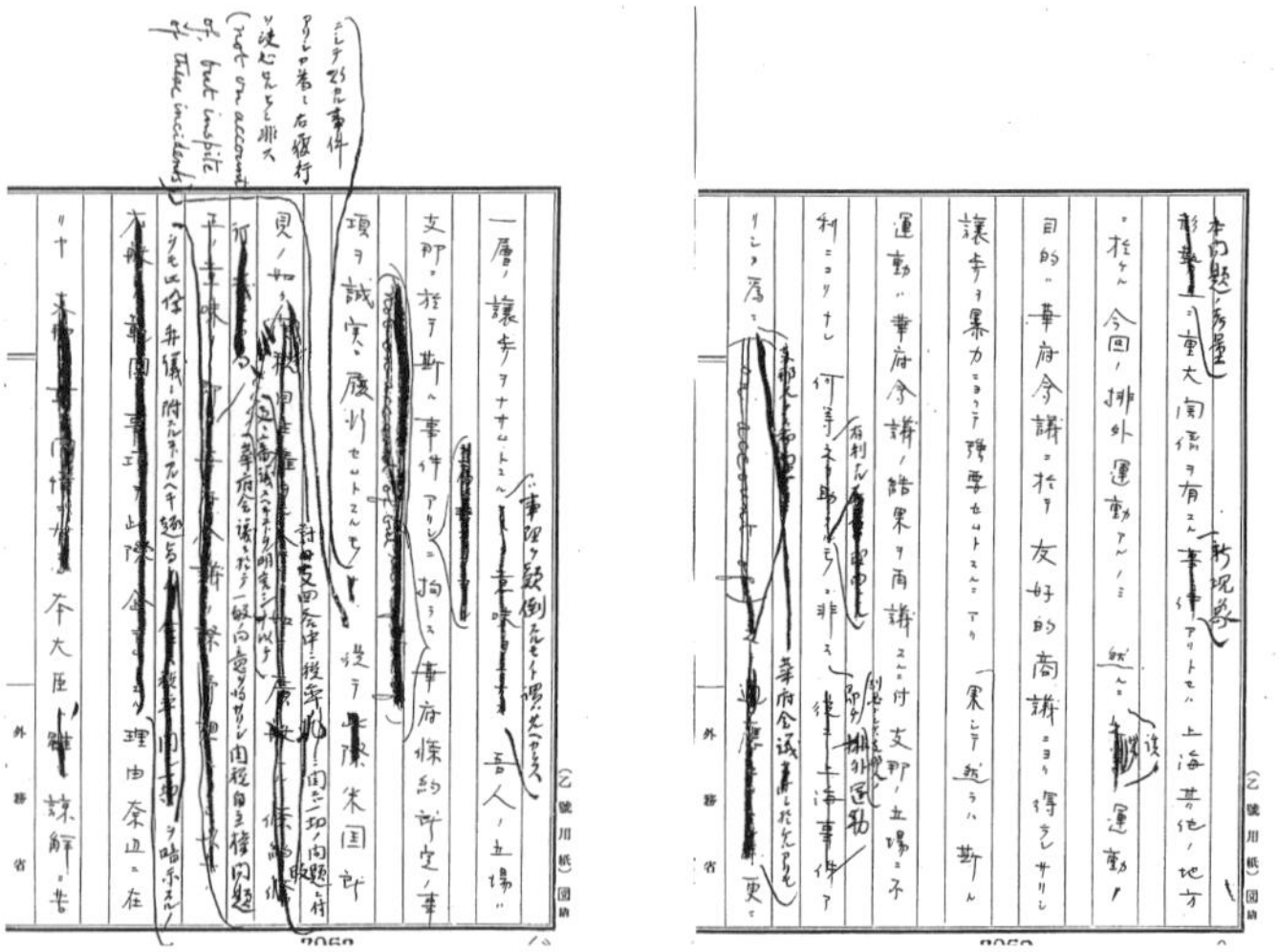

幣原修正の訓令文

（大正14年８月11日松平駐米大使宛電報第163号『大正十四年支那暴動一件・五三十事件』第５巻，外務省記録．本文95頁でも一部引用）

情実や縁故ではなく、真面目に仕事ができる人材を登用した（谷正之「和蘭公使時代の幣原さん」）。第二次外相期の前半には対中方針が異なるはずの吉田茂や有田八郎を留任させた。幣原の意向で昭和二（一九二七）年一月に国際連盟帝国事務局長に起用された佐藤尚武《なおたけ》は、幣原とはほとんど面識がなかったので、抜擢に驚いた（佐藤尚武『回顧八十年』）。幣原は、彼の考える適材適所の起用を行なって部下に仕事をさせ、折に触れて的確な指示を与えるやり方で外交を指導したのである（馬場伸也「北京関税特別会議にのぞむ日本の政策決定過程」）。

幣原人事の傾向

もっとも、次官時代の項で触れたように（三章二、三節参照）、中国通を敬遠し、国際法に詳しい幣原型や通商畑の知米派―特に永井松三《まつぞう》、出淵勝次《でぶちかつじ》、佐分利貞男《さぶりさだお》、斎藤良衛《りようえ》―を好んで起用した。在米経験者でも、広田弘毅《こうき》や有田のような政治的野心を持つ豪傑型を遠ざける傾向があったが（服部龍二『増補版　幣原喜重郎』）、有田の亜細亜局長留任や、広田の欧米局長留任（大正十五年十一月まで）と駐ソ大使起用（昭和五年十月）など、完全に排除したのではない。実際、有田は「極めて堅実でコマかく、性格は幣原に酷似」した有能な事務官僚、広田も優秀な局長であった（川村茂久「霞ヶ関太平記」、『広田弘毅』）。彼らの長所を活かしつつ、コントロールしたのである。

幣原に重用された者でも、出淵は東京高等商業学校、埴原正直《はにはらまさなお》は東京専門学校の卒業生で、松田道一《みちかず》と長岡春一《はるかず》は外交官及領事官試験を経ずに入省しているように、学閥や学歴とも無縁である。幣原の人事基準は、自身と同様に語学と事務能力、専門知識に富み、忠実に職務を遂行できるかで、わけても国際法と通商の専門家、知米派を重用した。彼らはのちに「欧米派」「幣原派」と呼ばれる中堅外務官僚のグループになった。

指導する外相という視点を加えた時、ワシントン会議の項で指摘したような本省事務当局とは異なる観点や、行動パターンに起因する幣原カラーが端々《はしばし》にみえてくる。その一つが、七月一日の議会演説である。

演説の新手法

確かに、この日の議会演説で幣原が語った国際協調や中国に対する内政不干渉、中ソ両国との経済関係の強化といった趣旨は、内田や松井慶四郎《けいしろう》といった前任外相も言及してきたものであった。しかも、幣原演説の中国部分は出淵亜細亜局長によって大幅な修正が加えられたもので、幣原独自の見解ではないとされる（『増補版　幣原喜重郎』）。

ならば、なぜ幣原の演説が、格調高い名演説として後年まで語り継がれることになったのか。注目はすべきは理念の強調である。それまでの外相の議会演説は、最初から終わりまで、対米、対露、対中といったように、相手国別の外交方針を並べただけで、日本外交が目指すべき全体の基本方針や、理念が明確に語られたことはなかった。これに対して幣原は、内外から注目される最初の演説冒頭に、日本外交の「根本義」（基本方針）の形で、理念を力強く語るという、インパクトを狙った新しい手法をとり、随所に世界的な貢献という積極的要素も織り交ぜた。積極的要素は受動的な新外交支持にとどまった大正十二年一月の内田外相演説や、同年末の外相演説に関する出淵の意見書にもなかった発想であった（外務省記録10）。

平和理念の強調

具体的にみていこう。幣原が根本義として強調したことは、①共存共栄《きょうぞんきょうえい》主義、すなわち、侵略主義や領土拡張政策を否定し、日本と列国の「正当なる権利利益」を尊重、増進することを通じて、極東・太平洋方面と世界平和の維持に貢献する、②条約などの国際的約定は変更してはならないという国際法の尊重に基づく「外交政策の継続性」、③これらの根本義が国際平和の鍵であるとして、列国もこの精神で「我国を迎ふること」を期待する」と呼びかけた。のちに幣原は、演説は「日本独自の立場から」の外交を強調する意図があったと語っている（「幣原喜重郎男随談録」）。

具体的な政策よりも理念を強調する幣原の演説内容には、一部閣僚から「これは演説ではない、講演だ」と批判されたが（馬場恒吾『現代人物評論』）、抽象的ながらも「従来の型を破つて新味あり、生気あり」と評価された（『東京朝日新聞』社説）。それはまた、平和を希求する国際世論への配慮が必要となった第一次世界大戦後の風潮のなかで、駐米大使時代から用いてきたアピール戦術を外相演説の形で実践したといえる。

その後も幣原は新外交への歓迎を表明したが、彼は思想家、評論家ではなく、国益を維持、増進する職業的使命を持つ外交官である。幣原は「理想の灯を掲げた現実主義者」だったといわれる（黒沢文貴『大戦間期の宮中と政治家』）。

理想と現実の関係

理想と現実の関係は何か。幣原は大戦後の新外交の潮流に逆行できないとする一方、「政治は空想ではない」」「政治家として最重要なる資質の一は実行可能の政策と不可能の政策とを識別する判断力」であると語った（昭和三年十月十九日「外交管見」）。新外交は安全保障面で欠陥を抱え、国内には満蒙権益の維持を求める実際があったように、目指すべき理想と現実には深いギャップがあった。

二　国際連盟対応—現実主義者としての一面—

「国際的協力」の時代

幣原は大正十四（一九二五）年一月二十二日の議会演説の冒頭、世界は第一次世界大戦前の「国際的争闘」の時代から「国際的協力」の時代に入った、すべての国際問題は「関係列国の了解と協力とを以て処理せむとするの機運」に向かっている、日本も東洋の一隅に孤立するのではなく、国際連盟（以下適宜、連盟と略す）の一員として「重大なる責任」を果たさなくてはならない、「国家の真正、且つ永遠なる利益」は、列国間の「公平なる調和」を得ることで確保されるとの根本義を表明した。同年の論稿では、次に世界大戦になれば惨害は想像を絶する、将来のために「戦争を防止し、戦争の範囲を局限せねばならぬ」として、国際連盟の平和事業への協力を訴えた（幣原「自主的外交と国際連盟」）。

新外交の運用に慎重

これだけを読めば、幣原は連盟に代表されるグローバルな国際秩序の発展を求める新外交に強く同調したようにみえるが、先に指摘したように、彼は新外交の機能性に疑問を抱いていた（三章三節参照）。実際、大正十四年一月二十二日の議会演説では「理想の実現は尚《な》ほ前途《ぜんと》遼遠《りようえん》」と述べた。つまり、幣原は理念としての新外交は支持したが、現実の機能面から、軍縮や安全保障分野での新外交の運用には慎重であった。

国際連盟の欠陥

国際連盟の目玉政策は、軍縮と侵略国に対する集団安全保障体制の構築だったが、加盟国の多くは総論賛成、各論反対といった態度をとった。現実問題として、全世界規模での同時並行的な軍縮は、各国が置かれた地理的、政治的環境が異なるため困難だった。安全保障も侵略とは何を意味するのかという国際法上の定義が存在しないことも手伝い、戦争発生を受けて連盟理事会がすみやかに全会一致で侵略国を認定するのは至難であり、多数国は他国のために自国の軍事力、経済力を制裁に使用するのを好まなかった。結果、国際連盟規約の制裁規定（第十六条）から武力制裁が省かれ、経済制裁も一九二一（大正十）年十月四日に連盟の判断ではなく、加盟国の判断でなすとの決議がなされた。理事会が対伊経済制裁を決議した一九三五～三六（昭和十～十一）年のイタリア・エチオピア戦争では各国の対応がまちまちとなり、安全保障機能の欠陥が白日のもとに曝された。

日本の消極姿勢

日本も、米露が連盟に加盟していない、すなわち、非加盟国には軍縮の義務はないという不合理性と、安定化傾向にあるヨーロッパに対して、革命後の混乱が続く露国と内戦が恒常化している中国を近隣に控える東アジアの地域事情から、連盟の軍縮、安全保障事業には消極的であった。幣原も大正十三年八月二十九日の侵略国への制裁を義務化する相互援助条約への対応訓令で、侵略認定の困難などの問題点を指摘、慎重姿勢をとった（『日外』大十三―二）。

ジュネーブ平和議定書

その大正十三年十月二日、国際連盟総会は軍縮、集団安全保障を推進すべく、ジュネーブ平和議定書を採択した。これは自衛目的と連盟理事会、総会の同意を得た集団安全保障以外の戦争を禁止し、国際紛争を常設国際司法・仲裁両裁判所、もしくは連盟理事会で解決することを義務化、違反国には武力を含む制裁を加えるものであった。

議定書批准には慎重

大正十四年二月二十五日、貴族院予算委員会で坂本俊篤《さかもととしあつ》は、連盟規約を強化するジュネーブ平和議定書は幣原が平素強調している趣意からも歓迎すべきで、批准を躊躇している英国を説得する意はないかと質した。これに対して幣原は、国際紛争の平和処理の観念は深化しているが、議定書は「一足飛《いっそくとび》」である、「重大なる緊切なる利益」に関する問題までも国際機関に解決を委ねることは、「帝国百年の利害」から考えて慎重でなければならないと答えた。八月二十八日には、世界各国の国情と地理関係が異なるなかで、詳細な一律規定を実施するのは困難との訓令案に、議定書は「欧洲時局の必要」に基づくもので、極東方面ではその「必要の程度及情勢自《おのずか》ら異なる所あり」と加筆した（外務省記録11）。

ロカルノ条約

同年十二月、英仏独を中心に議定書の対象をヨーロッパに限定したといえるロカルノ条約が調印された。国際連盟も一九二八（昭和三）年九月の総会で、ロカルノ方式の地域的な安全保障と紛争解決システムを勧奨する国際紛争平和処理一般議定書を採択した。

幣原外交の二面性

幣原はロカルノ条約の成立を世界平和の進歩に貢献するものと歓迎した（大正十五年一月二十一日議会演説）。だが課題の一つである軍縮には近隣主要国の参加が必要で、地域の国際環境にも左右される、日本としてはソ連や中国という東アジアの不安定要素がネックであるとして、慎重な態度をとった（拙稿「日本外務省と国際連盟軍縮、安全保障問題」）。

こうしたことからは、幣原は連盟などの新外交の枠組みに対して議会演説やメディアを通じて期待を表明したが、政策決定に際しては実際的見地に基づいて慎重な態度をとっていたという二面性がみえてくる。そこには日本が世界に率先して平和主義実現のために行動する姿勢はみられず、言動の不一致を指摘できる。平和主義理念の強調は、日露開戦時のデニソンの外交文書のように（三章一節参照）、アピール要素を含むものでもあったといえる。

三　幣原外交と満蒙危機—居留民保護の原則と満蒙・ソ連観—

日本政府の張作霖支援

大正十（一九二一）年五月十七日、原内閣はシベリア撤兵の実施による大陸方面の兵力削滅を前に、内戦が恒常化して戦国時代のような状況にあった中国において、満蒙権益を守る手段として、満洲軍閥の張作霖《ちょうさくりん》の政治的野心に利用されない範囲内で、張を援助する方針を決定した（『日外』大十一二）。その後、清浦内閣は大正十三年五月十三日に、張を通じて権益を拡大する方針を決定した（『日外』大十三一二）。つまり、日本は張との提携を通じて満蒙権益を維持、発展させることを国策としていたのである。

だが政治的野心の旺盛な奉天《ほうてん》派の張作霖は、中国全土の覇権を目論んでいた。一九二二（大正十一）年の第一次奉直《ほうちょく》戦争ではライバルである直隷《ちょくれい》派の呉佩孚《ごはいふ》に敗れたが、再起の機を窺っていた。一九二四（大正十三）年九月三日に直隷派の斉燮元《せいしょうげん》と奉天派の盧《ろ》永祥《えいしょう》が衝突すると、張作霖は九月七日に介入を声明、翌八日に日本側の援助を求めた。張作霖と呉佩孚による第二次奉直戦争が勃発したのである。

第二次奉直戦争

第二次奉直戦争といえば、陸軍が十月二十三日に馮玉祥《ふうぎょくしょう》にクーデターを起こさせて窮地に陥っていた張作霖を救うが、宇垣一成《うがきかずしげ》陸相が十月末の日記で、幣原をはじめ不干渉政策を訴えた外務省の面々が危機を脱したことで干渉（張援助）をせずに済んだと安堵しているのを見て、陸軍の工作も知らず、「御目出度過《おめでたす》ぎる」と冷評したエピソードが知られている（『宇垣一成日記』Ⅰ）。だが、実際には、幣原は内政干渉にならない範囲で様々な手段を模索していた。

張作霖への不干渉を主張

張作霖が介入を声明した翌九月八日、陸海外三省の関係局長級の連絡会議で不干渉方針が決定した。これを受けて、幣原は不干渉方針の訓令案を九月九日と十二日の閣議に持ち込んだが、閣内では張作霖の援助を求める声が強く、情勢の見極めも必要であるとして、不干渉方針は「差当たり傍観の態度」をとることにトーンダウンした。だが、幣原は特定勢力への援助政策は日本の国際的信用を破壊するとして、不干渉を高唱した。

声明公表

この間、九月十七日に中国政府が奉天派討伐の大総統令を発するなど事態が悪化すると、十九日の閣議は満洲に危機が迫れば干渉に至らない範囲での勧告は必要という見解で一致した。だが幣原は二十四日、クローデル駐日仏国大使に張作霖、呉佩孚ともに戦意旺盛なので、勧告は時期尚早との見解を示した。

九月二十九日に満洲と中国本部の境界にある山海関《さんかいかん》で張・呉両軍の戦闘が始まると、出先からは芳沢謙吉《よしざわけんきち》駐華公使、船津辰一郎《ふなつたついちろう》奉天総領事、国内では与党三派や貴族院の有志などから有効な対応策を求める声が高まり、陸軍は内地師団の派遣と呉佩孚への対張攻撃中止勧告の発出を求めた。三十日、幣原は出淵亜細亜局長の意見を容れ、呉への一方的な勧告を張・呉両派に対する調停に変えて行なうべく準備に着手、十月四日の閣議で宇垣と政友会閣僚から満蒙における日本の特殊地位を明白にした声明をなすように求められると、八日に出淵と文案を練り、十一日に幣原から駐日英米仏伊大使に声明が伝えられ、十四日に公表された（以上、拙稿「幣原喜重郎の満蒙権益観の形成と危機対応の論理」）。

幣原が満蒙に対する国内の人心は興奮状態にあると説明した上で、各国大使に手交された声明文は、満洲には数十万の在留邦人があり、日本の莫大な企業、投資も行なわれている現実から「緊切（essential《エッセンシャル》）」な権益を有しているとの注意喚起であった（『日外』大十三―二）。essentialは、当時の国際法概念では一種の聖域である（三章二節参照）。

王栄宝駐日中国公使と会談

十月十三日、盧永祥が敗北を認めて上海を脱出、張の奉天派が守勢に追い込まれると、翌日の閣議で宇垣は盧の失脚で「戦争原因は消滅」した、「調停の好時機」と発言した。幣原は汪栄宝《おうえいほう》駐日中国公使に調停を打診すると答えたが（「財部彪日記」『財部彪関係文書』）、閣議後に慎重な対応を求める出淵に諫《いさ》められた。十五日、宇垣は張作霖への武器供給を提案、加藤首相、財部《たからべ》彪《たけし》海相、幣原は反対したが、これを聞いた出淵は時機尚早だが奉直両派への和平勧告で陸軍の要求をかわすべきと具申した。翌日、出淵の意見を容れた幣原は宇垣の合意をとりつけ、十七日に汪公使と会談した（「出淵勝次日記（二）」）。

席上、幣原は国際協調と中国に対する内政不干渉政策の立場から、和平勧告の前提は張・呉双方からの勧告を受け入れの意思確認である、和平条件は当事者同士の交渉に委ねる、協調の趣旨から勧告は列国共同で行なうとの基本ラインを提示するとともに、暗に張・呉両軍は山海関で進撃を停止するよう求めた。幣原は汪を通じて呉の意思確認を行なう間、駐日英仏伊大使との連絡に努め、二十日に汪から中国政府は列国の意向次第で調停に応ずるとの情報が伝えられた（外務省記録12）。

クーデターを待つ

翌二十一日午後の閣議で幣原は、出兵や張への援助を求める宇垣や政友会閣僚に対して不干渉政策を主張して対立した（「財部彪日記」）。だが、二十一日の午前七時から十時十分にかけて、馮玉祥は呉佩孚打倒のクーデター実施を決意したとの確報が外務省に届いていた（外務省記録13）。つまり、二十一日以降は和平斡旋を放棄し、クーデターによる呉失脚と、張作霖の満蒙政権維持が確実になるのを待っていたのである。

権益保全策を模索

これまで多くの著作で語られてきたのは、幣原は第二次奉直戦争に際して、陸軍や政友会閣僚に屈せず、不干渉政策を強く訴えた信念の人という評価だった。だが、実際は満蒙権益擁護の具体的措置を求める声に押され、これと不干渉政策をいかに両立させるかに心を砕いていた。その一環として essential の語を用いた声明や内政干渉にならない範囲での和平斡旋を試み、最後は馮のクーデターを待った。幣原は状況に応じた権益保全策を模索していたのである。そして二十三日の馮のクーデターにより、張は失脚の危機を免れた。

郭松齢事件

次に幣原が満蒙問題で試練を迎えたのが、大正十四（一九二五）年の郭松齢《かくしようれい》事件である。張作霖と馮玉祥の関係が悪化するなか、十一月二十二日に馮と密約を結んだ奉天軍第三方面軍副司令の郭松齢が張作霖に反旗を翻して挙兵、翌二十三日に郭軍は山海関を突破して満洲に進出、張に危機が迫った。十二月一日、木村鋭市《えいいち》亜細亜局長は畑英太郎《はたえいたろう》陸軍省軍務局長と会談、錦州陥落時に声明（警告）を発出することで合意した。六〜七日の錦州での張・郭両軍の決戦は郭軍が勝利、一両日中には郭軍が張作霖の拠点たる奉天に進出する、張は下野を決意したなどと報じられると、八日の閣議は白川義則《よしのり》関東軍司令官の名による警告発出を決定した。

戦局拡大、出兵に同意

警告発出時に幣原は、満鉄とその附属地（鉄道の経営に必要な土地）の守備を担う司令官の警告は政治干渉の意がないことを示すとの説明をつけた。この間、七日に応急措置として平和的な政権授受を目的とした調停を訓令したが、これも吉田茂奉天総領事が五日に具申した出兵による圧力を背景にした強制調停ではなく、日本の条件提示を避けて張・郭双方の希望を受けた斡旋、つまり、内政不干渉の形とした。

だが戦局は拡大、十四日に奉天近郊で張・郭両軍が衝突して危機が目前に迫ると、十五日の閣議で、宇垣陸相は権益と居留民保護のために在満兵力を条約で認められている兵数まで補充する形での出兵を求め、幣原も調停成功の見込みがないとして出兵に同意した（以上、拙稿「幣原喜重郎の満蒙権益観の形成と危機対応の論理」）。

なお、出兵時の訓令一〇二号には、張・郭双方に対して「平和の裡《うち》に政権授受」する旨の幣原の願望が加筆されていた（外務省記録14）。十二月二十二日から二十四日の決戦に敗れた郭松齢は、自らの助命と張作霖との和平斡旋を求め、幣原も二十五日にこれに応じると訓令した（『日外』大十四―二下）。しかし、郭は二十四日に奉天軍に捕えられ、惨殺されていた。

居留民保護の原則

第二次奉直戦争と郭松齢事件への対応からは、幣原の行動原理、すなわち①幣原の居留民保護措置の原則、②満蒙権益観、③共産主義、ソ連観が見えてくる。

①に関して、郭松齢事件直後の第五十一通常議会での幣原の演説、答弁（大正十五年一月二十一日議会演説、二十五日貴族院本会議、二月一日衆議院本会議）を総合すると、満鉄沿線にある「有形的の権利利益」に脅威が迫ったために出兵に踏み切った、満蒙の治安維持は一義的には同地域を領土とする中国の責任だが、事態が日本の「康寧《こうねい》に関係する場合」は、「適法なる、公明正大なる理由の下に、我々は保護の手段を執る」とした。

つまり、幣原は兵力行使には慎重であったが全否定はしておらず、居留民保護は外交（的）保護権の一環と考えていた。国際慣習では、在外外国人の保護は受け入れ国（この場合は中国）の義務だが、受け入れ側政府が当事者能力を失うなど義務を履行できないと判断した場合は、在外国民保護のための注意喚起や実力部隊の派遣が権利として認められる。ただし兵力使用は大きな問題になるので、ケース・バイ・ケースである。

幣原は田中義一《ぎいち》内閣が行なった昭和三年の済南《さいなん》事件と前後した中国への出兵について、平和的解決の試みなくして出兵したことを批判したが、居留民保護のための出兵には中国や列国が「抗議し得べきものではない」と断言した（幣原「外交管見」。外交保護権については、Borchard, *The diplomatic protection of citizens abroad*）。あまり知られていないが、幣原外相時代も国際義務の不履行について中国側に注意を喚起、在外邦人保護のための軍艦派遣を実施（大正十四年五月末青島、昭和五年七～八月長沙）、長沙《ちょうさ》への軍艦派遣と前後して陸戦隊派遣を容認、英国との共同防衛にも応じると返答した（『日外』大十四―二上、『日外』昭Ⅰ一―四）。

②満蒙権益観につき、大正十五年一月二十一日議会演説、二月一日衆議院本会議、一月二十五日と昭和四年二月二日貴族院本会議、『日本外交年表並主要文書』下巻（一七八頁）の言説を総合すると、日本の満蒙権益には有形、無形の二種類があるという。有形の権益とは「主として満鉄沿線に存在」するもので、第二次奉直戦争時の警告でいう多数の在留邦人と日本の投資、企業である。無形の権益とは、日本は中国に「国家の生存上」「最も密接なる利害関係」を持ち、日露戦争直前は露国の領土同然だった満洲が、中国領土として保持できているのは、日本の日露戦争の犠牲と戦後の経済開発の賜《たまもの》である。この結果、満蒙に対する国民感情が「殊に鋭敏《えいびん》」となり、日本の権利利益は条約に基づく満鉄沿線や関東州租借地という有形の権益に限らず、「満蒙各地方に及んで居

る」とした。

大事なのは、井上準《じゅん》之《の》助《すけ》や仙石貢《せんごくみつぐ》の満洲を国際市場として開放する経済権益論や（小林道彦『政党内閣の崩壊と満州事変』）、軍部のいう対露戦略地域としての価値には全く触れていないことである。幣原が次官時代から力を入れて説明してきたのは、鋭敏な国民感情、すなわち無形の権益の存在で、これに国際的な理解を求める論法として、第二次奉直戦争時の声明と大正十四年～昭和二年の議会演説の英訳版（外務省記録15）で満蒙権益を essential なものと表現したのである。

政友会の幣原外交批判

なお、幣原の郭松齢事件に関する衆議院での演説、答弁は政友会議員の野次と怒号が飛び交うなかで行なわれた。政友会は大正十四年四月に田中義一を総裁に迎えると、革新倶楽部を吸収、憲政会との対決姿勢を強めて七月末に加藤連立内閣から離脱した。その過程で政友会は対満蒙強硬外交を党是とし、郭松齢事件では幣原外交を非難した。以後、政友会は憲政会を攻撃する手段として幣原外交を軟弱外交と批判、政争の焦点の一つになった。

共産主義、ソ連観

③の共産主義、ソ連観に関して、郭松齢事件では張が失脚すれば満洲は赤化（共産化）するとの過剰な懸念に基づく張作霖援助論があったが、幣原は満洲の赤化はあり得ないと考えていた（関静雄「幣原外交と郭松齢事件」）。中国全体についても、昭和二年一月十八日

の議会演説では名指しを避けつつ、ソ連・共産主義を念頭に、「数千年の歴史」と「特有の環境」を持つ中国には他国の政治、社会制度は根付かないと語った。

また、ソ連式の共産主義は君主制を否定、既存の国際秩序を無視し、革命思想を掲げて多数国を刺激するという幣原の外交理念とは正反対のものであった。

旧ソ国交交渉の真意

大正十三年十月十五日の枢密院会議では次のように語った。ソ連は共産主義体制を世界各国に拡大させるべく革命の輸出に努めている。その政治体制は人権、自由を尊重する文明とは相容れない「抑圧専制」による「恐怖政治」で、国内の商業活動は極端に制限され、世界から孤立した「実に惨憺《さんたん》たる有様」となっている。だがソ連が崩壊する兆しはみられない。ならば日本はどのような対ソ政策をとるかであるが、ソ連を国際社会の異分子として放置することこそ、世界平和の脅威となる、むしろ積極的に国交を樹立し、関係を深めることでソ連を「国際団体の中に引入れ」、「国際道徳の目標に導く」べきで、この方針により日ソ国交樹立交渉を開始した。国交樹立に伴うソ連からの共産主義宣伝に関しては、ヨーロッパでの赤化宣伝は失敗の繰り返しで、取り締まりが宜しきを得れば恐れるものではないとし、国交を開いてソ連の惨澹たる現状を目撃させれば共産主義への同調など立ちどころに消散するとした（『枢密院会議筆記』三十四巻）。

その後、大正十四年一月二十日に日ソ基本条約が締結された。幣原は加藤首相の後援を得て、前内閣が国交樹立を機とした利権獲得に関して国内各方面の希望を取り入れすぎて欲張った要求をしていたのを抑えて妥結に持ち込んだ。だが、その目的は、枢密院で語ったように、ソ連共産主義の穏健化を意図したもので（浅野豊美「日ソ関係をめぐる後藤新平と幣原喜重郎」）、ソ連を敵視する言動は戒めつつも、革命の輸出を試みる危険な存在として認識していた。これは第二次世界大戦後の幣原が親米・反ソ路線を追求することにつながる。

以上のように、幣原は中国に対する内政不干渉の理念をアピールしたものの、実際の行動は、国際社会に受け入れられる範囲内での権益擁護に努めるものであった。

四　対中国協調外交と現実—乱れる列国の対応と混乱する中国—

対中外交と経済外交

幣原外交で想起されるのが、対中外交と経済外交である。経済外交については、大正十三（一九二四）年九月に腹心の佐分利貞男《さぶりさだお》を通商局長に、十二月に通商畑の知米派である斎藤良衛《りょうえ》を同第一課長に任じ、彼らが政策推進の中心となるボトムアップに近い形で行なわれた（服部『増補版　幣原喜重郎』）。大正十五年八月に佐分利が条約局長に転じると、斎藤が通商局長となった。これに対して、幣原が下僚作成の訓令案に頻繁な加筆、修正を加えるなど、彼の意思が強く反映されたのが、先に述べた対連盟外交と、次に述べる対中外交である。

第一次外相期の幣原の対中外交の特徴は、①辛亥《しんがい》革命以降、地方軍閥間の内戦が続いて混乱する中国を安定した近代国家にすべく、段《だん》祺《き》瑞《ずい》に代表される中国を統一できる可能性のある有力者のサポートを試みたこと、②国際協調下で段階的に中国の近代化を促すワシントン会議の合意に基づき、列国の対中外交をリードしようとしたことである（西田敏宏「東アジアの国際秩序と幣原外交（一、二）」）。だが、実際は中国の急進的な不平等条約改正要求と、これに対する各国の足並みの乱れから、相当な困難に直面した。

在華公使館昇格問題

幣原の対中外交の第一着が在華公使館昇格問題で、それは国際協調下での対中共同援助の実施にもリンクしていた（入江昭『極東新秩序の模索』）。

大正十三年春、中ソ間での大使交換の動きを呼び水に、列国と中国が相互に派遣している公使を格上の大使に昇格させる（公使館昇格）可能性が浮上、幣原は六月十六日、キャフェリー駐日米国代理大使に大使派遣の意を示した（外務省記録16）。

中国も六月下旬以降、日英米仏伊に大使交換を正式に要請した。日本政府は七月八日の閣議で、議会で予算を通過させた上で明年四月一日からの大使交換を決定、対中回答に先立って十一日に各国に同調を求めた。だが、英米仏伊は内戦が恒常化し、在華外国人の生命財産を保護できないという中国の国際義務の履行能力の欠如を理由に反対した。特に英米は、ワシントン体制下での国際協調の観点からも、中国の情勢が改善するまで大使館昇格を延期する共同通牒を求めた。

共同通牒案に反対

これに対して幣原は、七月十一日から八月九日にかけての駐日英米使臣との会談で、対中問題のすべてを共同歩調で行なうのは困難である、守るべき協調とは領土保全、機会均等という「特定の原則」に限られる、大使交換要請への一致反対はワシントン会議の精神に反すると反論した。共同通牒案にも、目処が立たない中国の統一を求めるのは「不可能を強《し》ゆる」もので、大使交換を事実上「無期延期」にするなどと批判した。そして、日本単独でも昇格の意があるとした（以上、外務省記録16）。

エリオットの抗議

大正十四年三月二十五日に予算案が議会を通過、五月十三日付けの『東京朝日新聞』夕刊には、六月一日からの大使館昇格と、芳沢の大使昇任が報じられた。だがエリオット駐日英国大使は三月二十七日、四月四日、五月十九日と相次いで延期を求めた。大使派遣は「事実上の承認」（正式承認と異なり、不安定な国に対する暫定的承認）にとどまっている段祺瑞臨時執政府を、中国の中央政府として正式に承認することになるとして問題視したのである。

幣原の反論

これに対して幣原は六月四日、英国が正式承認の条件として、憲法や議会の有無を掲げるのはかえって内政干渉との誤解を招くと批判、仏国がワシントン会議で成立した関税協定批准の条件とした義和団事件の賠償金支払いに関する中仏の外交懸案（金《きん》法《フラン》問題）の解決を通じて、段政権は国際的にも「完全なる政府として認められ」たとして、日本単独での大使交換の意を表明した（以上、外務省記録16）。幣原は前年十二月三日に駐日各国使臣に手交した二日付けの英文の説明書で、段政権が国際義務を履行できる強固な政府になり得ると期待、列国共同の対中援助を求めていた（『日外』大十三—二）。

その後、外務省は大使交換の閣議案を作成したが、六月十一日になって出淵外務次官が閣議案に「上海事件の一段落を待つ」とのコメントを書き込んだ（外務省記録16）。上海事件とは五月三十日に上海で対立していた中国側デモ隊と同地租界警察が衝突した五・三〇事件で、事件の拡大により大使交換の動きは消滅した。

五・三〇事件

五・三〇事件について幣原は、六月二日の閣議で居留民保護は海上からの警備で十分との見解を示し、現段階での陸戦隊派遣は不要とした（六月三日『東京朝日新聞』朝刊）。これには、地上部隊派遣は段政権の当事者能力の欠如を「暴露」する証にもなりかねず、中国の不平等条約改正に悪影響を及ぼすとの配慮もあった（外務省記録17）。

というのも、中国の不平等条約改正の手順はワシントン会議で国際的に合意されていた。不平等条約とは、国際義務の履行を含む西欧式の制度を整えた文明国が、制度が整備されていない前近代的な非文明国と結ぶ条約である。中国の場合、ワシントン会議で調印した諸条約の発効を待って、中国の政情安定と近代化の程度に合わせて段階的に条約を改正することになっており、先述の金法問題解決でようやく諸条約の発効が確実となったところであった。次の段階に進むにあたって、段政権が政情を安定させていないとみられれば、改正事業は中断される。

中国の条約改正要求

六月二日夕刻、上海領事団会議の決議に基づいて、懸念されていた各国の陸戦隊が上陸した。事態の打開を目指して列国と中国の間で五・三〇事件に関する交渉が試みられたが、六月二十四日、出兵への反発で加熱した国内のナショナリズムに押された段政権は、事件の背景には不平等条約への不満があるとして条約改正を要求した。段政権の要求は、ワシントン会議での国際合意を逸脱するものであった。

ナショナリズムへ配慮

これに対して幣原は、七月初旬ごろに警告的な内容を含む六月二十四日付けの亜細亜局の電報案を退けるとともに（外務省記録18）、条約改正は時期尚早としつつも、中国の近代化を待って、英米の協力を得た国際協調下での対中外交を企図した。七月二日には来日中の駐華米国公使マクマリーに対して、中国は「権利を極端に主張する」だけで「重大なる責任」を理解していないが、ナショナリズムに配慮してワシントン会議の合意に基づいて条約改正への希望を与える必要があると語った。翌日の対中回答では、条約改正は五・三〇事件の解決後に行なうこと、また明治期の日本を例に、条約改正は国内諸制度の不備という原因除去が先決であり、中国は外国人保護の国際義務の履行によって列国の同情と理解を獲得すべきだと表明した（『日外』大十四―二上・下）。

異なる英米の見解

だが、英米の見解は幣原とは異なっていた。米国は中国のナショナリズムの激化を防ぐためにも、ワシントン会議の合意の範囲を越えて、すみやかな関税自主権回復と治外法権撤廃の推進を求めた（入江『極東新秩序の模索』）。宥和的な米国に対して英国は強硬で、七月四日に国内秩序の回復と排外運動の禁圧、在華外国人の生命財産を尊重する措置に出ない限り、条約改正交渉には応じないとの列国の共同回答を求めた。

英米との調整の必要を認めた幣原は七月十三日、英国の共同回答文案に対しては排外運動への警告をトーンダウンさせるなどの対案を示し、二十一日に英国の同意を得た（以上『日外』大十四―二上）。だが米国の説得は難航した。米国は七月七日の対中回答案で、関税特別会議での関税自主権回復の具体案提出など、中国への同情を全面的に打ち出そうとした（七月十三日幣原訓令『日外』大十四―二上）。

米国の説得難航

幣原は粘り強く米国の説得を続けた。七月二十五日の訓令や八月十一日のネビル駐日代理大使との会談において、中国側の排外運動に屈した形での関税自主権の容認は、中国による不当な外貨排斥を「legalize《リーガライズ》」（合法化）する結果となり、これに増長した中国によるダンピング関税など「極めて危険」な事態を招く、関税自主権の付与の表明は、中国に「同情を有する本大臣と雖も諒解の苦しむ所」である。すべての関係国が関税自主権を承認する目処がたっていない現段階で、これを明記した対中回答を発しながら、結果的に関税自主権が達成されなければ、中国人の失望とさらなる事態の悪化を招くと申し入れた（外務省記録18）。

調整に成功

日英米の方針一致と、文言調整を経た九月二日付けの中国条約改正問題に関する各国回答では、米国が求めていた関税自主権への言及は見送られ、中国側の外国人保護の国際義務の履行能力に応じ、ワシントン会議の合意に基づいて段階的に条約改正に応じるとされ、幣原の意が反映された（『日外』大十四—二上）。

北京関税特別会議

こうして十月二十六日から北京関税特別会議が開催された。この会議は、①ワシントン会議での合意に基づき、将来、地方軍閥の収入源である地方税（釐金《りきん》）を廃止することを条件に、中国中央政府が課す関税率を、贅沢品を除いて二分五厘に引き上げる、②地方税の廃止が実現するまでの過渡的措置と税率を決定する、というものである。わかりやすくいうと、地方税の廃止で各地に割拠する地方軍閥を弱体化させる一方、関税収入の増加で中央政府（段政権）は強化され、中国は安定化と近代化に向かうのだ。

幣原は会議を前に、九月十日の訓令で、この会議をもって「支那政情安定の一転機」

にする方針のもと、十月十日の閣議案では中国の関税引き上げを認めるが、焦点となる関税自主権の承認は十〜十数年後を想定していた（『日外』大十四—二下）。だが、関税引き上げによる中国側の増収分を未回収の西原借款の整理にあてるようとする大蔵省や、英米による二分五厘以上の関税引き上げ容認を警戒する財界など、国内の「すこぶる強硬なる意見」にも直面しており、交渉の先行きは危ぶまれていた（十月六、八日『東京朝日新聞』朝刊、同十、十四日夕刊）。

日置声明

こうして始まった十月二十六日の会議開会式で、日本全権の日置益《ひおきえき》は、日本は関税自主権の付与に「友誼的考慮」を加える用意があると声明した。これは全権団事務総長の佐分利貞男が、現地の状況次第では全権団で具体的提案を伴う声明を起案してよいとの二十二日の幣原訓令を根拠に（『日外』大十四—二下）、独断で演説原稿に加えたものであった。欧米諸国の対中貿易品の主力は少数の贅沢品だが、日本は大量の安価の日用品なので、中国の税率引き上げは日本の減収になる、この不利を避けるために中国から日中互恵協定などの特別措置を引き出すべく、率先して自主権付与を提議して中国側の歓心を買おうとしたのである（馬場「北京関税特別会議にのぞむ日本の政策決定過程」）。

関税自主権容認を追認

幣原は日置に帰国後注意を与えたように（昭和二年三月五日『日外』昭Ⅰ二—四）、日置声明に不快感を示したが、十月二十九日の訓令で声明は政府方針の「輪廓を敍述」したものとして追認した（外務省記録19）。

幣原の方針変更は、呉佩孚と張作霖の対立などで中国の政情が急速に悪化し、内戦の突発で関税特別会議中断の可能性が生じるなか、中国側が期待する関税自主権の原則を認めて迅速に会議を成功させる形で段政権をサポートしようとしたものだった。実際、幣原は十一月五日、自主権容認を時期尚早とするエリオット駐日英国大使に対して、自主権を認めずに段政権が崩壊すれば中国は無政府状態に陥る、優先すべきは「支那政情の安定」であると申し入れた（外務省記録19）。英米も日置声明で言及された中国の自主権容認を追認、十一月十九日の関税特別会議は、中国が一九二九年一月一日までに地方税を廃止して関税自主権を獲得することを承認すると決議した。

治外法権の撤廃問題

この間、幣原は九月九、十五日の松平恒雄《つねお》駐米大使宛の訓令で、外交成果をあげさせて段政権を強化させるべく、関税特別会議後とみられていた治外法権撤廃に向けた調査と勧告を行なう治外法権委員会のすみやかな開会申し入れを指示した。

この方針のもと、外務省では、条約局を中心に、通商局と亜細亜局を交えて十二月初旬までに治外法権撤廃方針案が作成された。ポイントは、①混乱状態にある中国全域での一律撤廃は困難なので、司法・行政制度が比較的整備され、日本との関係が密接な地域から民事を優先に段階的に撤廃する、②期待するのは、撤廃地域の内地開放に伴う経済進出だが、中国と列国の難色が予想される内地開放を実現するためにも、満鉄附属地内での段階的撤廃を認めることで中国の理解を引き出す、との二点だった。

幣原の撤廃方針

十二月九日の幣原外相を交えた最終検討会では、附属地内での治外法権撤廃は省かれた。幣原が十四日に自ら起草し、翌日の閣議で承認を得た方針案には、中国の「不合理なる民論に迎合」しないが、「国民的宿望」は援助するとして、①撤廃地域の内地開放を条件に、一部地域での法権撤廃に応じるが、居留地や公使館区域、附属地での法権撤廃は他日に譲る、②特に附属地については「国民的感情の極めて鋭敏」として、当分の間は法権撤廃を適用しないとあった（以上、外務省記録20）。

幣原は列国をリードして中国のナショナリズムを抑制しつつ、段政権を安定化させてその中国統一と条約改正をサポートしようとしたが、満蒙問題への対応は国内的配慮もあって附属地の法権撤廃を他日に譲るなど、かたくなであった。特に政友会が七月末に連立政権から離脱、幣原外交への批判を強めるなかでは、少数与党となった加藤内閣としては慎重な対応が必要だった。加藤内閣の国内基盤の弱さは、幣原の外交指導に影を落とした。

過渡的な税率設定

関税特別会議に話を戻そう。十一月十九日の中国の自主権容認に関する決議以降、議題の中心は自主権実施までの過渡的な税率設定に移ったが、幣原は中国側の高税率を容認しようとする英米に抵抗して国際協調を阻害したと批判される（入江『極東新秩序の模索』）。だが、実際は、国内の反発のなかで、可能な限り柔軟な態度をとろうとしていた。

十一月十九日、幣原は関税自主権問題の目処がついたと評価する一方で、中国の政情が急速に悪化する可能性があるので、すみやかに「財政的に中央政権確立の地歩を作る」必要があるとして、日本の財界が恐れる列国による二分五厘以上の関税引き上げ要求に警戒しつつ、大蔵省をはじめとする「関係省」が「焦慮」している債務整理（西原借款の整理、回収）や互恵協定といった日本独自の条件を含んだ交渉促進を訓令した。だが、十一月十三日着の電報のように、中国は日本案を批判、二分五厘以上の関税引き上げを含む米国案に期待していた（『日外』大十四―二下）。事実、日本案では中国の増収は約三五〇〇万元で、中国が希望する一億二〇〇〇万元の増収には遠く及ばなかった（宮田昌明『英米世界秩序と東アジアにおける日本』）。

修正訓令

英米が税率に関して中国への歩み寄りを強めるなか、外務省は十一月末から関係各省との間で方針の再検討を始めた（十一月二十日高裁案「日支間税率協定ニ関スル件」外務省記録18）。翌年二月十三日になって出された幣原の修正訓令は、中国側が九三〇〇万元の増収を得られるよう計算した品目別税率（差等税率）を主眼としていた（臼井勝美『日本と中国』）。これは二月十三日に木村亜細亜局長が語ったように、ワシントン会議の合意でもある二分五厘を大きく超える増徴に対して政党、枢密院、議会、商工業者など国内の「相当有力なる反対」があるなかでの英断であった（外務省記録18）。

だが、修正訓令にも書かれていたように、新しい税率案は下手をすると国内各方面の支持を得られず、条約の成立に必要な枢密院での批准（承認）に際して「極めて苦境」に立つというギリギリの譲歩案でもあった（『日外』大十五―二下）。批准に失敗すれば、日本は関税新条約に参加できず、中国に対する国際協調外交の枠組みから孤立してしまうので、協調の枠組みを維持しようとする幣原の交渉姿勢は非妥協的になってしまった。

日本が方針の再検討を行なっていた十二月～翌年二月は、中国の政局が急激に悪化したため、関税特別会議は休会状態に陥った。先行きに不安を感じた米仏中は関税率の二分五厘引き上げだけでも協定して会議を打ち切ろうとしたが、国内の要求を無視できなくなっていた幣原は、二月二十五日の訓令で難色を示した（『日外』大十五―二下）。日英米の意見が噛み合わないなか、四月十日に発生したクーデターで段政権は崩壊した。

段政権の崩壊

段政権の崩壊、すなわち中国中央政府の消滅で関税特別会議を中止するか、否かが問題となった。幣原は中国を除く関係国との非公式会議の形で会議を継続するとの亜細亜局の意見に、非公式会議で仮協定案を成立させておき、中国の中央政府として承認できる永続性ある新政府が出現すれば、正式会議を再開し、仮協定案に基づく新条約の締結をなすべきとの案を新たに加筆し（外務省記録21）、四月二十三、二十九日に駐日米英大使に申し入れた（『日外』大十五—二下）。

英国の幣原案批判

だが、英国は二分五厘への関税引き上げの実施だけを決議して会議の打ち切りを求めた。幣原が期待する中国を統一するに足る中央政府の出現は期待薄とする一方、関税引き上げによる税収増を期待している地方軍閥との関係を優先したのである。

幣原の反撃

多数国は関税特別会議の成果を残す必要にかられて英国案に傾いた。これに対して幣原は五月十九日、六月一、十五日の訓令で、①英国が中央政府の得るべき税収を地方軍閥に流すのは「中央政府を無視せる措置」だ（訓令案への加筆部分）、②日本が最重視する品目別税率などが無視されれば、日本の国論沸騰を招く、③中国中央政府の代表を除いて作成した協定案では正当性に疑義がある、④中国の漸進的な関税増徴計画と国際的地位の向上という本来の議題を後日にまわして閉会するのは、中国の「国民的宿望」を阻害すると批判した。だが、日本だけが異論を唱えることの不利を避けるためにも、日本の誠意と公明な態度を内外に声明する必要があるとして、酷暑を理由に秋まで休会とする各国共同声明の形で会議継続の意を示すことで、国際協調の立て直しと、会議打ち切りで予想される中国側の反発をかわそうとした。

関税特別会議休会

粘り強い交渉の結果、声明は会議の再開時期を明示しない簡単なコミュニケ（意思表示）に代えられたが、七月三日から会議は閉会ではなく、休会に入った。幣原は七月五日に「大体当方希望の通」りの結果と評価した（以上、外務省記録19）。

国論の沸騰を危惧

関税特別会議後半の幣原の態度からは、三つのポイントを見出すことができる。第一は、訓令のなかで日本の要求が無視されれば、国論の沸騰を招くと繰り返していることである。大正十三～十四年当時の日ソ国交樹立交渉では憲政会、政友会、革新倶楽部の連立三党の提携が維持されていたこともあり、国内の利権獲得要求を抑えることができた。だが、今や少数与党となった憲政会内閣（大正十五年一月二十八日に加藤首相が死去、三十日に若槻内閣が成立）は衆議院解散含みの難しい政権運営を強いられており、日ソ交渉時のような国内の強い後援は期待できなかった。

「公明正大」をアピール

第二は、日本の主張を公明正大なものとしてアピールすることである。そのためにも関税特別会議の目的は中国の国際的地位の上昇にあるとし、中央政府の存在を無視するかのごとき英国の態度を批判して関係国に再考を求め、休会に関する列国共同声明（実際はコミュニケ）で各国の主張を幣原のいう公明正大なものに引き戻そうとした。

国際協調の限界

第三は、国際協調の限界である。幣原は六月二十五日、品目別税率などの独自の条件について、英米等は必要性を感じていないが、日本にとっては「重大なる対支経済関係の枢軸」であるので譲れないと訓令した（外務省記録19）。

広東二分五厘付加税問題

同様に国際協調の限界が露呈したのが、広東二分五厘付加税問題である。広東二分五厘付加税問題とは、一九二六（大正十五）年七月に北伐を開始して急速に勢力を拡大していた蔣介石《しょうかいせき》率いる広東の国民党政府（以下、国民政府）が、英国に排英ボイコット停止の条件として、支配地域内で徴収する関税率を二分五厘に引き上げるよう求め、英国がその容認に傾いたものである。これに対して幣原は、関税引き上げはワシントン会議の合意に基づいて関税特別会議で決定すべきで、その手続きを踏まない付加税容認は中国側のさらなる条約違反を誘発すると批判した（西田「東アジアの国際秩序と幣原外交（二）」）。

内乱拡大の懸念

加えて、幣原にいわせれば、英国の態度は段政権崩壊後も北京政府が残存、国民政府と睨み合っている現状を無視するものだった。十月二日の訓令では亜細亜局が準備していた対英批判のトーンを抑えつつ、英国が地方政権にすぎない国民政府との間で重要協定を結ぶことは、同政府を正式政府として承認するもので、内政干渉になるとした（外務省記録22）。十二月十日には、英国が国民政府の措置を容認すれば、かえって北京政府から同様の要求と、税収増を財源とした北京・国民両政府の軍事費増大と内乱の拡大を招くと批判した。

十二月に入り、米国が国民政府による二分五厘付加税徴収の容認に傾くと、予想通り北京政府は関税特別会議の再開と同会議での付加税実現を求めた。幣原は十二月十九日の訓令で英米の態度を批判する一方、関税特別会議を非公式の形で再開し、ここに国民・北京両政府の代表の出席を求めることで折り合いをつけようとした。しかし英国は関税特別会議の再開論を前もって封じるべく、二十六日に国民政府による付加税徴収の容認を表明（クリスマス・メッセージ）、これに憤慨した幣原は二十八日、ティリー駐日英国大使に中国の「内乱を一層助長」すると強く抗議した（『日外』大十五—二下）。

北京政府の大総統令

翌昭和二年一月十二日、北京政府は付加税実施の大総統令を発布するなど、付加税の実施は国民政府の勢力範囲外に拡大、幣原の懸念は現実のものになりつつあった。

列国共同抗議

幣原は昭和元年末作成の「英国覚書ノ影響並ニ之カ対策ニ関スル件」に基づき、昭和二年一月十二日の訓令（『日外』大十五—二下、昭Ⅰ一—一）と、自らが原稿を執筆した十八日の議会演説で日本の中国への同情と公明正大な方針をアピールするとともに、国民・北京両政府に方針の再考と関税特別会議の再開を求めた。また、二十二日には実際の付加税徴収は英国人が長を務める海関《かいかん》という中国の徴税機関が行なうことから、英国にブレーキをかけるべく、米国に同調を求めた（外務省記録23）。関税特別会議の再開は実現しなかったが、二月七日に付加税実施に対する英国を含む北京政府への列国共同抗議に漕ぎつけた。ワシントン会議の合意から逸脱しがちな英米から、付加税反対の同意を取りつけたことで、国際協調の足並みだけは維持したのである。

なお、幣原が米国や国民政府が否定的な関税特別会議の再開を要求したのは、付加税の実行阻止、もしくは遷延《せんえん》のためで（一月十七日外務省記録23）、実際の会議開催にはこだわらなかった。

幣原の融通性

こうした対中外交の姿勢から、幣原は法秩序やワシントン体制の枠組みを重視しすぎ

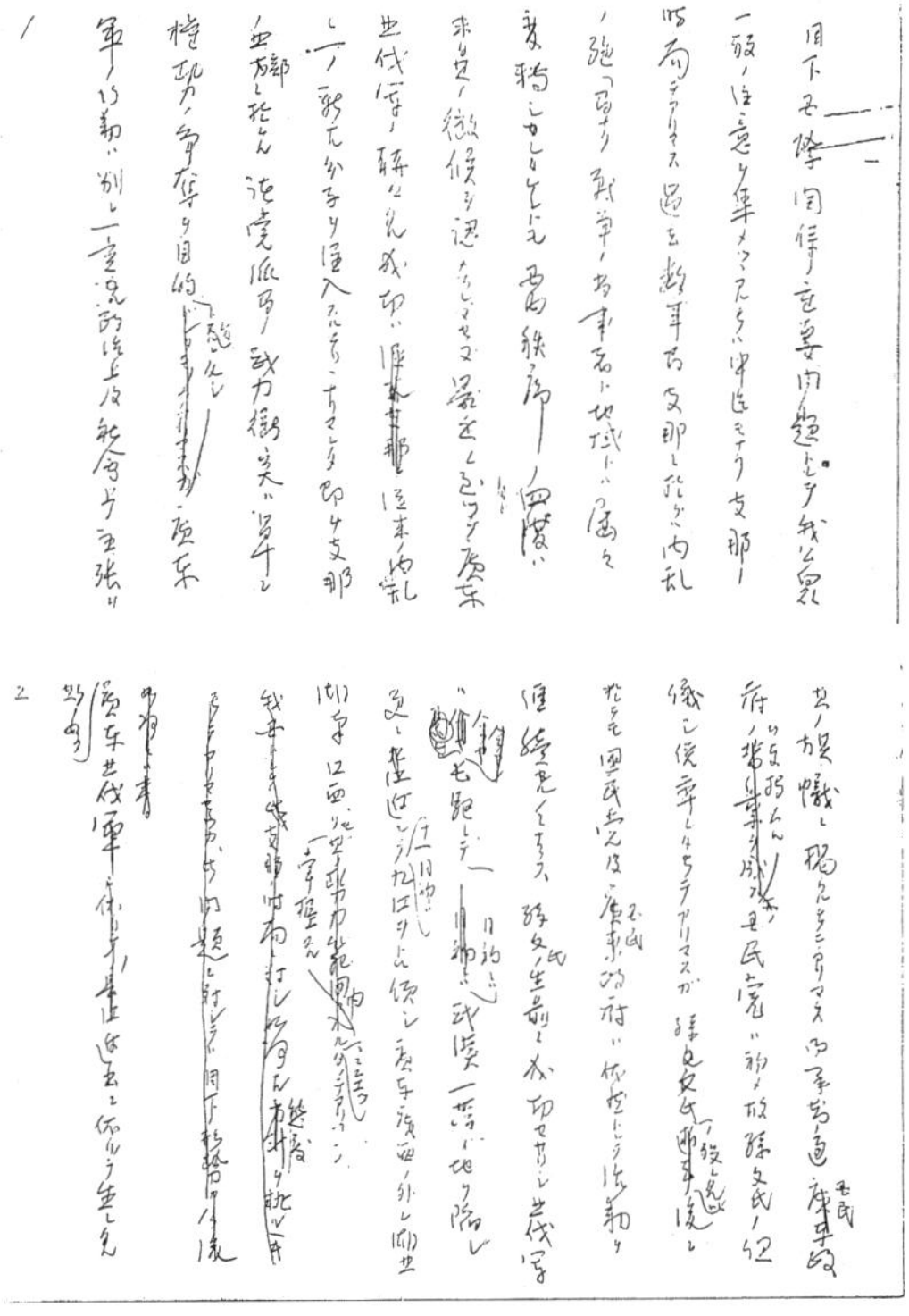

幣原自筆の昭和２年１月18日議会演説草稿
（『帝国議会関係雑件・議会ニ於ケル総理，外務大臣ノ演説関係』第2巻，外務省記録）

て融通性を欠いたとのイメージを持たれているが、これらを杓子《しやくし》定規に適用しようとしたのではない。一月末や三月二十六日の訓令にあるように、付加税の徴収が実施されても「不必要に法理論を強調する考なく」、「実際的解決に重きを置く」として、抗議はするが、納税には応じる「アンダープロテスト」によって日中間の商業関係途絶を回避しようとした（『日外』昭Ⅰ一―二）。

日中通商航海条約の改訂交渉

幣原の融通性を語るもう一つの事象が、日中通商航海条約の改訂交渉である。大正十五年十月二十日、北京政府は有効期限の満了を目前に控えた通商航海条約の改訂交渉を求めた。段政権崩壊後、混乱する中国の政情から中央政府として承認していなかった北京政府との交渉は国際法上の問題があったが、幣原は交渉に応じなければ中国国民の対日疑念を招くとし、中国国民の合理的な要望には「同情と理解とを以て之《これ》を考量する」という姿勢をアピールするためにも、正式交渉の開始は新政府承認後に行なう非公式会談の形で応じた（昭和二年一月十八日議会演説、ならびに同月二十九日『日外』昭Ⅰ一―二）。このように、幣原は中国との信頼関係を築くために、融通性を発揮した。

この時期の幣原に一貫しているのは、中国のナショナリズムを穏健化しつつ、いかに中国の統一政府樹立に導くかであった。そのためにも中国には条約改正に関する希望を与えることに努め、列国にはナショナリズムを増長、あるいは刺激しかねない過度の対中宥和や圧力の抑制と、内政不干渉の範囲内で有望な政権への国際的サポートを求めた。ワシントン会議の合意は、これらを実行する基準として最も適していたのであり、関税特別会議休止に関するコミュニケや議会演説など、アピールにも力を入れた。

内圧に苦しむ

だが政友会の連立離脱後の訓令には、国論の沸騰を恐れる字句が頻繁に現れ、内圧のなかで苦しい外交指導を強いられた。その内圧の最たるものが、幣原外交といえば軟弱外交であるとのイメージの象徴となった南京事件をきっかけとした倒閣の動きである。

五　昭和二年の南京事件―不干渉政策の背景―

南京事件

ここでいう南京事件とは、昭和二（一九二七）年三月二十四日に国民革命（国民党）軍が南京に入城した際、同軍の兵士が日英米の領事館などを襲撃、多数の外国人に対して略奪や暴行が行なわれた事件のことである。日本領事館にも数十名の兵士が侵入、無抵抗の日本避難民が被害にあった。海上にあった英米艦は国民革命軍に対して報復砲撃を行なったが、現地日本官憲は英米に同調すれば中国側の報復を招き、かえって在留邦人の被害が拡大するとの懸念もあり、現場判断で報復には加わらなかった。三月二十八日の時点で、列国の被害は死亡七名（日本人一名）、負傷六名（日本人二名）、行方不明二名だったが、事件発生直後は米国人百三〇余名、英国人三〇名が行方不明と報ぜられ、多数の外国人が犠牲になった一九〇〇（明治三三）年の義和団《ぎわだん》事件の再演が憂慮された。

その後も、英米は居留民保護の見地から中国の責任を厳しく追及しようとしたが、幣原は慎重な姿勢を崩さなかった。しかし、幣原外交に批判的な政友会や軍部は、これを無抵抗、不干渉政策として非難した。

この事件の対応で幣原が注意したのは、過激な対外政策を持つ国民党左派を刺激しかねない強硬措置は避け、中国への好意を示しつつ、厳正不干渉方針を通じて間接的に蔣介石を中心とする国民党穏健派の成長を促し、その中国統一を支援することであった。

というのも、幣原は中国に出張中の佐分利条約局長や高尾亨《とおる》漢口《かんこう》総領事などから、国民党は過激な政治思想を持つ共産党と合作しているが、これはソ連から援助を獲得する手段にすぎない、国民党内ではボロディンなどのソ連人顧問や共産党に近い左派の影響力は強いが、主導権は穏健派の蔣介石が握り、外交も強硬な言辞を用いるものの実際は穏健であると伝えられていた（関静雄「幣原外交と北伐」）。

高まる緊張

事件の経過に話を戻すと、南京事件の発生と前後して、三月二十二日に各国の利権が集中している上海の国民党が租界、税関等の回収を宣言するなどしており、列国は利権回収への警戒を深めた。三月下旬から四月上旬にかけて、日英米は漢口や重慶《じゅうけい》の居留民の引き揚げを実施、四月三日には小競り合いから中国人による日本人襲撃と、日本の陸戦隊出動に至った漢口事件が起きた。六日に北京政府は共産主義活動の取り締まりを理由にソ連大使館を強制捜査、憤慨したソ連は十日に対中断交を宣言、中ソ開戦の情報も飛び交い緊張が高まった。

英米の強硬姿勢

排外運動の拡大をおそれる英国は、武力使用を含む権益保護策を列国に打診、また中国に対しては事件の謝罪と賠償を要求することと、設定するタイムリミット内に中国が要求に応じない場合の砲撃実施を求め、三月二十八日の駐華日英米公使会談で謝罪、賠償、保障といった南京事件の解決に関する交渉基礎案が作成された。米国のケロッグ国務長官も二十五日、松平恒雄駐米大使に艦隊増派を決定したと告げた。だが、幣原にいわせれば、威圧下での交渉は中国のナショナリズムを不必要に刺激するだけで、穏健派である蔣介石の失脚を招きかねないものであった。

幣原の試み

日本も三月二十六日に第一艦隊の急派を決定したが、幣原は二十六、二十八日と中国側に対して、英米に強要される前に、蔣介石が「列国の満足する解決」を進んで実行しなければ、「由々敷《ゆゆしき》悪影響を及ぼす」と警告した。表現は厳しいが、列国の武力行使を避けるため、すみやかな交渉による事件解決を求めたのである。

幣原は二十九日から三十日にかけて、森岡正平《しょうへい》南京領事と高尾漢口総領事から、事件は共産党分子による計画的なものである、共産派は事件を機に蔣を貶《おとし》めようとしているとの報告を受けた。すると、三十日の訓令で、列国が実力行使を示唆すればかえって蔣の失脚を招き、その結果、中国は収拾のつかない無政府状態に陥るので、蔣などの「健全分子」に事態を収拾させる機会を与えるべきである、強硬手段の可否は中国側の態度を見極めた上で判断すべきとして、二十八日の駐華日英米公使案からタイムリミットの削除を求めるとともに、日本は列国の「過重の要求」の「緩和に努むる」という方針を指示した（なお、共産派の陰謀は今日においても証明されていない）。

タイムリミットの削除は四月一日の駐華関係各国の公使会議で同意を得たが、各国公使は中国に要求を受諾させるためには軍事的威圧が必要と主張した（以上、『日外』昭Ⅰ一―一）。ウェルズレー英国外務次官も、タイムリミット削除の条件は交渉不調時の強制措置への合意であると迫った（四月二日松井駐英大使電報、外務省記録24）。

制裁のリスクを説明

幣原は四月二日、ティリー駐日英国大使に対して、蔣は自らの失脚を招く列国の最後通牒的抗議に応じることができないとした上で、次のように制裁のリスクを説明した。経済封鎖を行なっても、広大な国民政府の勢力範囲全部の封鎖は不可能で、貿易関係を断たれる列国が苦しむ結果になる。軍事制裁は心臓というべき「死命を制し得る兵要地点」に行なわなければ効果はないが、各地に散在する国民政府の兵要地点をすべて占領することは不可能である。占領できたとしても、中国側は広大な領土を利用してゲリラ戦を展開し、「列国軍は奔命《ほんめい》に疲れ」、かえって中国の無政府状態を深化させるなど「終《つい》に収拾すべからざる事態」を招く。結論として「蔣介石の如き中心人物を見出して、これとの間で外交的、平和的に解決するしかないとした(『日外』昭Ⅰ一―一)。

現実的な不干渉政策

これは、不干渉政策は単なる信念や理念ではなく、冷静、かつ現実的な観点に基づいてなされていたことを意味する。幣原は中国に赴任したことがなく、中国通ではなかったが、冷静な判断ができたのは長年外務省中枢にあり、多くの中国情報に接し、その動向に注意を払っていた証左である。

蔣に対して幣原は三月三十一日、日本は列国の「強硬意見を緩和調停」するとして重ねて早期の事件解決を求めるとともに、中国の「純真なる国民運動」には同情するが、国民運動を名とした「排外的破壊運動」は日本の国論の沸騰を招くばかりか、「東洋の和局」と「世界人道」の見地からも容認できないとして、彼が事件の首謀者と考えている過激な共産派の弾圧に期待を示した。四月二日には列国の疑念を和らげる一策として、蔣が事件解決に責任を負う旨の声明をなすよう求めた。またティリーには四日、対中貿易額が日英それぞれの貿易全体に占める比率を比較、英国はさほどでもないが、日本の場合は「長期に亘りて此の重要なる貿易関係を阻止せらるるは極めて苦痛」であり、武力制裁によって中国人の怨みを買うのは「頗る忍び難き」という、最大の利害関係国としての日本の立場を喚起することで、武力行使の回避を求めた。

制裁を省いた共同抗議

三～四日にかけて、蔣から中国に対する列国共同抗議への日本不参加の要請とともに、共産派を弾圧した上で南京事件の交渉に応じるとの意思が伝えられた。三日に矢田《やだ》七太《しちた》郎《ろう》上海総領事から謝罪や賠償に言及した声明は、かえって左派や反蔣介石勢力を勢いづかせるとの具申を受けると、幣原は四日、列国共同抗議は譲れないが、蔣の決意を評価して声明発出の要求を取り下げた。制裁を省いた共同抗議は十一日に各国使臣から蔣介石と陳友仁《ちんゆうじん》外交部長に手交された。

陳友仁は四月十一日、列国の足並みを乱すべく、国民革命軍への砲撃を行なわなかった日本との間で、列国に先駆けた南京事件解決交渉の開始を申し入れた。だが、幣原は十六日、日本は「昂奮せる列国と紛糾せる支那」の「調停を計り、之《これ》を善導して政情の安定を計る」として、列国協調での交渉にこだわった（以上は『日外』昭Ⅰ一—一）。

枢密院での説明

さて、緊張が高まるなか、幣原は四月九日の枢密院《すうみついん》会議で説明を求められた。幣原は有効な軍事制裁の手段は見出せないと繰り返すとともに、すでに揚子江《ようすこう》沿岸に三四隻の軍艦を派遣して邦人保護に最善を尽している、中国と列国の主張を調和することが日本の利益だが、「日本の大利益を犠牲に供して迄も協調を保持せざるべからざるの理《ことわり》なし」、状況次第では「単独行動を執る」と述べた（『枢密院会議議事録』四十三巻）。

邦人保護策に同意

実際、北伐の進展と中ソ関係の緊迫化もあり、四月八、十二日の閣議ではさらなる邦人保護策が検討され、毎年九月に行なわれる在華日本軍の交代繰り上げの形で華北、満洲への増兵を決定、満蒙権益に動乱が波及した場合は、中国本部とは異なる対策と警備が必要とされた（『大阪毎日新聞』など）。「財部彪日記」によれば、幣原は四日の時点では出兵に消極的だったようだが、最終的には内閣の方針に同意したのである。

若槻内閣総辞職

このころ、若槻礼次郎《わかつきれいじろう》内閣は急浮上した台湾銀行救済問題をめぐる緊急勅令を求めたが、若槻内閣と幣原外交に反感を持つ枢密院は十七日に勅令案を否決、若槻は内閣総辞職を選択した（望月雅士「金融恐慌をめぐる枢密院と政党」）。二十日付けで幣原は外相を退き、幣原外交が打ち切られたために、幣原は第二次奉直戦争での不干渉方針とあいまって、実力部隊の使用を否定する人物というイメージが定着した。だが本書が指摘したように、幣原は満蒙権益を聖域とし、外交保護権に基づく居留民保護は当然と考え、南京事件では若槻内閣も万一に備えて地上部隊の派遣に動いていた。

南京事件における不干渉政策なるものは、幣原の単なる信念や主義ではなく、中国の政情を視野に入れ、緻密な計算の上で最も合理的な手段として割り出されたものであり、事態悪化の場合には日本単独での実力行使も選択肢に入れていた。幣原の実像は、理想的平和主義者という一般的イメージとは異なる、現実主義者であったといえる。

六 田中外交VS幣原外交―政局に距離を置く健全なる批判者―

田中内閣期（昭和二年四月～四年七月）の幣原というと、強硬外交を掲げる田中義一《ぎいち》兼摂《けんせつ》外相と激しく対立したというイメージがある。だが、実際には、政局がらみの田中外交批判とは一線を引いていた。

政争忌避

これには、幣原の日本の政党政治に対する嫌悪感があった。当時の日本の政党政治は政策の議論よりも、田中政友会総裁の陸軍機密費問題や若槻内閣の追及に利用された松島遊廓疑獄事件、朴烈《ぼくれつ》事件など、他党のスキャンダルを暴露して政争に利用することが多かった。外交問題でも、民政党はパリ不戦条約にある「人民の名」の字句は国体（天皇制）に反するとして倒閣運動に利用、政友会も昭和五（一九三〇）年のロンドン海軍軍縮条約への調印は統帥権を干犯《かんぱん》するものとして濱口内閣を批判、英国流の「政争は水際《みずぎわ》まで」―重要な外交問題を国内の政争に利用してはならないとの鉄則―ではなく、外交論争は政局に拡大せよという様相を呈した。幣原はこうした政争に関わるのを避けた。

田中義一に組閣の大命が降下した昭和二年四月十九日以降、憲政会と政友本党は急接近して新党樹立に向かい、六月一日に両党が合併して民政党が生まれた。その際、幣原が民政党総裁の有力候補として浮上した。というのも、幣原なら岩崎弥太郎《やたろう》の娘婿《むすめむこ》で三菱財閥のバックアップが期待できるからであった。だが幣原は「真《ま》っ平《ぴら》御免」と述べ（五月十二日『東京朝日新聞』夕刊）、複数紙で報じられていた入党や党顧問への就任要請にも応じなかった。その後も幣原の名声と三菱財閥との関係から、幣原総裁待望論が絶えなかったが、幣原は政党政治家への転身は「堕落」と切り捨てた（石峰生「首相臨時代理幣原喜重郎男」）。

田中外交批判の高まり

他方、世間では田中外交への批判が高まりつつあった。首相となった田中は野党時代に掲げた強硬外交の実行に力を入れ、昭和二年五月二十七日、七月八日と二回にわたって居留民への被害を未然に防止するためとして山東《さんとう》出兵を実施した。七月七日の東方《とうほう》会議の訓示でも、日本は満蒙に対して国防上、経済上「重大なる利害関係」がある、権益擁護に加えて同地を「内外人安住発展の地」にするための経済開発と、満蒙有事の際の現地保護主義を表明にした。だが、実際に居留民が危機に陥る事態は起こらず、東方会議の訓示とあわせて、中国側の反発と排日運動の高揚を招くだけに終わった。

だが、この時点では幣原は田中批判を公にしていない。田中との対決姿勢を強めたのは民政党で、明年に控えた初の普通選挙の前哨戦とみられていた府県会選挙（地方選挙）

で互角に近いラインまで善戦して自信をつけると、経済政策と対中外交を追及の軸として倒閣姿勢を強めた（九月三十日『東京朝日新聞』朝刊）。受けて立つ田中は、昭和三年一月二十一日に衆議院を解散、二月二十日に投票が行なわれた。

幣原の健全な批判

幣原が田中外交の批判を始めたのは投票一週間前の二月十三日で、この日は民政党愛知支部主催の、十六日には同大阪支部主催の演説会に登壇した（『大阪毎日新聞』『東京日日新聞』）。二月十七日の『東京朝日新聞』の記事からは、民政党が選挙戦終盤、幣原を出身の関西地方の票固めに利用しようとしたことがわかる。だが、注意すべきは、十四日に同紙が報じたように、幣原は特定候補の応援ではなく、「幣原外交なるものを国民に訴えて「帝国の立場を中外《ちゅうがい》に宣明する」」、つまり選挙とは無関係の立場をとったことだ。

この時の演説の内容は記録に残っていないが、三月五日付けの論稿「支那問題概観」（『外交時報』五六〇号）からは、次の三つの特徴があげられる。①第一次世界大戦後の時勢の変化を受け、対中外交も新外交という「世界の大勢」のなかで捉え、中国のナショナリズム覚醒を認めるべきである。②「我政治家の一部」が唱える対満蒙積極政策という「不用意なる誇張の宣伝」は人心を刺激し、中国の排日運動を激化させた。③居留民保護に関して、中国側の外国人保護義務の不履行を批判する一方で、軽々な出兵は排日運動の拡大とこれによる全般的な利益の喪失や、内戦下にある中国の政争に関与する結果にもなりかねないとして、慎重な対応を求めた。大事なのは、田中義一や田中内閣といった特定の固有名詞は一切使わず、倒閣運動や政局とは一線を画した健全な批判を展開しようとしたことである。

済南事件と張作霖爆殺

総選挙（改選四六六議席）の結果は、政友会二一九、民政党二一七議席と拮抗した。民政党を中心とする野党攻勢が厳しさを増す五月三日、北京政府の打倒を目指して北上する国民革命軍と日本軍が衝突した済南《さいなん》事件が発生、多数の在留邦人に死傷者が出た。危機を感じた田中内閣は八日に内地師団の出兵を（第三次山東出兵、九日発令）、十六日には北京政府の大元帥である張作霖が本拠地の満洲に引き揚げることには反対しないが、国民革命軍と張作霖軍の両軍が交戦状態のまま山海関に達すれば両軍の武装解除を行なうとし、十八日にその旨の対中警告を発した。芳沢公使から北京退去を勧告された張は怒りを顕わにした。これらは新聞でも報じられ、内外から田中外交への批判が高まるなか、張は奉天に引き揚げたところで、搭乗列車が関東軍高級参謀の河本大作《こうもとだいさく》により爆破されて世を去った。

満洲の東三省《とうさんしょう》政権は作霖の子息の学良《がくりょう》が跡《あと》を継ぎ、国民政府との妥協を策したが（易幟《えきし》）、田中内閣は易幟を阻止すべく七月二十日に警告を発した。張父子への措置は内政干渉にあたる。幣原は八月七日、大阪中学校以来の親友である大平駒槌《おおだいらこまつち》への書翰で、田中外交が「甚しき没常識とは想像せざりし所」と嘆いた（『幣原平和文庫』）。

浜口雄幸の接近

このころから、民政党総裁の濱口雄幸《はまぐちおさち》は外交問題で幣原に助言を求めるようになった。五月九日に田中から第三次山東出兵の説明を受けた濱口は、党の方針は追って明らかにすると返答（『東京朝日新聞』夕刊）、翌日の幣原との意見交換を皮切りに、直接、もしくは民政党衆議院議員の永井柳太郎《りゅうたろう》を通じて、頻繁に幣原に接触した（『濱口雄幸日記・随感録』）。幣原も六月二十一日発表の民政党第一次対中声明の起草に携わった。

「小生の好まざる所」

だが、幣原は民政党とベッタリではなかった。民政党内には旧政友本党の床次竹二郎《とこなみたけじろう》など幣原外交に批判的な者も少なくなく（床次は八月一日に脱党）、彼らへの配慮から党の第二、三次対中声明（七月二十六日、八月六日）は満蒙権益擁護のトーンを強めた。九月十五日の民政党緊急総務会は、八月二十七日に調印されたパリ不戦条約の文言に「人民の名に於て」とあるのは国体に相容れないとの見解を示し、その後も枢密院にも焚《た》きつけていた（十月六日『東京朝日新聞』朝刊、十月十日夕刊）。幣原はこれらの動きには関わっていない。九月十二日の大平駒槌宛書翰で田中批判の陣頭に立つのは「小生の好まざる所」と語ったように（『幣原平和文庫』）、田中外交に反省を求めなければならないが、外交を政争に利用する民政党の倒閣運動に加担するのも嫌がったのである。

「外交大観」と「外交管見」

しかし、七月二十八日に民政党衆議院議員の木村小左衛門《こざえもん》の強い勧めを断わりきれず、

「外交大観」と題した講演を行なった。これまで幣原の外交理念を表したものとして紹介されることが多かった「外交管見」（十月十日の慶応大学での講演）はこれをベースにしたものといえるが、注目したいのは両講演の内容の相違である。

「外交大観」（以下「大観」）と「外交管見」（以下「管見」）に共通しているのは、次の①～④である。①権謀数術《けんぼうじゅつすう》といった謀略外交はいずれ露見する、また外交も因果応報《いんがおうほう》であることを、三国干渉の例—清国が日清戦争の下関講和条約で日本が獲得することになっていた遼東《りょうとう》半島の割譲を渋り、独露仏を誘って三国干渉を行なったが、結局、代償として彼らに租借地を提供せざるを得なくなった—を用いて紹介した。

次に、②「国際道徳」や「徳義」（新外交のこと）は無視できないものになったとした。特に「大観」では、国際連盟や不戦条約への期待を表明、武力万能は「時代錯誤」で、強圧による対中政策も「国論の断じて容認せざる所」と述べた。もっとも、幣原は公の場では新外交を評価したが、公にされない外務省内の議論では、機能性から懐疑的な見解を示すという二面性があったことに注意が必要である（四章二節、五章一節参照）。

このほか、③経済不況を脱し、国内の人口増加に対応するためにも、工業化と貿易促進、海外投資の必要性を訴え、④「不平等条約は、国内政治の欠陥より生じたる結果」（「大観」）として、中国が自国の改革に目を向けず、一方的に条約を廃棄する革命外交は

「全然不条理」（「管見」）と批判した。

「大観」と「管見」の大きな違いは、民主的な外交（当時の言葉では国民外交）に関するトーンである。「大観」では三章一節でも紹介したが、四一〇三字を費やして、国民が複雑で流動的な外交問題を理解するのは困難とし、外交は専門性、特殊性の強さから、専門の外交官がなすべきことを詳細に述べた。しかし「管見」ではそうした見解が削除されている。しかも、「大観」では政府の外交政策決定に際して「一切の情報を国民の前に示し、民衆の意見を取纏めるといふ事は、事実に於て行はれ得べきものではない」と述べたのに対して、「管見」では「政府は外交問題に関しても、国家の利益に反せざる限り、事実の真相を発表し、国民の理智的判断に訴ふることに意を用ひなければならぬ」と語ったように、国民外交に好意的になっている。

これらについて、「大観」が七月二十八日、「管見」が十月十日の講演であることを考えれば、幣原は夏以降、暴走の度を深める田中外交にブレーキをかける必要を感じたために、「管見」では田中外交批判と国民外交のトーンを強くしたといえるだろう。

実際、「大観」では時事問題への言及を避けたと述べたように、外交努力なしに行なった山東出兵以外は田中外交批判を控えたが、「管見」では田中外交への批判—政府が中国の領土である満蒙を「我特殊地域」「内外人安住の地」と公言するのは誤解を招く、内政不干渉と権益擁護の両立は可能で、易幟中止勧告は行きすぎ—を加えた。一方で、のちに「外交官が国民から喝采《かっさい》されるやうに成《な》つたらお仕舞《しまい》だ」と語ったように（昭和八年三月二十六日『東京朝日新聞』朝刊）、本音では国民外交には否定的であった。

批判の対象

もっとも、「大観」「管見」とも批判の対象は行きすぎた外交政策で、田中の個人批判や倒閣に類する言葉は皆無だった。幣原は「管見」で、歴史的経過と条約に基づく満蒙権益は日本の国家的生存と密接な関係を持つ、中国側の満蒙権益否認には「確乎たる決心を以て静かに不同意を答ふべき」である、山東出兵は中国側が外国人保護義務を怠ったのが原因で、居留民保護のための出兵（外交保護権の行使）に抗議される筋合いはないと語ったように、満蒙権益の擁護や外交保護権の行使は当然との見解を示した。

高まる田中外交批判

第五十六通常議会の開催が近づくと、幣原に田中追及を促す者が多くなったが、幣原は十二月十日の大平駒槌への書翰で気乗りしないと語った（『幣原喜重郎』）。しかし、十二月二十七日の『東京朝日新聞』朝刊では、民政党は貴族院議員でもある幣原を田中追及の壇上に立たせることにしたと報じた。幣原は大正十五年一月二十九日に貴族院勅選議員に任命されたが、内政から一線を引くために憲政会・民政党系の同成会《どうせいかい》ではなく、中立系の同和会《どうわかい》に所属していた。幣原は大阪中学校時代から濱口雄幸、伊沢多喜男《いざわたきお》と親しかったが、憲政会・民政党系の党派には加入しなかった。政党と関わらない態度を保とうとしたが、今回は断り切れなかったようだ。

昭和四（一九二九）年一月二十二日からの代表質問では、民政党の永井柳太郎と中野正剛《せいごう》が田中外交を激しく非難、特に中野は満洲某重大事件（張作霖爆殺事件）に関して現場の警備権を持つ関東軍の責任という観点から追及した。政友会は床次の新党倶楽部と提携して一月三十一日に某重大事件の調査報告書の公表を求める民政党の衆議院決議案を二十二票差で否決したが、造反者も多かった。二月二日の『東京日日新聞』夕刊は、若槻前首相に続いて登壇する幣原が、某重大事件を含めて満蒙問題を追及すれば、田中内閣は大きなダメージを受けると予想した。新聞各紙は幣原外交か、田中外交かの一大決戦が行なわれると報じた。

二月二日の貴族院本会議における幣原の質問の大要は、次の通りである。①「国内一部の民衆に媚《こび》んが為に」用いた強硬、積極外交なる言葉は何の成果をもたらさず、かえって「国際的の誤解と反感」を招いた。②日本の保護措置の発動は「権利利益の擁護に止《とど》まるもの」でなければならない。だが田中の東三省を安住の地にするという説明では、日本が満蒙全域の治安維持にあたることになり、日本が中国の主権を侵害して満蒙を保護化するとの誤解を与える。強硬外交の言動や易幟延期勧告などの一連の声明を撤回するか、詳細な説明を通じて対日疑念を払拭するよう求める。③済南事件と山東出兵に関して、外交努力なくして出兵したことを批判、これに関連して南京事件は蒋介石失脚を狙った共産党の陰謀だったとの弁明を行なった。最後に、④幣原が外相時代に築き上げた日中親善の基礎は田中外交期に「大部分は無残に破壊されてしまった」。日中関係悪化の責任を田中内閣のみに帰するのは不公平だが、外交が党利党略という内政上の見地でなされたのではないかと質し、中国の排日運動への批判をつけ加えて質問を終わった。五日にも満蒙への保護措置は権益擁護（外交保護権）の範囲内に限られるかとの追加質問を行ない、田中からその旨の答弁を得て両者の対決は終止符を打った。

「物足らぬ」質問

貴族院での論戦は弁明に追われる田中に対する幣原の勝利と評されたが、『東京朝日新聞』（二月三日夕・朝刊）が報じるように、幣原

興味あるけふの貴族院本會議
田中、幣原の一騎討ち
幣原外交か、田中外交か
いよく國民注視の前で決戰だ
幣原喜重郎君

田中・幣原の政治決戦を予想する新聞報道
（昭和4年2月2日『大阪毎日新聞』朝刊）

の質問はすでに「貴衆両院において質問の出た範囲」のものをさらに「事務的」、かつ「上品」な内容にまとめ直し、これに南京事件の自己弁護を加えた「物足らぬもの」で、警戒していた田中陣営からは安堵の声も聞かれた。確かに幣原の質問には、永井や中野が強調した政府の責任（総辞職）を求める言葉は皆無で、最大のアキレス腱とみられていた満洲某重大事件には一言も触れず、政治決戦との前評判を裏切り、盛り上がった野党の倒閣攻勢に水を差した観があった。

なお、幣原は大平駒槌への書翰で田中内閣の対中外交は「言語道断」で、同内閣が続く限り日中関係改善は「思ひもよらぬ」としたためているように（昭和四年二月二十三日、五月四日『幣原平和文庫』）、本音では田中内閣の退陣を望んでいた。だが、外交問題に関する議会質問や講演、執筆といった公の意見表明では、倒閣を求める発言や田中の個人批判を避けたように、倒閣をめぐる政争と外交問題を分けて考えていた。

田中内閣総辞職

その後、田中内閣は議会を乗り切ったが、不戦条約の「人民の名」問題で枢密院と民政党に非難され、昭和天皇からも満洲某重大事件の不興を買い、総辞職に追い込まれた。

某重大事件に関して、事件直後の昭和三年六月中旬には、濱口以下の民政党幹部は関東軍の仕業《しわざ》との真相を把握（佐藤勝矢「張作霖爆殺事件における野党民政党の対応」）、幣原も民政党の第一次対中声明の起草を通じてこれを知ったと考えられる。だが、濱口内閣成立後の昭和四年七月十二日、濱口首相、宇垣陸相との会談で事件の真相を発表しないことで合意（『濱口雄幸日記・随感録』）、『外交五十年』では、事件は田中の責任ではないと弁護し、田中とは旧知の仲と語った。人の悪口や迷惑になることをしない性格と（はしがき、三章一節参照）、真実でも国家に不名誉な言動はしないといったところだ。

幣原は、対中強硬政策に関して所見を求めてきた外国人には、田中外交の是非には触れず、「支那又ハ列国より何等抗議、又は苦情を受くべき謂《いわ》れなきこと」という外交保護権の概念で弁明した（昭和三年五月二十四日佐分利貞男宛幣原書翰、慶應義塾図書館蔵）。

幣原は反田中外交の象徴的存在とみられていたが、幣原の田中外交批判は民政党のような倒閣のための批判ではなかった。また、幣原外交の理念を実現するための手段として、民政党を掌握するなどの、国内の政治基盤の強化を試みた形跡もない。政争とは距離を置き、田中の外交方針に反省を求める健全なる批判者たらんとしたのである。

第五　満洲事変とその前夜―第二次外相時代―

一　パリ不戦条約への対応―理想と現実のはざまで―

パリ不戦条約発効

昭和四（一九二九）年七月二日、幣原は新たに成立した民政党の濱口雄幸《はまぐちおさち》内閣の外相となった。その直後の七月二十四日、前年に調印されたパリ不戦条約が発効した。この条約は国際紛争解決のための戦争（いわゆる侵略戦争）を禁止し、国際紛争は平和的手段で解決することを明文化したものである。幣原は条約発効時の新聞談話で、「世界の輿論《よ》」を背景にした条約の「絶大なる道徳的効力」は否定できないと語った（『東京朝日新聞』朝刊）。だが、公の場ではグローバルな国際秩序の構築を目指す新外交への期待を表明する一方で、政策決定に際しては実際的見地に基づき慎重な態度をとる二面性は（四章第二節参照）、不戦条約への対応にも表れた。

「幣原男私見」

外相復帰前に外務省に提出した「幣原男私見」では、不戦条約は世界の人心に「好影響を及ぼす」とする一方、「戦争を全滅」するには、すべての国際紛争を仲裁裁判か、連盟の諸機関（総会、理事会、常設国際司法裁判所）で解決するシステムを整えなければならないが、主唱国の米国はモンロー主義による非協力姿勢をとっているため、国際紛争の平和的解決は「実行の途《みち》なき」状態にあり、どうやって戦争を防止するのか、侵略国への制裁発動も「回避することなきや」という疑問を示した（外務省記録25）。実際、米国にとっての不戦条約は、仏国の求める米仏相互援助条約（一種の同盟）をかわす意図があり、連盟で行き詰まっていた紛争の平和的解決システムの整備や制裁という問題に目をつむった理念偏重の条約だった（Ferrell, *Peace in their Time*）。

マクドナルド案に批判

その後、マクドナルド英国首相は、不戦条約の内容を反映した連盟規約の改正を提起した。焦点は、国際紛争の平和的解決の明文化と、違反国に対する理事会勧告に強制力を持たせるかである。昭和五（一九三〇）年二月以降、幣原は国際紛争解決のための戦争を放棄するとの原則のみを定めた不戦条約の定義、解釈については各国で意見が分かれているために議論が紛糾する、非加盟国である米国抜きの議論は非生産的であると指摘した。昭和六（一九三一）年六月一日の最終訓令では、不戦条約下でも自衛権は認められているとの解釈とともに、理事会勧告に強制力を持たせることに反対した（外務省記録26）。

ロンドン海軍軍縮会議に際しては、昭和五年に「防禦には十分なるも、侵寇には不十分」という不脅威、不侵略、自衛能力の保持を訴え（「年頭所感」外務省記録27）、四月二十二日の条約調印時の談話では「国際政局に於ける現実の状態を無視して、一足飛《いっそくと》びに武備全廃の理想に到達するの事実不可能」と述べた。また、二月十四日には、国際社会で推奨されていたロカルノ方式(四章二節参照)を拡大したアジア・ロカルノ構想にも、米国のモンロー主義がネックとして「可能性全然無之《これなき》もの」と評した(以上『日外』一九三〇年ロンドン海軍会議、下)。

幣原の見た理想と現実

幣原は駐米大使時代から、公の場やメディアを通じて平和主義や外交問題に関する日本の立場を頻繁にアピールした。後述するが、第二次外相時代にはアピール戦術の一環として、中国やフィリピン、オーストラリアとの不可侵協定の締結に言及した(五章三、四節参照)。一方で、国際紛争の平和的解決が「国際政治上の指導的原理」となりつつあるが、各国は自らの利害に基づき行動し、その上に立つ絶対的な国際機関が存在しない現実を指摘した(幣原「国際紛争平和的処理に就て」)。幣原個人としては国際法の発達と新外交の理想に期待するものがあっただろうが、政治責任を伴う外相としては現実的な対応が必要だった。そうなると新外交の機能的欠陥は見過せなかったのである。

議会演説の変化

なお、幣原は大正十五年以降の議会演説では、初期の議会演説で行なった日本外交の根本義という理念の強調を控えた。『東京朝日新聞』の記事を拾うと、理念を強調する幣原演説と、そうでない首相演説との温度差を指摘され(大正十四年一月二十五日朝刊)、外相の議会演説は首相演説を補完するものと位置づけられたこと（大正十五年一月十六日夕刊、昭和五年四月二十三日朝刊）、第一次外相時代は成果に乏しく、「新しい外交の原則と理論とをゼスチユアーしたといふだけ」と酷評され（昭和四年七月五日朝刊）、濱口首相も民政党・政友会の対立激化を背景に、抽象的な演説よりも、具体的な内容を望んだとある（昭和五年一月十日朝刊）。演説の変化も理想と現実のギャップを示しているといえる。

二　一九二九年中ソ紛争―新外交と権益擁護のあいだ―

中ソ和平斡旋に奔走

一九二九（昭和四）年七月十一日、張学良《ちょうがくりょう》の中国東北政権は、ソ連側の共産主義宣伝を理由に、中ソ・奉《ほう》ソ両協定で中ソ両国の共同経営とされていた中東《ちゅうとう》（東支）鉄道を強制回収した。これに対してソ連は武力行使に踏みきった。翌十二日、濱口内閣は満蒙権益が危険にさらされない限りは静観することにしたと報じられた。だが、中東鉄道の回収は満蒙権益に影響しかねず、中ソ国境地帯とはいえ満洲が戦場になったことは重大であった。七月十九日、幣原はトロヤノフスキー駐日ソ連大使と汪栄宝《おうえいほう》駐日中国公使に和平斡旋の意を告げ、以後頻繁に両者と会見した（『日外』昭Ⅰ一―三）。

幹旋の特徴第一

幣原の斡旋には四つの特徴があった。第一は、中国ナショナリズムへの牽制である。

幣原は、ソ連の軍事行動は不戦条約でも容認されている自衛戦争に該当しないとした以外は、ソ連の主張する解決条件、すなわち中東鉄道の原状回復を支持した。一方で、中国には国際条約を無視したことへの反省を求めた。

第二は、新外交への配慮だ。幣原曰《いわ》く「我権益の保護を云々するよりも、東洋平和維持と云ふ大局に立脚すべき」との見地から（七月二十日『内田康哉関係資料集成』一巻）、満蒙に対する日本の「特殊の利害関係」だけでなく、東洋、あるいは極東の平和維持に「深き利害」があるとの理由で、中ソ両国に斡旋を申し入れた（『日外』昭Ⅰ一―三）。

これに関して、七月二十一日の幣原との会談後に発表、夕刊各紙に掲載された濱口首相の談話では、「欧亜の連絡をなす国際的交通の幹線［中東鉄道］に支障を来《きた》したことはもつとも遺憾」で、「極東の平和並に開発に対し重大なる使命を有する」中ソ両国による「平和的解決」を求めるとあり、日本の満蒙に対する特殊関係には触れなかった。

これは、ロカルノ方式の地域的秩序構築の積み重ねで平和の実現を目指す時代の潮流に乗って、東洋平和への貢献というキーワードを用いたものである（日本の権益はその中に含まれる）。新外交と権益擁護を両立させるこの理論は、田中外交期から用いられていたが、幣原は田中が用いた、日本が満蒙を内外人安住の地にするとの概念を除いて継承した（拙稿「日本外務省と国際連盟軍縮、安全保障問題」）。

幹旋の特徴
第三

第三に、幣原は連盟や不戦条約という新外交の枠組みを通じた解決の動きには、一貫して反対したことである。十一月二十七日、汪は幣原に連盟提訴への理解を求めたが、幣原は提訴したところで、ソ連は「資本主義国の集団」と敵視している連盟の喚問には応じない。連盟も中ソ直接交渉を勧告するのが関の山で、提訴は成長させるべき連盟を「困難なる立場」に陥れるとして反対した（『日外』昭Ⅰ一—三）。実際、ドラモンド連盟事務総長は、複雑な東アジア問題に巻き込まれるのを嫌がり、中国の提訴を未然に阻止すべく説得に努めていた（海野芳郎『国際連盟と日本』）。

また、米国ではスティムソン国務長官が十二月三日に不戦条約を喚起した声明を発し、これに英仏など主要国をはじめ三八ヵ国が参加したが、日本は参加しなかった。アピール戦術を重視する幣原が同調しなかったのは奇異にみえる。

だが、幣原にいわせれば、公の警告は「当事国の感情を刺激」して逆効果とした（幣原「華盛頓会議ノ裏面観其他」）。第二次奉直《ほうちょく》戦争中の大正十三年九月二十四日の会談録では、紛争の調停、斡旋はタイミングと情報統制が重要で、これを誤れば片方から干渉と誤解され、調停が成功したとしても不満を抱かせたままの「不自然に成立せる平和」となって永続性がないと語っていた（『日外』大十三—二）。だからこそ、今回の中ソ紛争でも斡旋・口利き役にとどめたのである。実際、ソ連は十二月四日、和平工作の進行中に行なわれた不戦条約を喚起する国際声明を批判した。

幹旋の特徴第四

第四は、地方的解決の推奨である。中国が原状回復を嫌って調停が難航していた十月二十四日、幣原は汪公使に、強硬なナショナリズムと深刻な内戦を国内に抱える中国に配慮し、国民政府による対ソ妥協が困難な場合には、東北政権とソ連の直接交渉による解決も一策であると打診した（『日外』昭I一―三）。当時の中国は、国民政府による統一は表面上にすぎず、実態は依然として各地に軍閥が割拠、中東鉄道を回収してソ連の攻撃を受けているのも国民政府ではなく、東北政権であることからしても現実的な方法であった。実際の解決も、国民政府の承認を得て東北政権が十二月二十二日に原状回復を趣旨とするハバロフスク議定書に調印、つまり幣原斡旋のラインで紛争は終結した。

「奇観を呈する」解決

もっとも幣原自身、地方的解決を「奇観《きかん》を呈する」ものと評した（十二月二十八日幣原「支那政局概観報告ノ件」『牧野伸顕関係文書』）。国民政府にしても、この方式は日本による一種の満蒙分離政策にみえるものであった。これに応じたのは、紛争に乗じた地方軍閥の反乱、ソ連の進攻拡大、米独や連盟に求めた斡旋が行き詰まった結果にすぎなかった（拙著『近代日本外交と「死活的利益」』）。連盟や不戦条約といった理念先行の新外交の枠組みよりも、実現性を重視した措置は、幣原外交の特徴を示している。

三　ロンドン海軍軍縮条約—政争化する外交問題—

ロンドン海軍軍縮会議

戦前期の国際協調の頂点にもかかわらず、軍部や政友会による統帥権干犯《かんぱん》問題と政党政治の動揺を引き起こしたのが、ロンドン海軍軍縮会議である。会議のテーマは、ワシントン海軍軍縮条約の制限外であった補助艦（巡洋艦、駆逐艦、潜水艦）の削減で、一九二九（昭和四）年に米国でフーヴァー政権が、英国でマクドナルド政権が誕生すると、不戦条約への配慮と財政負担の軽減化のため、六月からロンドンで米英の予備交渉が始まった。

補助艦比率を巡る問題

補助艦比率について、米国はワシントン軍縮の主力艦五・五・三（対米六割）をその他の艦艇にも及ぼすことを求め、年末までに米英は基本合意に達した。だが日本海軍は、日米開戦の場合、東洋に来航する米海軍を補助艦で減殺《げんさい》し、日米の実力を五分にした上で、主力艦隊同士の決戦に持ち込む方針であったために六割を渋った。

補助艦対米六割への反対は、大正十一（一九二二）年四月十一日の閣議決定以来、日本政府の方針でもあり、幣原も第一次外相期の大正十三年十二月十七日の訓令でこの方針を継承していた（『日外』大十一—三、同大十三—二）。今回の軍縮会議に際しても、田中内閣は昭和四年六月二十八日に「七割程度」、濱口内閣も七月十九日に「総括的に七割を要望する」と、それぞれ閣議で決定した。

対米七割を求める

幣原は九月十六日、比率の基準は他国に脅威を与えず、自国の安全を保障することにある、対米英劣勢で満足する日本の対米七割の要求は「純然たる自衛の必要に基《もとづ》く」ので米英の脅威にはならない、国民生活に必要な食糧、原料の供給を確実にする通商保護（シーレーン保護）のために有力な補助艦艇が必要と訓令した。以後も再三にわたり対米七割への理解を求める訓令を発した（以上『日外』一九三〇年ロンドン海軍会議、上）。

十月十一日、幣原は加藤寛治《ひろはる》軍令部長に会議での奮闘を約するとともに、日本がフィリピン、オーストラリアと不戦協約を結ぶことで米英説得の一助にするとし（「加藤寛治日記」）、十三日にその旨の対英打診を訓令した。だが、英国は応じなかったし、米国のモンロー主義を考えれば最初から成算は低かった（拙稿「幣原喜重郎と日本国憲法第九条」）。アピール戦術の一つであろう。もっとも、幣原の強い要望で会議首席全権に就任した若槻《わかつき》礼次郎《れいじろう》が海軍の対米七割固執に困却したように、幣原にとって一番の問題は海軍の抵抗と、これに呼応する国内の一部勢力の説得だった。

海軍では財部《たからべ》彪《たけし》海相や山梨勝之進《かつのしん》海軍次官、前海相で軍事参議官の岡田啓介《けいすけ》らが対米七割を切っても条約に調印すべきと考えていたが、加藤を中心とする軍令部や東郷平《とうごうへい》八郎《はちろう》元帥が対米七割貫徹を強く主張したことは無視できなかった。実際、岡田は表立って調印を主張すれば七割論者の説得が困難になると考え、条約調印の直前まで「七割［論者］の仮面」を被っていた（『西園寺公と政局』一巻）。この結果、海軍は表向きには対米七割を強く主張、外交の後ろ楯として国内世論の支持獲得を重視した。これに便乗したのが政友会で、犬養毅《いぬかいつよし》総裁は解散日となった昭和五年一月二十一日の衆議院本会議で、七割はかつて財部海相も公言した「最小限度」であると主張して争点化を狙った。

英米、対米七割認めず

しかし、スティムソンとマクドナルドは直前の一月十七日の会談で、日本の対米七割の要求に応じない方針を確認していた。これは、財政難に直面する日本は最終的には国内の反対を抑えて条約調印に応じるとの見通しと、日本の要求容認は比率拡大を求めている仏伊の説得を困難にするとの懸念によるものであった（大竹万里「ヘンリー・L・スティムソンと一九三〇年ロンドン海軍軍縮会議」）。

スティムソンは二月十七日、日本の対米七割要求を容認すれば、条約成立に必要な上院の承認を得られないとして冷ややかな態度をとったが、三月十二日になって補助艦比率六割九分七厘五毛、潜水艦は日米英均等、重巡洋艦（一万トン以上、五インチ砲搭載）は五年間新造を禁止する最終案を示した。これは日本の実質対米七割を当面容認するもので、日本に配慮しつつ上院の承認が得られるギリギリの妥協案であった。

焦点は外交から海軍へ

三月十三日午後と十五日午前の着電報には、若槻全権からこれ以上の譲歩獲得は困難との見解が示されていた（『日外』一九三〇年ロンドン海軍会議、下）。幣原の報告を受けた濱口は十五日午後、山梨海軍次官に海軍部内の意見をまとめるよう伝えた（『濱口雄幸日記・随感録』）。外交を断念して海軍の説得に焦点が移ったわけだが、濱口、幣原の海軍説得が不十分であったことが、海軍とこれに同調した政友会の激しい反発を招いたともいわれる。しかし実際には濱口、幣原はできる限りの手を尽くそうとしていた。

これより先、スティムソンが二月十七日に対米七割要求を一蹴した際、若槻は二十日の着電で、見込みがなくなった七割に固執して会議が決裂すれば、日本は国際的な非難を浴びて「頗る困難」な地位に陥ると訴えた。翌二十一日に濱口と対応を協議した幣原は（『濱口雄幸日記・随感録』）、東京での海軍説得は困難として、全権の一人である財部海相と協力して政府に請訓するよう訓令した（『日外』一九三〇年ロンドン海軍会議、下）。つまり、海相であり、現場で交渉にあたっている財部からの妥協案提出をもって、海軍説得の切り札としていたのである。だが、財部に期待したのは海軍も同じだった。

三月十二日のスティムソンの最終案に対して、海軍では東京の海軍省・軍令部、ロンドンの全権随員武官とも、仏伊の会議離脱の可能性が濃厚ななか、日本が強硬な態度を示せば七割獲得の可能性があるので、もう一押しすべきとの意見があり、財部に所見を求める動きがあった（三月十六、十七、二十日「岡田啓介日記」、『太平洋戦争への道』別巻）。

全権団の意見分裂

この間、幣原は濱口とともに海軍の説得にもう少し時間をかけようとしていたが、元老の西園寺公望《さいおんじきんもち》は三月二十一日、すみやかな条約調印を求めた（『西園寺公と政局』一巻）。幣原はこの日の夕方に発した電報で、全権の一人である松平恒雄《つねお》駐英大使を通じて、軍令部の反対論を性急に押し切れば「国内的に面白からざる事態に立至る」として、財部に受諾やむなしとの具申を求めたが、財部は海軍部内の再交渉論に配慮して断わった。二十四日、しかたなく幣原は、若槻から受諾やむなしとの具申をなすよう求め、若槻は二十六日に受諾請訓を発したが、財部は若槻の請訓は早計で再交渉の余地があると具申した（『日外』一九三〇年ロンドン海軍会議、下）。全権団の意見分裂は海軍の説得に影響した。

海軍最後の抵抗

東京では二十六日の海軍省・軍令部合同の最高幹部会で、政府の最終決定には従う、政府方針が決定すれば、財部不在中に海相事務管理を務めている濱口に加えて、幣原から直接海軍首脳に説明をして欲しいと申し合わせる一方で、「今一押し」（再交渉）を切望した（『太平洋戦争への道』別巻）。翌二十七日、濱口は午前に着電した若槻の請訓に接すると、午後に昭和天皇に決意を奏上、その支持を得たのち、加藤軍令部長の説得を試みた（『濱口雄幸日記・随感録』）。だが、同席し、七割主張の仮面を被っていた岡田は財部の意志を尊重すべきと反論した（「岡田啓介日記」。岡田が受諾論を唱えたのは二十八日以降である）。財部の受諾請訓を引き出す説得工作は失敗に帰した。

一方で、三月四、十三日の訓令案の通り、日本が受諾を躊躇すれば、脱退を示唆する仏伊を勢いづけて会議そのものが決裂する可能性が指摘されていた（外務省記録28）。二十五日付けの松平電報で若槻は、週末二十九日までには米英の回答催促があるものと予想した（『日外』一九三〇年ロンドン海軍会議、下）。昭和天皇や西園寺の早期調印の意向とあいまって、軍令部を説得する時間は残されていなかった。

閣議決定

三月二十八日、濱口は来る四月一日の閣議で政府方針を決定するとした。加藤は条約受諾後に不足する兵力を補充できる手がかりを作るべく、閣議に先んじて昭和天皇に国防の不安を訴える上奏を試みたが、鈴木貫太郎《かんたろう》侍従長に阻止され、四月一日の閣議で補助艦比率・対米六割九分七厘五毛の受諾が決定した。

感情の疎隔

濱口、幣原の措置はやむを得ないものがあった。だが、幣原の「外交の機密を懸念」し、外交問題は「首相との相談丈《だけ》」で進めて閣議での議論を避ける性格が（昭和七年六月七日牧野伸顕宛吉田茂書翰『吉田茂書翰』）、海軍、特に軍令部の不満を蓄積させていた。

というのも、海軍は外務省からロンドンでの細かい交渉の経過や見通しを伝えられておらず、受諾の訓令案も海軍首脳部に提示されたのは四月一日の閣議の直前で、実質的には訓令案を丸呑みにせざるを得なかった。濱口、幣原にいわせれば、交渉の経過や見通しを海軍に通知するなどの密接すぎる連絡をとれば、かえって必要以上に七割貫徹論に強い配慮をせざるを得なくなり、交渉が困難になったというところだろう。だが、こうした手法は海軍との間に感情的なしこりを残した上、濱口と幣原は海軍省と軍令部が求めていた海軍首脳への直接の説明を行なわなかった。確かに権限からいえば、海軍部内の説得は海相以下の仕事で、海相事務管理の濱口はともかく、幣原が乗り出す筋合いのものではなかった。しかし政治は感情の動物でもある人間が行なうものである。この感情の疎隔が、統帥権干犯をめぐる政府と軍令部の深刻な対立の背景にあった。

統帥権干犯問題

統帥権（作戦、用兵に関する指揮監督権）を政府から独立させた帝国憲法第十一、十二条に規定されている「統帥権の独立」とは、明治初期の自由民権運動など国内の政治闘争が熾烈を極めるなか、軍を政治から中立させるためにできたものだが、軍艦比率を含む兵力量は政府が主導して決定するのが慣例であった（川田稔「浜口雄幸とロンドン海軍軍縮条約」）。しかし、ここにおいて兵力量や予算の決定に関する編制大権は、政府と統帥部の混成事項とする憲法解釈もあったとはいえ、統帥権干犯が突如として叫ばれる。

参謀本部は、美濃部達吉《みのべたつきち》東京帝国大学教授が四月二十一日の『帝大新聞』で、統帥部の長である加藤が試みた上奏は内閣の輔弼《ほひつ》（責任）事項に対する越権行為であると批判したことに反発、軍令部と共闘して、第五十八特別議会（四月二十三日〜五月十三日）に合わ

幣原、追及の的に

せて、四月二十八日に兵力量の決定には統帥部の了解が必要という、これまでの通例の解釈とは異なる新たな主張をするようになった（瀬川善信「統帥権問題と参謀本部」）。

この新しい主張は、野党政友会にとって政府追及の格好の武器となり、議会は統帥権干犯問題一色の様相を呈した。濱口は条約締結に際して軍令部の意見を尊重した、国防上の責任は政府が負う、調印までの手続きや憲法上の議論には応じないとの姿勢を貫き、条約批准に必要な枢密院《すうみついん》の審議も、西園寺や内大臣の牧野伸顕《のぶあき》などの宮中グループと連携して乗り切った（川田「浜口雄幸とロンドン海軍軍縮条約」）。しかし、憲法解釈や軍事の専門的な問題への答弁を回避、説明が不十分となったことは、内閣と「君側《くんそく》の奸《かん》」（宮中グループ）に批判的な倉富勇三郎《くらとみゆうさぶろう》枢密院議長、平沼騏一郎《きいちろう》同副議長、それにつながる保守・国粋主義者や軍部の反感を招く結果となり、条約賛成・反対論者の溝を広げた（伊藤之雄『昭和天皇と立憲君主制の崩壊』）。

この溝は、十一月十四日に東京駅で統帥権干犯を批判する右翼青年の凶弾によって重傷を負った濱口の強い希望で、渋々幣原が首相代理を引き受けたまま臨んだ第五十九通常議会（十二月二十六日〜三月二十七日）でも表面化した。この議会ではロンドン海軍軍縮条約への不満に加えて、政党員でない幣原が政党内閣の首相代理を務めることに対する疑義、政友会新人議員の松岡洋右《ようすけ》の満蒙生命線論など、幣原は追及の的となった。

昭和六（一九三一）年二月三日の衆議院予算委員会の席上、幣原は天皇が批准したロンドン海軍軍縮条約は「国防を危《あや》うくするものでない」と答弁したところ、政友会側から天皇に責任を転嫁する失言と非難され、乱闘に発展した。幣原は「終《しま》ひまで聞いてくれたらわかるんだが」と洩らし、家では次男の重雄《しげお》が「僕も学校を出たら外務省をよして「外務省に入らず」内務省に入ってお父さんのかたきを打ってやる」と意気込んでいた（二月六日『東京朝日新聞』朝刊）。

子息たちの進路

このころ、進路を決定する年齢になっていた二人の子息とも、外交官にならなかった。塩田潮《うしお》『日本国憲法をつくった男』には、長男の道太郎《みちたろう》は外交官を勧める父に従わなかったとあるが、典拠が示されておらず、真偽不明である。その後、道太郎は英文学者として学習院大学や東京女子大学、独協《どっきょう》大学に勤めた。重雄は三菱製紙に就職した。

濱口雄幸の死

さて、濱口は絶対安静の状態だったが、野党の要求と自身の強い責任感から三月十日に登院した。だがこれで体調を悪化させて四月四日に再入院、十三日に内閣は総辞職（翌日に第二次若槻内閣が成立、幣原は外相留任）、八月二十六日に死去した。

ロンドン海軍軍縮条約をめぐる問題は、幣原が最も嫌う外交が政争の具に利用された一例であり、幣原外交に対する国内の支持をさらに低下させた。このタイミングで、満蒙問題を含む日中関係がクローズアップされる。

四　満洲事変直前の日中関係と満蒙問題

対中国際協調の揺らぎ

幣原が外相に復帰した時、日中関係は田中外交の影響で悪化、ワシントン体制に基づく中国に対する国際協調も大きく揺らいでいた。

当時、不平等条約の改正を目指す国民政府は、ワシントン体制に立脚した各国との同時並行的な交渉ではなく、交渉しやすい国から交渉する国別交渉方式を通じて、列国の対中条約改正を競わせ、国際協調の足並みを乱す戦略をとっていた。この戦略に基づいて、国民政府は一九二八（昭和三）年七月七日、既存条約が満期に達していない場合は正当な手続きで条約を改正するが、満期に達している国との条約は廃棄して新条約を締結すると宣言した。宣言は国際慣習を無視した不法なものだが、米国はさらなる中国ナショナリズムの急進化を防ぐためにも、七月二十五日に中国の関税自主権を認める米中関税条約の調印に踏み切った。これは他のワシントン体制国を出し抜いた国際協調を逸脱する措置であったが、英仏も中国ナショナリズムの鎮静化を求めて米国にならった関税条約の改訂に応じた。勢いに乗った国民政府は関税に続いて、治外法権撤廃も国別交渉方式で進めようとしていた（何力「中国の関税自主権の回復と日中関係」）。

窮地に立つ日本外交

日本の場合、既存条約が有効であった米英仏と違って、大正十五（一九二六）年に改訂期限を迎えて北京政府と交渉中であった日中通商航海条約の廃棄を一方的に通告されたので、受け容れられなかった。一方で、列国と中国の間で締結された改訂関税条約には最恵国待遇が付されていたため、日中間の関税自主権の協定がなされない限り、中国の関税自主権は実施されなかった。その結果、国民政府による条約廃棄通告を否認し、条約改訂交渉に応じない日本の態度は、中国ナショナリズムの標的になった。

幣原は外相復帰前から中国の条約失効論を批判する一方、日本が対中条約改正に遅れをとっているのを遺憾とし、条約改正交渉の推進を求めていた（幣原「対支問題概観」）。

十大政綱

幣原を含む主要閣僚の協議を経て、昭和四年七月九日に発表された濱口内閣の十大政綱には、連盟重視と軍縮の促進、日中関係の改善が盛り込まれた。これは「一切の侵略政策を排斥」することで田中外交の負のイメージを払拭するとともに、日中は「共に自他の特殊なる立場を理解」する、すなわち日本は中国の条約改正に協力、中国は日本の「生存、又は繁栄に欠くべからざる正当かつ緊切なる権益」（満蒙権益）を認めて、相互の経済関係の強化を求めるものだった。十一月十一日のラジオ演説でも幣原は、日本の立場を無視するのは中国の「独存独栄」であると語った（幣原「国際平和に関する世界の大勢」）。

不可侵協定の私見

こうしたなか、九月五日に来日中の中国の張継《ちょうけい》司法院副院長は、治外法権撤廃と満蒙問題について幣原に所見を求めた。幣原は、①中国に希望を与えるべく、関係各国との間では、治外法権委員会の報告書と勧告（大正十五年九月十五日）という国際合意に基づき、中国の司法制度の近代化を待って漸進的に治外法権を放棄するラインで、中国に対しては外国人の居住、営業権の自由（内地開放）を求めるラインで調整している、②だが、国民政府は「形式上一応の統一を」達成したにすぎない不安定な状態で、国内の司法制度も未整備であるとして治外法権の即時撤廃は否定する、③また日本の国内世論を理由に、関東州租借地の返還や満鉄の回収は「考量するの余地なき」と断言、日中関係の調整には中国側からも「公正の態度を示すこと絶対に必要」であると述べた。同時に、中国の対日疑念払拭のために不可侵協定を締結するとの私見も示した（『日外』昭Ⅰ一―三）。

不可侵協定案には中国側の反応がなく、外務省内でも亜細亜《アジア》局が否定的だった（『日外』昭Ⅰ一―三）。しかし幣原は昭和六年の夏に陳友仁《ちんゆうじん》と交わした覚書や（『日本外交年表並主要文書』下）、満洲事変の初期段階で起案した五大綱目に日中不侵略の条項を設けるなど、不侵略や不戦の言葉が持つ道徳的インパクトを重くみていた（『日満』一―二）。

もっとも、幣原は日中の紛争解決手段として、ヨーロッパの地域協定であるロカルノ条約で試みられていた仲裁制度の導入といった、新外交や不戦条約の精神を発展させるための具体的なプランには触れていない。このことは、不侵略協定は道徳的なアピール戦術の色彩が強かったことを示している。当時、外務省では日中間には政治的懸案が山積し、中国も「不法」な革命外交を展開するなど「遵法的精神」を欠いているために、紛争解決システムなどの進歩的制度を導入できる状態にないとみていた（外務省記録29）。

突破口は関税

十月中旬から幣原の腹心で駐華公使となった佐分利貞男《さぶりさだお》は、条約改正交渉の地ならしとして約一ヵ月間訪中、中国側から困難な満蒙問題に触れないことを示唆されたことから、満蒙問題を棚上げにできると判断、日中の基本的態度が一致している関税が関係改善の突破口になることを確認した。本省でも、谷正之《たにまさゆき》亜細亜局第一課長は不安定な国民政府との間での日中通商航海条約改訂交渉は期待できないとして、過渡的措置を求めた（『日外』昭Ⅰ一―三）。こうしたこともあり、外務省は日中通商航海条約の改訂交渉から中国の関税自主権を認める関税協定を分離、先行して締結する方針をとった。

小幡公使アグレマン問題

対中方針の打ち合わせで一時帰国していた佐分利が、十一月二十九日に静養で訪れていた箱根の富士屋ホテルで不慮の死を遂げると、幣原は後任に山東《さんとう》懸案交渉で実績のある小幡酉吉《おばたゆうきち》駐トルコ大使を後任駐華公使に据えてアグレマン（事前承認）を求めた。だが、中国では胡漢民《こかんみん》らの反蔣介石《しょうかいせき》派が、小幡がかつて在華公使館の参事官として二十一ヵ条交渉に関わったことを理由に、その着任に反対した。国民政府はこれを宥《なだ》めるために、小幡着任と同時に、日本が列国に先駆けて在華公使館を大使館に昇格するよう求めた

（于紅「小幡公使アグレマン問題にみる第二次幣原外交の対中国政策の転換」）。

十二月十四日、幣原はアグレマン問題は外交上の駆け引きに用いるものではない、大使館昇格は列国と協調して行なうと返答した。これは日本の単独昇格を決意していた大正十三〜十四年とは違い、協調の枠組みを乱しがちな米国の単独昇格の動きを、協調を理由にブレーキをかけた行きがかりに配慮したものでもある（五月八日出淵駐米大使電報『日外』昭Ⅰ一―三）。第二次外相期の幣原は、第一次のそれよりも列国協調に意を払ったが、それには米国を含む、列国のいきすぎた対中譲歩を牽制する意図があった（西田敏宏「ワシントン体制の変容と幣原外交（二）」）。

日中関税協定の仮調印

その後、蒋介石が一方的に新税率実施の意を表明したことで関税交渉の開始を余儀なくされた幣原は、昭和五年一月十日にアグレマン問題を棚上げにし、重光葵《しげみつまもる》上海総領事を代理公使に任じて関税交渉の開始を指示（『日外』昭Ⅰ一―四）、三月十二日に日中関税協定の仮調印をみた。

治外法権撤廃問題

本節冒頭で述べたように、国民政府は関税のあとは国別交渉方式での治外法権の撤廃を目指していた。これに対して日本政府は、昭和五年一月二十日に幣原の第一次外相期の方針を軸に、満鉄附属地の除外と漸進的な法権撤廃、民事撤廃後の内地開放を主眼とした基本方針を閣議決定した（外務省記録30）。

米英日、足並みの乱れ

だが、米英は内地開放に固執せず、撤廃の方法も英国が事項別（民事を優先撤廃）、米国が地域別（優先地域内の刑事撤廃も可とす）と足並みは揃っていなかった。交渉地も幣原が在華各国公館を通じた連絡、協調下での推進を求めたのに対して、米国はワシントンで非公式交渉を開始するなど協調を乱し、英国は米国に流されつつあった（小池聖一『満州事変と対中国政策』）。幣原は三月三十一日に改めて「基本的大綱丈《だ》けは」日米英で合意させるべきと申し入れた。米国も、幣原から交渉地の再考を求められていたキャッスル駐日大使が国務次官補に転任すると交渉地を中国に戻した。だが、各国間の調整は難航、中国の内戦勃発（中原大戦《ちゅうげんたいせん》）もあって交渉は進まなかった（外務省記録30）。

中国の強硬外交表明

昭和五年十二月に入ると、王正廷《おうせいてい》外交部長は米英に対して、例外地域なく一律に治外法権の撤廃を求めた。国民政府も一月六日に来る五月の国民大会までに、法権撤廃に加えて在華外国軍の撤退や租界回収に関する対外宣言を発する意向を明らかにした。蒋介石、王正廷ともにすぐに治外法権撤廃が実現するとは思っていなかったが、即時の法権撤廃と租界回収を持論とする胡漢民などの政府内の反蒋介石派を抑えるという国内的な必要から、強硬な外交政策を表明したのである（高文勝「治外法権撤廃と王正廷」）。

満蒙問題、先鋭化へ

国内との板挟みは幣原も同様で、十二月十七日、幣原は軟弱外交との「世評に屈することなく」対中宥和を訴えているが、現状では租界返還は枢密院や世論の反対を受けるとして中国の態度緩和を求めた（『日外』昭Ⅰ一―四）。このタイミングでの中国の強硬外交の表明は、先述した幣原への支持低下とあいまって、満蒙問題を先鋭化させる。

満蒙問題に話を移す。当時、中国はナショナリズムの高揚を背景に、二十一ヵ条要求の結果である南満東蒙《なんまんとうもう》条約などの満蒙権益に関する日中両国の合意実施を拒んでいた。大正十五年以降は、明治三十八年の日清条約で禁止されている満鉄並行線《へいこう》の建設を始めるなど、満蒙問題は日中間の重大懸案となっていた。

昭和五年一月十四、二十九日、満鉄総裁の仙石貢《せんごくみつぐ》は、満鉄の租借期限が切れたあとも視野に入れた経済提携を求めて濱口、幣原ら主要閣僚の賛意を得た（『中外商業新報』）。だが三月十八日の外務省と満鉄の打ち合わせで、仙石が中国側の好意を引き出すためにも並行線禁止を二義的なものとしたのに対して、幣原は有田八郎《ありたはちろう》亜細亜局長とともに、共存共栄の前提は満鉄に大打撃を与える並行線の禁止と述べた（「満蒙ニ於ケル将来ノ鉄道ニ関スル方針」「満蒙鉄道問題ニ関スル協議要綱」『村上義一文書』）。満洲を単なる経済権益とみる仙石と、国民感情から権益維持にこだわる幣原の違いである。

幣原人事の目玉

幣原は十月二日にロンドン海軍軍縮条約の批准に成功すると、省内の大規模な人事異動を行ない、外務次官に永井松三《まつぞう》駐ベルギー大使、条約局長に松田道一《みちかず》駐イタリア大使を起用した。アガリである大使を格下の本省ポストに任ずるのは異例だが、これは満蒙問題と対中・ソ関係を含む東アジア問題に注力するためで、幣原は自らの負担を軽減するためにも永井に「すべて欧米のことをやってくれぬか」と頼んだ（永井「幣原男爵の想出」）。幣原から直接スカウトされた松田も（桑原鶴「幣原男爵の思い出」）、幣原の外務次官時代に政務局第二課長（欧米担当）と条約局長を務め、その後、国際連盟帝国事務局長を務めるなど、担当に含まれる連盟軍縮会議に対応するには適任であった。

その他の人事異動

　このほか、駐ソ大使に通商畑の知米派の経歴を持つ広田弘毅《こうき》を、本省の欧米局長にはソ連情報収集の要であるポーランド公使である松島肇《はじめ》を、亜細亜局長には谷正之《たにまさゆき》、同第一課長に守島伍郎《もりしまごろう》を据えた。谷は幣原に育てられたと自認する幣原の直系（谷「和蘭公使時代の幣原さん」）、守島も幣原の腹心である出淵勝次《でぶちかつじ》の下で在独・米大使館に勤務した幣原・出淵ラインの直系で、亜細亜局の局員のほとんどが幣原の支持者であった。谷や白鳥敏夫《しらとりとしお》情報部長がアジア派・革新派（反欧米派）に転じたのは満洲事変の勃発後で、幣原は信頼できるメンバーを側近に集めたのである（川村茂久「霞ヶ関太平記」「対満強硬政策寸言」）。また、第一次外相期に亜細亜局長を務めた木村鋭市《えいいち》を満鉄理事に送り込んで満蒙懸案交渉に備えた。条約局に勤務していた桑原鶴《くわばらつる》によれば、幣原は満蒙問題と東洋問題について、中国と世界の理解を獲得できるのは自分だけだと、強い自信と決意を持っていたという（桑原「幣原男爵の思い出」）。

中国では東北政権を率いる張学良と、国民政府の蒋介石との関係は良くなかったが、中原大戦《ちゅうげんたいせん》と呼ばれる大規模な内戦に際して、蒋は華北の支配権付与を条件に学良の引き込みに成功した（九月十八日）。これが日本国内では、国民政府の影響力が拡大して満蒙権益への危機が強まるとの懸念となり、幣原批判と結びつこうとしていた。

東北政権との交渉開始

外務省は、満蒙懸案交渉を開始することで国内の批判を抑えようとした。十一月十四日、「満鉄の死命を制する」並行線の建設を阻止するが、中国側新線の建設を支持するなど、できるだけ「寛大の態度」をとる方針を決定、幣原は十二月十二日に交渉開始を訓令した。交渉は満鉄を通じて東北政権との間で行なう、交渉が難航した場合には必要に応じて経過を公表、列国にも内報することで中国側の反省を促し、「緩急に応じ適当の自衛措置を講ずる」とした（『満蒙鉄道交渉問題』憲政資料室所蔵の外務省文書）。

もっとも、昭和六年一月十五日に谷亜細亜局長が通知したように、自衛措置は外交手段を尽くした上で必要最低限の範囲で行なうとされた（『日外』昭Ⅰ一—五）。また、一月七日の幣原の訓令には、蒋介石と張学良の不仲を突いて有利な条件を獲得する意図が記され（『満蒙鉄道交渉問題』）、東北政権も満鉄との実務交渉とすることで国民政府の干渉をかわそうとした（高文勝「満蒙危機と中国側の対応」）。

交渉の複雑化

だが、満蒙懸案交渉は国民政府が目指す治外法権撤廃とリンクすることで複雑化する。

段階的な法権撤廃を求める日本案に対して王正廷は三月十二日、特定地域の除外に反対、内地開放は中国全土の法権撤廃後に行なう、交渉が不調に終わっても一方的に法権撤廃に踏み切る意を示し、十九日には米英との交渉を優先させると言明した（外務省記録30）。二十七日にも内地開放の前提は旅順《りよじゅん》、大連《だいれん》を含む租借地の返還と、在華駐屯軍（関東軍を含む）の完全撤退であると明言した。駐華代理公使の重光葵は三月二十三日と四月一日の報告で、法権問題が満蒙問題にリンクしたことで日中の衝突は不可避となった、衝突すれば日本は国際的に孤立すると憂慮、一部租界の返還などで関係改善の努力を示す一方、旅順、大連の回収要求に備えて、満蒙問題の歴史的背景と特異性、日本の決意に関する列国の理解を獲得すべきと具申した（『日外』昭Ⅰ一—五）。

日本の譲歩の限界

幣原は四月四日、内地開放と附属地除外は譲れないが、内地開放に確実な見込みがあれば租界返還を検討する用意があるとの妥協案を訓令した。だが、交渉が「列国側より遅るることありとするも、右は我特殊の立場に顧《かえり》み致方《いたしかた》なし」と述べたように、日本の譲歩は限界に達していた（外務省記録31）。

四月末、一時帰国した重光は、外務省首脳会議で先手を打って蘇州《そしゅう》、杭州《こうしゅう》の租界を返還して日本の立場を有利にすべきと具申した。だが、政治力を低下させている民政党内閣では枢密院の同意を得ることができないとされた。そこで日中の軍事衝突が発生し

（行き詰まり）、国際連盟に提訴されるなどの大きな国際問題になることを見越して、あらかじめ日本の主張が正当なものであることを国際社会に理解させるためにも、在満権益を排除しようとする中国の排日行動の不当性を訴えるという「堅実に行き詰まる」方針が、幣原、谷、重光の間で確認された（重光葵『外交回想録』）。

幣原は中国への親善をアピール、日本は中国の条約改正に協力し、中国は日本の満蒙権益を容認するラインでの日中関係の打開を試みた。だが、日中両国とも内政との兼ね合いから思い切った歩み寄りができず、日中関係は行き詰まりをみせていた。

五　満洲事変―「私がやめたら誰が後をやれますか」―

新たな脅威ソ連

日本を国際協調外交から国際的孤立に追いやったのが、陸軍、特に関東軍が起こした満洲事変で、その動機の一つがソ連への対応であった。日本陸軍にとって最大の脅威であった帝政露国は革命で崩壊したが、革命で生まれたソ連は、革命の輸出と軍事力の増強に努めた。ソ連が一九二九年中ソ紛争で大勝したことは、陸軍の対ソ警戒感を新たにさせた（拙著『近代日本外交と「死活的利益」』。以下、本節の記述では拙著に依拠する情報が多く、同書からの出典は略す）。金谷範三《かなやはんぞう》参謀総長は昭和五（一九三〇）年九月十九日、南次郎《みなみじろう》陸相に対してソ連の軍拡は「油断ならず」、このまま進めば「由々《ゆゆ》しき大事なり」と語り、翌年七月九日には、若槻首相に主戦場となる満蒙の懸案解決と、軍備の近代化を含む軍制改革への理解を求めた（「畑俊六日誌」）。

陸軍中央と関東軍のズレ

陸軍は満蒙問題の解決とソ連の軍事的脅威をリンクさせたわけだが、陸軍中央と関東軍では満蒙問題解決の時期にズレがあった。中央は米中に加えてソ連に対応できるだけの軍事力が必要として、昭和六年春ごろから「両三年」かけて作戦準備と内外の世論工作に着手した（十一月十六日本庄関東軍司令官宛二宮参謀次長書翰『太平洋戦争への道』別巻。かつての定説は世論工作期間を一年としたが、近年の研究では「両三年」に修正された。小林道彦『政党内閣の崩壊と満州事変』）。だが、関東軍はソ連の国力が整備される前に先手を打つべきとした。このズレが埋まらないまま、九月十八日の満洲事変勃発を迎える。

これより先、行き詰まっていた満蒙懸案交渉は八月下旬ごろから曙光が見え始め、重光と宋子文《そうしぶん》（財政部長、国民政府のナンバー2）の間で、満蒙問題の漸進的解決を目指して調整が進んでいた。

排日事件と国内の強硬論

だが、一方では五月二十四日に万宝山《まんぽうざん》事件が、六月二十七日に中村大尉事件が発生、排日事件が問題化した。幣原は七月八日の時点では、一部の「反対党、又は自分の外交方針に反対」する者がセンセーショナルに取り上げている程度としていたが、九月に入ると「本邦輿《よ》論益々硬化の傾ある」、「日本人心を尖鋭化」させていると述べたように(『日外』Ⅰ一―五)、国内の強硬論を無視できない状況になっていた。

満洲事変勃発

九月十八日二十二時三十分、関東軍の一部将校による満鉄線爆破(柳《りゅう》条《じょう》湖《こ》事件)をきっかけに日中両軍が衝突、満洲事変が発生した。外務省記録では第一報の着電は午前一時二十分だったが、確認などの手間もあり(守島康彦編『昭和の動乱と守島伍郎の生涯』)、幣原が事件を知ったのは十九日の朝刊で、朝食をそこそこに登庁、状況確認と臨時閣議の召集を求めた。陸軍中央では、第一報を受けて七時から陸軍省と参謀本部の合同会議を開催、関東軍の行動を追認して閣議で増兵を求めることを決定、条約上の既得権を確保するラインでの満蒙問題の解決を目指すとした。

不拡大方針

十時からの閣議で、南陸相は関東軍の措置は自衛行動としたが、幣原が関東軍の計画性を疑わせる情報を示したことで増兵案を携えていた南は意気消沈、閣議は不拡大方針を決定した。だが陸軍部内では事変を機に満蒙問題を解決すべきとの意見が強く、南は機を窺っていた(『太平洋戦争への道』別巻)。関東軍は二十一日に条約上の守備範囲である満鉄附属地を出て吉林《きつりん》に進出、これにつられて在朝鮮師団の一部が満洲に入った。

関東軍、吉林へ出兵

二十一日の閣議では、南以外の全閣僚が附属地外への出兵に必要な天皇の勅裁を得ていない吉林出兵を批判したが、関東軍を撤兵させるか、否かについては議論が二分して結論は後日に持ち越された。政府が出兵部隊の予算支出を認めなければよかったのではないかという指摘があるが、閣議決定には全会一致が必要なので不可能であった。

満蒙問題の一併解決

注目すべきは、この日の閣議で「満蒙問題全閣僚一併解決の意見に一致」したことである（『太平洋戦争への道』別巻）。というのも、満洲事変には、①武力衝突と、これに伴い発生した居留民保護（外交保護権）という軍事問題と、②満蒙問題（外交問題）という二つの性質があった。陸軍が求めているのは、①で使用した軍隊を②を解決するための圧力に転用するもので、国際紛争（分かりやすく言えば外交問題。この場合は満蒙問題）を解決するための戦争を禁じたパリ不戦条約に抵触しかねないものであった。

だが、中国では十九日に宋子文が事態の悪化を防ぐべく事変の調査、解決にあたる日中共同委員会設置を提案していた。つまり幣原は宋の提案を捉えて、事変を機に実力を背景に満蒙問題の解決を強く求める陸軍を抱き込んで、事変処理の主導権を握ろうとしたのだ。実際、後述するように、「一併解決」は陸軍を抑える取り引き材料になった。幣原は二十一日二十三時八分に事件再発を防止する「基礎的綱領」の決定を条件に、宋子文提案への同意回答を発した（外務省記録32）。また国際連盟には、日中二国間で解決の糸口が開かれた矢先に連盟の問題にすれば日中の国論を刺激し、かえって事態を紛糾させるとの注意を喚起した（『日満』一―三）。

中国の連盟提訴

しかし、宋子文提案に期待をかけた幣原の目算は外れる。中国は二十一日に国際連盟規約第十一条（理事会の召集）に基づく連盟提訴に踏み切った。翌二十二日、宋は吉林出兵で事態が「地方的騒ぎ」から「満州全体に亘り戦時状態」に発展したとして、委員会設置案を撤回した（『日満』一—二）。提訴の背景にあったのは、次の二点である。

第一の背景

第一に、中国では五月に蒋介石と対立する汪兆銘《おうちょうめい》が広州《こうしゅう》に臨時政府を樹立、分裂状態にあった。九月二十日、蒋は「内乱を平定して統一を実現させたい」、「この団結一致で禍転じて福とする機にする」と語った（『事略稿本』十二）。二十一日十四時からの緊急会議では、広州政府に「統一団結」を求めることと、対日方針は特種外交委員会で検討すると決定した（『中華民国重要資料初編』抗日戦争時期一巻）。つまり、蒋は最大懸案である対日外交の主導権を握ることで、自らの優位を確保しつつ、広州派との合作を行なう事実上の政権強化を意図したのである。

第二の背景

第二に、蒋は日本が撤兵を肯《がえん》じないことを見越していたし（九月二十一日『事略稿本』十二）、かつて連盟への提訴を試みた済南《さいなん》事件や中ソ紛争では、連盟の冷淡な態度を見せつけられた経験もあり、「国際連盟といえども恃《たの》みにしてはならない」と考えた（十月六日『中華民国重要資料初編』抗日戦争時期一巻）。だが、国際連盟が事変を解決できなくても、国際世論の支持を集めることで日本を牽制し、将来の対日外交を有利に展開する素地をつくり、

「万事休せり」

日本政府第一次声明

国内的にも事変処理の責任を連盟に転嫁できると期待した（黄自進「満州事変前後における国民政府の対日政策」）。

　国際会議は、自国の存在を印象づけるために発言の雄弁さを競う部分がある（河東哲夫『新・外交官の仕事』）。のちに幣原も、連盟提訴はかえって問題を大きくする、関係のない第三国に「事件を纏《まと》めて行かうと云ふ念慮のある人は極《ご》く少」く、多数国が参加する議場で糾弾されれば、日中とも面子から「謝罪すると云ふやうなことは出来るもんぢやありませぬ」とし、提訴で「万事休せり」と感じたと語った（昭和二十一年八月二十三日貴族院予算委員会）。国際連盟での解決を求める蒋介石と正面衝突したわけだが、「既に「兵を」出してしまつたものはこれを引揚げる」ことでの打開を模索した（『西園寺公と政局』二巻）。

　九月二十四日の日本政府第一次声明は、関東軍は不安に陥った居留民を保護すべく機先を制して出動したと説明するものだったが、陸軍案の「今直《ただち》に旧態復帰を庶幾《しょき》し能《あた》はず」との一文を（『満洲事変作戦指導関係綴』其一、防衛研究所図書館蔵）、満鉄への脅威が除去され次第「出動部隊の大部分は直に長春《ちょうしゅん》に帰還する」と修正し、一併解決を意味する中国との間で「建設的方策」を協議する用意があるとの一文を加えていた（『日満』一一二）。

　二十六日の閣議で幣原は、吉林に出兵したままでは外交交渉は困難である、撤兵しなければ辞職すると迫り、南が満蒙問題の一併解決を条件にこれに応じたように、一併解決は陸軍を抑える取り引き材料となった。陸軍中央は二十四、二十六日にすみやかに附属地外の兵力を引き揚げるよう命令、二十二日以降に現地で行なわれていた満蒙の新政権樹立工作への日本人の関与禁止も厳命された。

外交保護権による説明

幣原は九月二十八日、国際連盟に対して国内の強硬な世論の存在を喚起した上で、中国全土の無秩序状態と、これによる居留民保護のための出兵は常識と慣例の範囲内（外交保護権）だが、各機関の原状回復とともに撤兵中であると説明した。なお、満洲事変中の幣原の訓令には、九月二十一日の連盟宛の説明で柳条湖事件を「自衛的措置」と述べたものの、それ以外の軍事行動の説明では「自衛」「自衛権」という言葉を使わず、一貫して外交保護権によるとの立場をとった。九月二十五日と十月一日には、連盟が求めるオブザーバーの現地派遣は軍部のみならず、国民感情を刺激して事態の悪化を招くと反対、中国が連盟や米国に期待を抱く限り問題は「永久に解決せざるべし」と述べ（『日満』一―三）、国際連盟の場ではなく、日中二国間交渉による解決への理解を求めた。

国際連盟理事会の決議

国際連盟理事会は九月三十日に、すみやかに日本軍は撤兵すること、中国は撤兵後の邦人保護に責任を負うこと、十月十四日から再度理事会を開催するとの決議を採択した。

以上のように、九月の段階では幣原は陸軍を抑えつつ、中国が期待する国際連盟の関与を排して有利な事変解決に道筋をつけようと一定の成果をあげていた。次の課題は、理事会再開までに撤兵と日中交渉開始の目処をつけることであった。十月一日の閣議で幣原は、撤兵を渋る南に対して理事会再開までの撤兵を求めた（『西園寺公と政局』二巻）。

治安維持のジレンマ

この日の中国宛の口上書で幣原は、中国側の治安維持機関によって治安回復がなされれば撤兵が促進されるとの見解を示したが（『日満』一―二）、これが曲者であった。というのも、撤兵の前提となる治安回復には治安維持機関が必要だが、これにはすでに満蒙独立国建設を企図する関東軍の新政権樹立工作など、日本側出先官憲の息がかかっていた。中国は治安維持機関を傀儡政権とし、満洲の永久占領を意図するものと批判、ジレンマが生じていた（十月七日『事略稿本』十二）。

陸軍の動き

この間、肝心の撤兵は在留邦人の安全に目処がつかないとして実施されず、政権工作も九月二十七日に参謀本部は秘密裡での継続を指示した。関東軍は十月二日に日本の保護下での独立国建設方針を決定、六日には内田康哉《やすや》満鉄総裁の支持を得た。

満蒙新政権との交渉が決定

関東軍の動きは陸軍中央を勢いづかせた。十月五日、外務省は一併解決する懸案とは排日空気の改善と特殊権益の確保、鉄道問題などで、交渉は国民政府と行なうとしたが、参謀本部は新政権との間で、治安維持を目的とした日本軍の自由行動承認を含めた交渉をなすよう求めた。六日の閣議で南は新政権との交渉を希望したが、幣原は国民政府との交渉を主に、満蒙新政権との交渉は細部にとどめるべきと対立した。だが井上準之《じゅんの》助《すけ》蔵相が「速に［満蒙］地方政権と交渉を開始すべし」と主張したように、幣原の支持者は少なく、主要閣僚間で新政権樹立に日本人を関与させないが、新政権との間で交渉を行なうとの合意がなされた（『太平洋戦争への道』別巻）。

五大綱目を閣議に提出

十月九日、幣原は閣議で国民政府との間で協定すべき五大綱目を提出、諒解を得た。これには撤兵の前提となる日中の「国民的感情の緩和」をはかるためにも、相互不可侵と中国の領土保全、反日的なボイコットと教育の抑制、在留邦人の保護（第一～四項）に加えて、満蒙鉄道に関する「条約の規定を実行せむが為め、必要なる協定を南満洲鉄道会社と東北諸省の関係官庁との間に遅滞なく締結」するとあった（第五項、『日満』一―二）。

五大綱目は陸軍が求める満洲における日本軍の自由行動を認めず、地方政権との交渉は細部にとどめるとの基本ラインを堅持する一方で、撤兵条件として陸軍や井上の意向を汲んで「東北諸省の関係官庁」、すなわち満蒙新政権との間で「必要なる協定」を締結するとした。これは新政権容認に道を開くと同時に、軍事行動が外交保護権の範囲を越えて特定の紛争（満蒙問題）を解決するためのものとなって、主権尊重や国際紛争の平和的解決を規定する国際連盟規約や不戦条約との抵触問題を招くものでもあった。

なぜ幣原がこのような案を提示したのかというと、第一には、理事会再開を目前に控えて、日中交渉を開始して事態が緩和している証を示す必要があったことがあげられる。第二には、交渉を行なうには条件を確定させなければならないが、多数閣僚は新政権との交渉に傾き、五日の閣議で外務省は「手ぬるい」と責め立てられ、七日の枢密院会議も幣原の対応を激しく批判（『東京朝日新聞』）、十月事件（クーデター未遂）など不穏な空気も漂い始めるなど（『木戸幸一日記』上）、国内の強硬論を無視できなかったためである。

日中交渉拒否

十月十二日、蔣作賓《しょうさくひん》駐日中国公使は撤兵前の交渉は容認できないとして五大綱目に基づく日中交渉を拒否（『蔣作賓日記』）、国民政府は二十日までに対応策をまとめた。それは、理事会での期限付き撤兵決議の採択に加えて、日本の特殊権益否定という新要求を加味したもので、各国の強い同情を引くためにも二十一ヵ条問題にも言及し始めた。

理事会首脳の思惑

この間、関東軍による錦州《きんしゅう》爆撃を受けて一日繰り上げて十三日に再開した理事会は、米国に協力を求めるとともに、撤兵完了を待って満蒙問題に関する日中交渉の開始を希望した。幣原は十三日、理事会の求めを受けて第五項から満鉄と地方政権との協定締結を省いた五大綱目の要旨を内示したが、理事会首脳は第五項に難色を示した。だが彼らはかつて済南事件や中ソ紛争への関与を避けたように、連盟自身の解決能力の欠如を自覚していた。日本に圧力をかけるべくオブザーバーとして理事会に迎えられた米国も、対日制裁には否定的であった。十月八日に国際連盟事務総長のドラモンドが機をみて長期休会に持ち込むと述べたように、理事会首脳は問題処理の責任を回避しようとする一方で、日中の突き上げを前に態度を決めかねていた。

ドラモンドの調停案

十月二十日朝になって、ドラモンドは調停案を提示した。これは日本の主張を認めて撤兵完了前でも日中交渉を開始するよう勧告して理事会は休会する、日中両国がこれを受諾しない場合には理事会で期限付き撤兵（三週間）を含む措置をなす、いずれにせよ十一月十六日に再度理事会を開くというもので、回答のタイムリミットをジュネーブ時間二十二日十時三十分（日本時間十八時三十分）とした（『日満』一―三、*DBFP*, 2d ser. v. 8）。結論を述べると、日本の回答は間に合わなかった。これには次の事情があった。

回答期限の遵守は不可能

第一に、理事会会期の問題である。ヨーロッパ諸国の連盟理事の多くは外相を兼ねており、彼らは自国内政との関係から早期閉会を望んだ。レディング英国外相が二十七日の庶民院（下院）総選挙前の帰国を求め、彼の帰国から逆算して理事会決議は二十四日にはなさねばならず、そのためにも二十二日午前の五人委員会（満洲事変の議事をリードする英仏独伊仏の小委員会）で決議案をまとめる必要があった。

第二は通信速度である。当時の東京・ジュネーブ間の電報の所要時間は約七時間で、ここに暗号解読などの事務に要する時間が加算される。ドラモンドの調停案が外務省首脳の目に入ったのは日本時間二十一日夕刻である。加えて、理事会側が日本側にタイム

十三対一の表決

リミットを提示したのはジュネーブ時間二十一日の午後、外務省がその電報（芳沢二一四号）の解読を終えたのが日本時間二十二日十一時（ジュネーブ時間三時、幣原一二九号『日満』一—三）で、タイムリミットの遵守は不可能であった。

日本では、二十二日午前に若槻首相と南陸相が連盟対応について協議した（『東京日日新聞』）。つまり陸軍の事前了解をとった上で、十三時三十分からの臨時閣議で調停案の受諾を決定、十六時（ジュネーブ時間八時）に受諾訓令が発せられた（十月二十三日『東京朝日新聞』朝刊、二十四日夕刊）。ジュネーブでは芳沢理事が、ジュネーブ時間十五時に調停案の受諾回答が着電すると、暗号解読の完了を待たずに趣旨を説明したが、理事会議長のブリアンは受けつけず、十六時からの理事会で十一月十六日までの日本軍完全撤兵、撤兵完了を待って日中交渉を開始するとの決議案が提出された（『日満』一—三）。二十四日の表決は賛成十三、

国際連盟理事会
（後述する調査委員派遣案が採択された昭和６年12月10日撮影，毎日新聞社提供）

反対一（日本）となり、日本は孤立したとの印象を強くした。

日本、態度を硬化

表決を評価した国民政府は、国際連盟規約第十五条（連盟が紛争解決に責任を持つ）、第十六条（制裁）という次なる措置を目指したが、日本は態度を硬化させた。というのも、陸軍の賛成をとりつけて調停案の受諾を決定しながら首尾を得なかったことは、致命的な外交失策であり、若槻内閣（幣原外交）を窮地に追いやるものであった。十月二十四日、若槻は「日本は進むあつて、退くことは出来ぬ」と述べた（『西園寺公と政局』別巻）。これは、陸軍の主張の一部を取り入れなければ政権を維持できず、若槻、幣原が退けば陸軍の影響力が拡大して、日本の国際的立場が悪化することを意味していた。

幣原が日本に不利な理事会決議案が採択される可能性が濃厚と報告した二十三日の閣議は、期限付き撤兵に反対することで一致、二十四日の閣議では理事会の全会一致が得られずに決議が成立しなかったことを理由に、「国際連盟を離れて」中国に交渉を呼びかけることとした（十月二十四〜二十五日『東京朝日新聞』夕刊）。その旨を明らかにした翌日の日本政府第二次声明で五大綱目が公表されたが、これは理事会の要請を受けて、二十二日の幣原訓令で旧第五項にあった地方政権との協定締結を「満洲に於ける条約上等の権益の尊重」を求めると修正したものを反映していた（『日満』一—二、三）。

幣原は十三対一の表決に落ち込む省員を「そんなことで満州事変が片附《づ》くと思うか」

と叱咤激励《しったげきれい》しつつ（桑原鶴「心配な記事（その三）」）、対中交渉を試みる。

日中直接交渉を断念

彼が注目していたのは、広州臨時政府の存在である。幣原は広州政府が将来中央政権を掌握する可能性があるとして、満洲事変前の七月末～八月初旬にかけて来日中の陳友《ちんゆう》仁《じん》同政府外交部長と会談、広州派が政権を掌握すれば、満洲の中国主権と日本の権益を相互に承認するラインで満蒙問題の解決に取り組むことに合意していた。広州派は事変勃発後もこの方針を堅持、蒋介石が呼びかけていた国民政府と広州政府との合作交渉の結果次第では、中国側の対日要求が緩和されると期待していた。だが合作交渉は十月末までに決裂、幣原は十一月十二日の訓令で、中国の内政状態では責任ある行動をとれる者は皆無として、対中交渉を断念した。

非独立の新政権を容認

幣原が次に求めたのは、治安維持機関、すなわち非独立の満蒙新政権を容認することで陸軍との折り合いをつけ、新政権による治安回復をもって撤兵を実現させて国際社会の対日空気を緩和することであった。

十月二十八日と十一月一日の訓令では、溥儀《ふぎ》を頭首《とうしゅ》とする独立国建設の動きは国際世論を激昂させ、日本にとって極めて不利な国際情勢を招くと批判、張学良も虐政のために東北人民の支持を失っていると指摘した。その一方で、満洲各地の治安維持機関の成長を評価、各機関が発達して満洲の連合新政権樹立に至ることが「自然の行方」とした

（『日満』一—一、二）。

昭和天皇には十一月六日、関東軍の支援で吉林省政府を組織していた熙洽《きこう》らに間接的援助を与え、治安維持の見込みがつけば撤兵可能な状況に持ち込むと奏上した（十一月八日『牧野伸顕日記』）。国際連盟には、十月二十四日から十一月十五日にかけて「欧州政治家の想像に及ばざる」混乱状態にある中国には、交渉相手となり得る「権威者」がいない、撤兵は治安維持機関の充実による居留民の安全確保の段階に応じて、日本側が自発的に行なうしかない、日本は列国と同じく中国革命外交の被害者であると説明した（『日満』一—三）。

「誰が後をやれますか」

十月二十四日の理事会決議表決以降の幣原は、国内の強硬論を抑え切れず、陸軍首脳部と連携して関東軍が画策する満蒙新国家の樹立を阻止する一方で、非独立の新政権を容認するラインに後退した（坂野潤治『近代日本の外交と政治』）。外務省でも、陸軍の行動を抑え切れなくなると、谷亜細亜局長や白鳥情報部長が次第に陸軍寄りの態度を示すようになった。陸軍に配慮しなければ外交方針も立てようがないのだ。

幣原は、陸軍の意向を反映した外務省・陸軍の局部長級連絡会議の結果を渋々承認することが増え、不本意な外交指導を強いられたが（守島『昭和の動乱と守島伍郎の生涯』）、一方で次のように語っていたという。「私が今日まで築いてきた国際的信用があればこそ日本はこの難局を何とか切り抜けていけるのであって、私がやめたら誰が後《あと》をやれますか」（筒井潔「風雲急な欧州に使いして」）。

幣原は国内各勢力が受け入れられるギリギリの条件で内を固め、国際的名声で外に当たることで内政と外交のバランスをとりつつ、日本の国際的地位を守ろうとしたのである。その幣原が最後に取り組んだのが、国際連盟調査委員会（のちのリットン調査団）の派遣を通じた宥和措置である。

日中関係、悪化の極み

十月下旬以降、北満（北満洲）への実力進出を求める関東軍と、そこまでは認められないとする陸軍中央の対立が深刻化した。幣原は十月三十一日の訓令で、関東軍の北満進撃は日ソ関係ばかりか、日本の国際的立場をさらに悪化させるとして、陸軍中央と連携して北満進出は馬占山《ばせんざん》の買収など、実力を行使しない形にとどめようとした（『日満』一―二）。だが、十一月八日に天津の日本租界にあった溥儀を満洲新国家の頭首に推戴《すいたい》すべく連れ去る謀略事件が発生、外務省ではこのタイミングで北満チチハルへの進攻が行なわれれば、日本の立場は「最悪の場合」に陥るとの懸念が広がった（『西園寺公と政局』二巻）。

吉田茂の視察員派遣案

ここで吉田茂駐イタリア大使の打開策が浮上する。十一月八日着の吉田の具申は、五大綱目を理由に撤兵を肯《がえん》じない日本の態度を批判する一方、匪賊《ひぞく》の跳梁《ちょうりょう》などで満洲の治安が悪化するなかでの撤兵には治安維持組織の充実が必要とした上で、十月十、十二日に具申した通り、連盟に中国の現地調査を行なわせ、その内政の暴状を知らしめることで日本の立場を理解させ、中国にも反省を求めるべきである、これこそ「満洲問題に対し特殊の取扱を為さんと欲する我方針を貫徹する唯一の途《みち》」とした。

連盟側も好感を示す

幣原は吉田の具申を容れ、十一月十五日の訓令で、満洲事変は国民政府の革命外交に端を発するものとし、中国の条約履行能力や各地の排外運動、外国人の保護責任に関する実状を理解させて満洲事変の「包括的再検討」に導くべく、「支那の全般的形勢を実地に就て見聞」する国際連盟視察委員の派遣を考慮すると打診した（以上『日満』一―三）。

これは連盟も望むところであった。十月二十四日の理事会決議の表決後、国際連盟は日本に撤兵を促すべく米国の対日圧力に期待した。だが米国は対日戦争への発展を恐れて慎重姿勢をとり、スティムソン国務長官も、満洲には無政府状態が存在するとして理事会の期限付き撤兵を批判した。理事会主要国も、表決が日本の強い反発を招いたことで対応を再検討、日本に歩み寄った。十一月十六日に再開される理事会を前に、ドラモンドはブリアン理事会議長とともに規約第十五、十六条の連盟による直接の紛争処理、制裁措置に発展することを恐れ、視察委員派遣の実現を模索した。

実際、国民政府は十一月十六日に規約第十五条の適用を喚起、蔣介石も日本の宣戦布告なき敵対行為は国際連盟規約と不戦・九ヵ国両条約の破壊と非難、規約第十五、十六条による制裁を要求した。

谷亜細亜局長が「日本の破滅」に発展しかねないと憂慮していた日本軍のチチハル進攻（『西園寺公と政局』二巻）が行なわれた十八日、ドラモンドは中国が反発する五大綱目に基づく日中交渉開始の勧告は容認できないが、中国が規約第十五条を提起しても連盟は何もできず、「実力無き事［が］暴露」されることを防ぐためには「如何なる窮策《きゅうさく》」でも採用するとして、日本からの視察委員派遣の正式提案を求めた。

日本からの正式提案

幣原は十八～十九日にかけて、沸騰する「国論の趨勢《すうせい》」を抑えれば「由々《ゆゆ》しき事態を惹起《じゃっき》する」として五大綱目に未練をみせた。だが十九日午前に芳沢から、国際連盟に五大綱目交渉開始の勧告を発出させることは「頗る困難」である、調査委員の派遣だけを求めるのが「最良の切抜策《きりぬけさく》」との具申が着電すると（以上『日満』一―二）、同日の外務省首脳会議は、国際連盟に対しては五大綱目の要求を取り下げる、調査委員を通じて匪賊の横行で治安が悪化している満洲の現状と、中国政府の条約履行能力の有無、そして同政府の無統制状態によって中国が近代国家の体をなしていない実情を認識させるとし、夕刻までに若槻首相の了解を得た。幣原は二十日午前一時に発した訓令で調査委員派遣案の理事会提出を命じ、二十一日の理事会に上程された（外務省記録33）。中国の混乱状態を訴えることで、満洲における保護措置がやむを得ないことの理解を求めたのである。

これは関東軍のチチハル進攻による衝撃を和らげる一方で、十一月三日の訓令にあるように、現状調査を通じて「東洋に於ける日本の地位」と、中国に関する「重大且複雑なる政治問題」の真相を理解させることで、「連盟の東洋に於ける活動」は健全化され、日本も「之《これ》に協力し、益々有効に連盟の支柱たる責務を果し得る」というように（『日満』一―三）、第二次外相期の課題である新外交と権益擁護の両立を意識した措置でもあった。だが、突発した錦州問題のために調査委員派遣の理事会決議の採択は難航する。

錦州問題

十一月二十四日、国民政府は、満洲を追われた張学良の政府がある錦州を関東軍が攻撃するのではないかと報じられていたのを捉えて、日本が錦州政府の現状維持と同地への不進攻を保証すれば、中立国軍の錦州派遣を条件に、同地の中国軍を撤退させる中立地帯の設置を求めた。ドラモンドとスティムソンは、調査委員派遣案で光明がみえてきた矢先に攻撃が行なわれれば、派遣案は水泡に帰しかねないと懸念した。

幣原、錦州進攻を否定

幣原は二十四～二十五日にかけて錦州進攻説を否定、錦州には満鉄沿線の攪乱をはかっている中国側別働隊が集中して日本軍を刺激している、中立地帯設置の誠意があるなら中国側から自発的に撤兵すべきとして、国際連盟から中国への警告発出を求めた。二十七日にも中立国の関与には反対するが、中立地帯の設置そのものは認めるとして、中国軍の錦州撤兵を条件に、日本は在留邦人と日本軍が危殆に陥るような緊急事態が発生しない限りは錦州に出兵しない旨を声明することと、張学良との間で中立地帯に関する細目交渉を行なう用意があると表明した。

陸軍中央と連携

二十七日午前一時、関東軍は錦州政府を覆滅しない限り満洲新国家建設は不可能として錦州方面への進撃を開始したが、陸軍中央は錦州作戦の中止と、同地に向かっていた攻撃部隊の撤収を厳命した。幣原の措置は陸軍中央との連携で行なわれていた（小林『政党内閣の崩壊と満州事変』）。

軍機漏洩・統帥権干犯事件

しかし、ここで事件が発生する。十一月二十九日付けの夕刊各紙は、関東軍が錦州に向かっていた部隊に引き揚げ命令を出したことと、スティムソンの談話―二十三日に錦州問題で日本に警告を発し、翌日に幣原から「日本政府は」錦州の攻撃中止を関東軍に「発令」、攻撃否定を「確約」したと伝えられた―を掲載した。

この記事は、幣原が錦州問題を憂慮していたスティムソンに対して、陸軍中央は関東軍に錦州を攻撃しないよう命令したとの南陸相・金谷参謀総長から得ていた機密情報を、フォーブス駐日大使を通じて伝えたが、フォーブスが機密扱いにすることを失念して報告、スティムソンがそれを公言したことに端を発する。加えて、統帥権の独立により軍に対する命令権を持たない政府が、米国の警告に屈して関東軍の錦州攻撃を中止させたかのごとき記事は、幣原の「軍機漏洩・統帥権干犯事件」という一大スキャンダルとなり、錦州政府の壊滅を目指す関東軍や中堅・少壮軍人を勢いづかせた。これが、十一月以降は非独立の満蒙新政権樹立のラインで国際連盟を説得すべく連携していた幣原、若槻首相、陸軍首脳部に致命的なダメージを与えた（小林『政党内閣の崩壊と満洲事変』）。

錦州攻撃命令

陸軍中央は「軍機漏洩・統帥権干犯事件」で激昂する少壮軍人を抑え切れなくなった。四日に南は「満洲から学良の勢力を完全に駆逐」しなければならないと言明（『朝日新聞』朝刊）、七日には錦州攻撃が命令された。

張学良との交渉

だが、幣原は自己の立場が急速に悪化するなか、錦州攻撃で理事会決議の採択に失敗するという最悪の事態を避けるべく交渉を試みた。十二月三日、幣原は中立地帯に関する張学良との交渉開始を訓令、中国軍と錦州の政府機関は山海関《さんかいかん》以西に撤退する、日本軍は「緊急重大なる事件」が発生しない限り小遼《しょうりょう》河《が》以西に進出しないとの暫定協定を求めたが、学良は政府撤退要求に不信感を顕わにした。

なおも幣原は六日、中立地帯の設置が当面の危機を防止する唯一の方法として学良の「一大決心」を求め、交渉にあたった矢野真《まこと》参事官も幣原の誠意を「確言」した。学良は政府撤退には応じられないが、軍の撤退には応じると返答した。幣原は九日、学良の「大英断」を評価、錦州政府の撤退には触れず、「先《ま》づ断然撤兵して日支両軍衝突の危険を一掃」すべきと回答した（以上『日満』一―二）。つまり、陸軍が求める錦州政府の撤退を事実上棚上げにして決着をつけたのである。

十二月六～八日にかけて、理事会首脳は日本側が錦州撤兵地域の東端を小遼河として いることに対して、これでは錦州市街の一部に日本軍が入ることを認める結果になりか ねないとして再考を求めた。六～七日にかけて理事会決議が成立しなくても、九日には 閉会に持ち込むというタイムリミット問題も発生（実際の閉会は十日）、決議成立は危機的 な状況に立ち至った。

理事会決議採択

幣原は張学良が軍撤退を決断した九日、理事会が最も懸念する日本軍の理由なき錦州 進攻は「全く考量し居らず」と確言した。理事会首脳は小遼河を譲らない回答に難色を 示したが、最終的には受け入れた（以上『日満』一—三、*DBFP*, 2d ser. v. 8, *FRUS*, 1931, v. 3）。十日 の理事会で調査委員会派遣を主眼とした決議が採択、理事会首脳は錦州に進攻しないと の幣原の確言に賭けたのであり、彼の国際的名声と信望が物を言ったのだ。

若槻内閣総辞職

しかし国内では、「軍機漏洩・統帥権干犯事件」をきっかけに、軍部の一部も関与し た政友会、民政党の大連立構想である協力内閣運動が勢いを得ており、理事会決議が成 立した翌十一日、若槻内閣は総辞職を決し、十三日付けで幣原は外相を退いた。

世論は外交を理解せず

幣原への人心が去っていたのも事実だ。幣原の最大の支持者である元老の西園寺公望《さいおんじきんもち》 は、幣原外交が「正しき事でも国論が挙《あげ》て非なり、悪なりとするに至りては、［中略］

生きた外交をする上には考へ直さねばならぬ」と語った（十一月十九日『宇垣一成日記』Ⅱ）。

昭和七（一九三二）年二月二十日の衆議院総選挙では、満洲事変への対応は争点にならなかったが、犬養毅《いぬかいつよし》政友会内閣と旧民政党内閣への信任投票にもなった。結果は、改選四六六議席中、民政党は一四六議席、政友会は三〇一議席（全議席の六四・五九％で昭和十七年の翼賛選挙を除けば、一つの政派が獲得した最高比率）、選挙区内一位当選に至っては民政党六議席に対して政友会は一〇五議席で、単純小選挙区制なら民政党は壊滅していた。西園寺秘書の原田熊雄《くまお》の「今日若槻、幣原といふ名前をきいたばかりで、世間はいゝ気持はしない」という言葉の通りで（『西園寺公と政局』二巻）、日露戦争のポーツマス講和条約で国民の敵となった小村寿太郎《じゅたろう》同様、時の世論は外交を理解できなかった。

満洲事変は、満蒙問題と日中関係が行き詰まった時に備えて、日本に有利な国際環境をつくる「堅実に行き詰まる」方針が成果をあげる前に突発した。国内では事変を機に満蒙問題を解決しようとする陸軍と、国内世論の多くが軍事行動を支持する一方、日本は国際社会の非難を浴びた。この状況下で幣原は、内には陸軍の態度を抑制し、外には自らの国際的名声を背景に妥協点を模索した。「私がやめたら誰が後《あと》をやれますか」という言葉は、その心中を最もよく表しているといえよう。

だが、昭和七年一月の関東軍の錦州占領、第一次上海事変の発生、三月の満洲国建国といった事態は、幣原が試みた打開策の効力を失わせ、日本は孤立の時代を迎える。

第六　満洲事変後から第二次世界大戦期まで―在野時代―

一　日米開戦まで

暗殺未遂

幣原が外相を退いた直後の昭和七（一九三二）年は血盟団《けつめいだん》、五・一五両事件のように世上は騒然としていた。幣原も、二〜三月の血盟団事件のころに生命を狙われたが、難を逃れた。暗殺を企図した青年は幣原の日課である散歩中に襲おうとしたが、幣原は外相退任後に発症した心臓病で静養していたのが幸いした（昭和八年二月三日『東京朝日新聞』朝刊）。

憂慮と期待

このころ、幣原は排外的な思想が横溢《おういつ》し、軍部による一九三五、三六年の危機の高唱と過度の軍事費増大が人心を刺激していると憂慮した（昭和八年十月十九日大平駒槌宛幣原書翰『幣原平和文庫』）。言論統制で「国を憂ひ、国民の前途を思つて」の反対意見が封殺されて「沈黙を余儀なくさせられてゐる」と批判する一方、日本人は「愛国の熱意至誠に溢《あふ》れ」、「狭量の国民ではない」と語り、若い世代に期待をよせた（「幣原喜重郎閑談録」）。

似た者同士

だが、幣原に再度活躍の機会を設けようとした人物がいた。イタリア大使の任を終えて帰国していた吉田茂だ。もともと吉田は幣原外交の批判者で、幣原との個人的関係も良くなかったが、内外政の理念は権謀数術《けんぼうじゅつすう》を嫌い、正直な外交を理想とし、功利的な性格の強い国内政治や軽薄な日本のメディアを批判するなど、幣原に近いものがあった（拙稿「政党政治家期の幣原喜重郎と吉田茂」）。幣原も外相時代に吉田を奉天《ほうてん》総領事に推し（大正十四年四月十一日「出淵勝次日記（二）」）、満洲事変では彼の連盟調査委員派遣案を採用した。

熱河問題

昭和八（一九三三）年一月、終盤に入った満洲事変は、関東軍の熱河《ねっか》進攻の可能性が高まったことで連盟の対日姿勢が硬化、日本の国際連盟脱退が現実の問題となった。

吉田の義父で、天皇の最側近である内大臣の牧野伸顕《のぶあき》は、天皇の力で軍部にブレーキをかけるために御前会議を開こうと工作していたが、斎藤実《まこと》首相ら主要閣僚は消極的だった。牧野のパイプ役でもあった吉田は、斎藤説得のキーマンである元老の西園寺公望《さいおんじきんもち》を動かすべく、二月十二日に幣原に協力を求めた。だが幣原は「老人［重臣＝元首相］を寄せ集めてみたところで、下手をすればかへつて笑ひものにな」り「危険」と答え、西園寺も十三日、幣原に事前に重臣の意見調整をしておかないと逆の結果になりかねない、「熱河問題については既に手遅れ」と述べ、否定的だった（二月十三日、二月十二日『牧野伸顕日記』、『西園寺公と政局』三巻）。幣原にすれば、責任の持たない者を政策決定に関与させて混乱を招いた過去の外交調査会（三節二章参照）とオーバーラップしたのだろう。

だが、吉田は牧野などの宮中グループの信頼が厚く、国際的名声もある幣原への期待を捨てなかった。それは日米交渉や戦時中の和平工作、終戦直後の首相推挙につながる。

満洲事変後の中国評

このころ、中国人への伝言を頼まれた幣原は、満洲事変初期の宋子文《そうしぶん》提案による交渉の機を潰して戦禍を拡大させた中国側の「阿房《あほう》さ加減に呆れてゐる」、すでに「現実の存在」になった満洲国の否認は非現実的である、英国の自治領であるカナダを例に、満洲国の存在を逆利用して現実の利益を獲得すべきと語った（馬場恒吾『政界人物評論』）。

二・二六事件と幣原

昭和十一（一九三六）年の二・二六事件の時には、自宅があった六義園《りくぎえん》を管轄する駒込《こまごめ》署の勧めで、別荘のある逗子《ずし》に避難したが、自分が襲われた時には護衛の警官が巻き添えになるなどの迷惑をかけるとして警備を断り、一週間ほどで自宅に帰った。結局、幣原の生命を狙う者は現れなかった（幣原『外交五十年』）。興味本位の取材を嫌がり、メディアには口を閉ざすなど、沈黙していたことが幸いした（「幣原喜重郎随談録」）。

日独防共協定への提言

幣原は内外政への直接的な関与は避けたが、当局に混乱を来さない範囲で提言、助力を試みた。昭和十一年十一月二十五日に締結された日独防共協定も、事前に有田八郎《ありたはちろう》外相に締結を思い止まるよう申し入れた（十一月三十日大平宛幣原書翰『幣原喜重郎』）。

日ソ漁業条約の「改訂」

日独防共協定は、期限満了を目前に控えていた日ソ漁業条約の改訂交渉を中断させた。十一月二十五日、ユレネフ駐日ソ連大使は、幣原を訪ねて日独防共協定を批判した。これに対して、幣原が生活のために出漁せざるを得ない日本漁民と、漁民を取り締まるソ連との紛争から戦争に発展しかねないとして検討を求めたことが、十二月二十八日に漁業条約を一年延長する暫定協定締結につながった。幣原は、日ソ関係の改善のためにもソ連当局者との関係を保つ必要があり、「報国」の覚悟で取り組み、成功したと自画自賛した（『幣原喜重郎』）。

だが重光葵《しげみつまもる》駐ソ大使は、ソ連の譲歩を引き出すべく様々な手を打っていたところに、幣原ほどの人物がソ連の攪乱策に引っかかり、恒久的な漁業条約の改訂という日本の目標が、一年限定の条約延長という不満足な結果になったと残念がった（重光葵「運命の張鼓峰事件前後」）。

外務省へのアドバイス

幣原は外務省調査部の依頼に応じて、外務省員の参考に資するために、漁業交渉の経緯のほか、ワシントン会議や一九二九年中ソ紛争の回顧談、外交文書の書式などについて一文を執筆した（これらは『近代外交回顧録』四巻に所収）。外交文書集（現在の『日本外交文書』）の編纂にも「我国の立場を外国に知らすこと」に留意すべきなどと助言した（外務省記録34）。

牧野伸顕と会見

このほか、昭和九年ごろに牧野伸顕としばしば会見、当時懸案であった日ソ不侵略条約の締結は「人心緩和の効果あるべし」と語ったりしている。幣原の言動は昭和天皇の耳にも入ったらしく、天皇は「未だ幣原の出る時機には達しまい」として暗に将来への期待を示した（昭和九年二月六日、同十年一月十一日『牧野伸顕日記』）。

日中戦争長期化を予想

昭和十二（一九三七）年七月七日に日中戦争が勃発した。戦争が始まって間もないころ、幣原はドイツ人新聞記者から、国民政府要人の呉鉄城《ごてつじょう》やトラウトマン駐華ドイツ大使に日中和平の意図があると聞かされ、広田弘毅《こうき》外相にこの動きに注意するよう伝えた。しかし、しばらくして、陸軍の考えでは、和平工作は南京攻略後に行なう予定であると聞かされた。幣原は「それならもう駄目だ」、「日本に面子があるなら、［首都を奪われた」中国にも面子がある」として事態の長期化を予想した（幣原『外交五十年』）。

昭和十三（一九三八）年一月十六日の近衛《このえ》文麿《ふみまろ》首相の蒋介石《しょうかいせき》を対手《たいしゅ》とせずとの声明で和平は遠のいたが、五月二十六日の内閣改造を機に再度和平への模索がなされた。このころ、和平に向けて閣内では入閣した宇垣一成《うがきかずしげ》外相、池田成彬《しげあき》蔵相、閣外では「幣原氏が相当働き居る」といわれていたが（七月十四日『木戸幸一日記』下）、どのような活動をしていたのかは史料が残っておらず、わからない。

千駄ヶ谷に居を移す

同年秋、幣原は六義園から渋谷区千駄ヶ谷《せんだがや》に居を移した（『幣原喜重郎』）。岩崎家が六月一日に六義園を東京市に寄付、十月から六義園が一般開放されたためである。

妹・操の死

翌昭和十四（一九三九）年二月四日に門真《かどま》に残っていた長妹の操《みさお》が死去した。

第二次世界大戦勃発

昭和十四年九月三日、ドイツのポーランド進攻で第二次世界大戦が勃発した。ドイツは開戦直前の八月二十三日にソ連と不可侵条約を締結して東方の脅威を取り除き、翌年五月十日に永世中立国のオランダ、ベルギー、ルクセンブルグに進攻して西ヨーロッパへの攻勢を本格化させ、六月二十二日にはパリを占領した。日本ではドイツの勝利は確実として、陸軍だけでなく、外務省や海軍からも、ドイツが接収するであろう英仏の植民地を通じてナチスの勢力が東アジアにも波及するとの警戒心も手伝い、予防線を張る意味も含めて日独同盟を求める声が強くなった（河西晃祐『帝国日本の拡張と崩壊』）。

だが幣原は冷静だった。七月二十四日の大平駒槌宛書翰では、英国は簡単に屈服しない、長期戦になれば国力で勝る英仏が優位だ、英国が敗れたとしても植民地の対独放棄には至らないし、残された自治領や米国との関係を通じて国力を培養する。米国の参戦もあり得るとした（『幣原平和文庫』）。

ソ連への警戒

注目すべきはソ連への警戒感である。ソ連は一九三九（昭和十四）年八月に独ソ不可侵条約を結ぶと中立、または不侵略条約を結んでいたポーランドとフィンランドに進攻した。幣原はソ連を刺激する言動は避けるべきとする一方、「ソ連の外交政策が、波蘭《ポーランド》分割、芬蘭《フィンランド》進攻によってその正体を露呈した」と評した（「幣原喜重郎男随談録」）。

昭和十六（一九四一）年四月に締結された日ソ中立条約について、ソ連の目的は独ソ戦争勃発時に日本を参戦させないための保障獲得と、日米開戦を期待するものである、日米戦争時のソ連の中立維持は、同国が条約の神聖性を無視してきた例から「信頼し難きものあり」と述べた（幣原「日「ソ」両国ガ中立条約ヲ締結セル各自ノ目的」）。

幣原は先に記したようにソ連を警戒すべき国と考え、外相時代はソ連を穏健化する手段として経済関係の強化を求めたが（四章三節参照）、第一、二次五ヵ年計画の成功でソ連が国力を充実させると憂いを深めた。もっとも、このころは防共（反共）同盟の構想よりも、特定国を仮想敵国としない相互援助条約を評価していた（幣原「汪精衛氏ノ主宰セシ広東政府ノ日支同盟案」）。「財部彪日記」（昭和十五年三月三日、七月十一日、八月二十一日）からは、蒋介石政権を含めた日中の和平と相互援助協約の締結を望んでいたことが窺える。

対日石油禁輸実施

昭和十六年六月二十二日に独ソ戦争が勃発した。ソ連の対独戦集中による東アジアに対する軍事的脅威の低下を機に、七月四日の御前会議は米国の対日石油禁輸はないとの楽観論のもと、日本軍の南部仏印《ふついん》進駐（南進）を決定した。だが、米国はこれを自国の安全保障に対する死活的な危機と受け取り、対日資産凍結を発令した。ローズヴェルト大統領は日米戦争を回避すべく、石油輸出の継続を指示したが、対日強硬派の牙城である財務省はこれを無視、石油決済問題（資産凍結による口座凍結で日本は代金を支払えなくなる）を利用して石油禁輸を実施した。日本では石油が底をつく前に開戦すべきとのジリ貧論が台頭、厳しい対日世論を抱える米国も、禁輸解除に対する国内の批判を恐れて禁輸を野放しにした（三輪宗弘『太平洋戦争と石油』）。

近衛文麿との会見

日米関係の急速な悪化を機に、幣原に活躍の場が与えられる。この年の春以降、中島《なかじま》弥団次《やだんじ》（濱口雄幸《はまぐちおさち》の元秘書官）は、幣原に近衛首相との会見を勧めた（『中島弥団次』）。

七月某日に実現した幣原との会見で近衛は、日本軍の南進を決定した、進駐部隊を乗せた船は二日前に出発したと語った。だが、幣原は「これは大きな戦争になります」と断言、船を引き返して日米交渉を行なうべきであると答えた。近衛は進駐に際して仏印側の主権尊重と、仏印との共同防衛の形にして軍部を抑えたと思っていただけに、予想外の回答に顔面蒼白になったというが（幣原『外交五十年』）、その後、近衛は日米交渉の公文を幣原に示して助言を求めるなどした（『幣原喜重郎』）。

四原則

もっとも、幣原が近衛の対米交渉をコントロールしたわけではない。八月四日に近衛が提起したローズヴェルトとの直接会談案に対して幣原は、「瀬踏《せぶ》み［事前交渉］」が十分に出来ていなければ成功は覚束《おぼつか》ない」と否定的だった（幣原『外交五十年』）。案の定、米国は十月二日の回答で、瀬踏みとして四原則の事前同意を求めてきた。四原則とは領土保全・主権尊重、内政不干渉、通商無差別、太平洋の現状維持で、これらが日本の対中措置と対立するとして四月の日米交渉開始以来、最大の難関となっていた。

近衛辞職す

近衛・ローズヴェルト会談は、四原則が障害となり実現しなかった上、東条英機《とうじょうひでき》陸相が十月上旬までに外交に目処がつかなければ開戦を決意するとの九月六日の「帝国国策遂行要領」に基づく態度決定を求めたことで、進退両難に陥った近衛は下野した。

昭和天皇の優諚

首相となった東条は、昭和天皇から九月六日の御前会議決定の再検討を命じる「白紙還元の優諚《ゆうじょう》」を受けると、外相に和平派の東郷茂徳《とうごうしげのり》を迎えて外交に努力する。幣原にも優諚は伝わっていたようで、「今後の動向を決するものは［中略］別に重要且複雑なる原動力［天皇］あるやに察せられ候《そうろう》」としたためている（十月二十日大平宛幣原書翰『幣原喜重郎』）。

甲案・乙案

東条内閣は十一月五日の御前会議で甲案、乙案の名で知られる対米交渉方針を決定した。甲案は四原則に対応して一部地域を除く中国、仏印からの撤兵と、全世界に通商無差別原則が適用されれば、これを中国、太平洋地域にも実施することを主眼としていた。乙案は、甲案による交渉が不調だった場合、南部仏印からの撤兵によって石油輸出の再開を求めるもので、乙案のアイディアを提供したのが幣原であった。

日米共同宣言案

十月十七日の牧野宛書翰には、手遅れの感はあるが吉田の勧めで日米共同宣言案を同封したとある（『牧野伸顕関係文書』）。これが乙案の原案とみられる。内容は、日米両国は東南アジア・南太平洋地域に政治的、軍事的影響力を拡大しない、両国関係を悪化させる措置をとらないとの抽象的な声明案で、吉田は共同宣言国に英国を加え、勢力不拡大の範囲を印度シナとタイに広げて東郷に提示した（東郷茂彦『祖父東郷茂徳の生涯』）。

骨抜きにされた乙案

御前会議に先立つ十一月一日の政府大本営連絡会議で東郷が提出した乙案には、東南アジア・南太平洋への武力進出の否定、蘭印《らんいん》（オランダ領東インド）の必要物資獲得の保証のほか、状況に応じて通商無差別や日独伊三国同盟の解釈に関する条項を加えるとの具体的措置が付加され、全体的には幣原案というよりも東郷案というべきものだった（森山優「開戦外交と東郷外相」）。だが、案の趣旨は十一月一日の連絡会議で東郷が説明したように、四原則をめぐり打開の目処が立たない中国問題を議題から外すことにあり、その発想は中国問題に触れていない幣原案に基づいていた。しかし、開戦は避けられない、「戦機は今」とする杉山元《はじめ》参謀総長らによって、乙案に米国は日中両国の和平努力を妨げないとの中国条項が加えられ（『杉山メモ』上）、幣原案は骨抜きとなった。のちに幣原は、日米交渉失敗の要因は対中関係などの二国間問題を第三国である米国との交渉の議題にしたことにあると語った（昭和十八年五月二十五日「財部彪日記」）。

だが、幣原はあきらめていなかった。十一月十四日の吉田書翰によれば、「幣原男の所論を主とし」て、交渉が失敗しても、重臣会議を開いて原嘉道枢密院議長《よしみちすうみついん》、若槻礼次郎《わかつきれいじろう》元首相の「明敏達識《めいびんたつしき》」で軍部の主戦論を抑える案があったという（『吉田茂書翰』）。

しかし、和平の試みは打ち砕かれる。米国でも東郷の乙案に近い内容の暫定協定案が準備されたが、英中の反対と、スティムソン陸軍長官が誇張して報告し、ローズヴェルトを激怒させた日本軍の南下情報など、不幸な出来事が重なった。この結果、二十六日午前にハル国務長官は暫定協定案を断念、夕刻に野村吉三郎《きちさぶろう》駐米大使に中国、印度シナから日本の軍と警察力の撤退を求めるハルノートを手交した。

和平断念

東郷はハルノートに衝撃を受けて交渉を断念、二十九日の重臣会議は長期戦を困難としながらも大勢が開戦を支持、慎重姿勢をみせた近衛と広田も建設的な意見を提示できなかった（『木戸幸一日記』下）。十二月一日の吉田書翰によれば木戸、近衛、幣原の三者会談の企図があったが、和平を断念した木戸はこれを拒んだという（『吉田茂書翰』）。

満洲事変後の幣原は政治の表舞台から姿を消したが、日本の危機に際して吉田茂ら一部の人士は幣原の引き出しを試みた。幣原は切り札的存在と認識されていたのである。

二　第二次世界大戦中

翼賛政治会に入らず

昭和十七（一九四二）年五月二十日、国内体制強化の一環として翼賛《よくさん》政治会が発足、他の政治結社は禁止された。発足に先立って、翼賛政治会は皇族や重臣を除く貴族院議員にも参加を呼びかけたが、幣原は参加を拒否した。しばらくして憲兵を通じて陸軍側から再考を求められたが、幣原は前年十二月の米国の宣戦布告の議会承認に一人の女性議員が反対した例をあげ、ヒトラーの独裁下で形ばかりの全会一致をつくるドイツと比較して、同じ多数決でも反対投票を認める米国とどちらがいいかと問い、憲兵を説得したという（幣原『外交五十年』）。こうしたエピソードから、幣原は軍国主義を嫌っていたことはわかるが、彼は軍部の悪口や批判は一切せず、戦争も起こったものはしかたがない、「問題は今後のことだ」と語っていた（清沢洌「幣原男爵回顧談に対する所感」）。

「外交智識」の注入

幣原の外交上の経験、知識は重要だった。吉田は当局が「外交の注意欠く」のでは戦争終結の糸口がつかめないとして、幣原を通じて近衛と木戸、昭和天皇の弟である高松《たかまつ》宮《のみや》宣仁《のぶひと》に「外交智識」を注入した（昭和十七年三月『吉田茂書翰』）。

幣原は高松宮に「戦争終末に対する手を常に考へ、機会ある毎《ごと》に打つてゆく必要あり」と語った（昭和十八年八月二十八日『高松宮日記』六巻）。皇族の東久邇宮稔彦《ひがしくにのみやなるひこ》には、講和に際して「慾ばりたる」条件を求めれば戦争は終わらない、「英米をして戦後の平和建設に協力せしめ」て国力の充実を図るべきにもかかわらず、政府は英米に対する敵愾心《てきがいしん》を煽ってばかりいる、「英米に適当なる平和条件」を「国民が了解し得る」ように政府の指導方針の変更が必要と述べた（八月四日『東久邇宮日誌』防衛研究所図書館蔵）。

和平交渉の自論を語る

和平の方法について幣原は、国家方針である独ソ和平斡旋を機とした終戦工作には、日本の反ソ・親独態度が足枷になるとして反対していた。一方で、何らかの形でヒトラーが引退すれば英独和平の可能性があり、その時に日本は和平交渉に参加すべきとした。また、「外交上うつべき手はどしどし打たなくてはならぬ。たとへば大西洋憲章の線に沿つて日本からも呼びかくるべきだ」と語った（「中島弥団次氏の日本戦争回避並に早期停戦媾和促進運動に関する証言」）。

重光葵構想との違い

これは昭和十八（一九四三）年四月に外相となった重光葵《しげみつまもる》が、終戦の布石として意図的に大西洋憲章に似せた要素を取り込んだ大東亜共同宣言の構想に通じるものがある（波多野澄雄『太平洋戦争とアジア外交』）。だが、重光が民族自決の拡大を全面に打ち出したのに対して、幣原はアジア諸国のナショナリズムが「将来日本の禍根《かこん》となる事を恐る」と語った（昭和十八年八月四日『東久邇宮日記』）。外相時代に中国ナショナリズムの穏健化に苦心したことが、トラウマとなっていたのだろう。

楽観論を批判

このほか、戦局に関する政府の楽観的な宣伝を批判、国民を信じて、内外情勢の真相と物資不足などへの相当な覚悟が必要になることを打ち明けて、官民ともに「国を憂ふるの途《みち》を講」じるべきとした。戦況が悪化してから急に危機感を訴え、慌てて疎開を実施するドタバタ劇は「我対外的立揚に重大なる不利を来［原文のまま］らした」と記した（昭和十八年二月一日大平宛幣原書翰『幣原喜重郎』、昭和十九年三月二十六日同『幣原平和文庫』）。一方で、自らの所見は政府や言論界の支持を得られない、政界復帰はかえって混乱を招いて「累を国家に及ぼす」として自重した（昭和十八年八月十一日大平宛幣原書翰『幣原喜重郎』）。

近衛の秘書である細川護貞《もりさだ》の日記には、昭和十八年末から十九年初頭にかけて戦局は悲観的で、敗戦の場合は皇室にも影響が及ぶことが懸念され、三月十四日には首相に小林躋造《せいぞう》、外相に吉田を据える終戦内閣樹立の動きがあったことが記されている（『細川日記』下）。この動きと連動して、三月二十一日の吉田書翰には幣原に「講和外交を托する」方向で運動が行なわれていたとあるが、当面の急務は一時的でも戦局を有利に転換することと記したように、戦時外交は戦局に大きく左右される（『吉田茂書翰』）。

徹底抗戦を唱える

幣原も昭和十八年には戦局の前途に悲観的となり、高松宮や東久邇宮への談話も終戦の布石だったようだ（昭和十八年三月七日、七月二十六日、九月二十一日「財部彪日記」）。一方で、昭和十九年七月のサイパン玉砕以降は、軽々に和平工作を行なって「弱点を見透かされれば、終戦条件は「苛酷」になるとの懸念を示すなど（昭和十九年十月二日大平宛幣原書翰『幣原平和文庫』）、和平交渉には慎重な態度をみせ、徹底抗戦を唱えた。

昭和十九年末から翌年四月の大平宛書翰では、東京大空襲以前の高々度からの爆撃の精度がよくなかったためか、空襲は戦意をグラつかせるための「神経戦」で動揺すべきではない（十二月十日）、戦局は芳《かんば》しくなく、「最悪の発展」もあり得るが、米国の人的、物的資源が豊富でも、長期間にわたって日本近海に大軍を遠征させるのは「容易の業《わざ》に非《あら》ず」（一月二十四日）、問題は「我覚悟決心」で、「抗戦を継続」すれば「有利なる国際情勢の展開を図る余地ある」と記した（三月二十日、四月二十一日『幣原平和文庫』）。

幣原・宇垣の軍事認識

昭和二十年二月十日、外交評論家の清沢洌《きよさわきよし》には、米国が無条件降伏に固執する以上「和平工作などは一切無駄であり、有害」で条件の過酷化を招く、先方に和平を提議させる情勢をつくるべきとした。清沢がどうすればそれができるのかを問うた時に空襲警報が発せられ、答えは聞けなかった（清沢「幣原男と大東亜戦争和平観」）。

国を焦土にされた結果を知る現代人にすれば、幣原の言動は異常にみえる。だが第一次世界大戦で無条件降伏をしたドイツが悲惨な運命をたどったことは記憶に新しかったし、ローズヴェルト大統領が提唱する休戦（終戦）交渉を否定して、敵国を軍事的に完敗させることを前提とする無条件降伏論（五百旗頭真『米国の日本占領政策』上）はネックだった。サイパン玉砕直後の重光外相の「無条件降伏をなして国の前途は収まるや」との言葉の通り（『続重光葵手記』）、抗戦による終戦条件の緩和は不可欠と考えたのだろう。

この時期、幣原同様に和平派から期待されていた宇垣一成も抗戦論を唱えていた（『宇垣一成日記』Ⅲ）。幣原と宇垣に共通するのは、長期間にわたる大規模遠征は困難とのワシントン会議当時の軍事認識であった（三章四節参照）。幣原の抗戦論がとりたてて異常だったとはいえない。

加えて、国民の大多数は終戦の少し前まで最終的には日本が勝つと信じていた（昭和十九年十一月七、十八日清沢『暗黒日記』二巻）。こうした状況下で強引に終戦に持ち込めば、軍部の反対とあいまって、日露戦争のポーツマス講和条約に反発した日比谷焼き打ち事件以上の深刻な国内的動揺を招くのは確実であった。幣原も、昭和二十年六月ごろに吉田から終戦に向けて鈴木貫太郎《かんたろう》首相の説得を依頼されたが、軍部が納得しない段階で終戦を決めても、混乱を招きかねないと渋った（『幣原喜重郎』）。

空襲で家を焼かれる

これと前後して、昭和二十年五月二十五日の空襲で自宅は全焼、代々木にある次男の重雄《しげお》宅に身を寄せた後、六月二十四日からは世田谷区岡本町にある岩崎隆弥《たかや》の別邸に居を移した（「幣原喜重郎手帳」）。戦災で日記やデニソンの遺贈書に加えて、長年にわたって書きため、死後には外務省への寄贈を約束していた十六冊の外国人士との会見メモを失った。後年、「こんなに悲しいことはない。なぜなら二度とあのやうな詳しい記録は出来ないからである」と語った（幣原「忘れ得ぬ人々」）。

近衛、訪ソ特使に任命

この年の春以降、水面下では昭和天皇の強い意向もあり、ソ連の和平斡旋を引き出すべく、天皇親書を携えた特使派遣構想が急展開した。七月十二日に近衛は天皇から特使任命の内命を受け、佐藤尚武《なおたけ》駐ソ大使には天皇の意向をソ連に伝達するよう訓令が発せられた。近衛も出発を前に幣原にアドバイスを求めたが、幣原は中立条約の遵守すら怪しいソ連が敗戦寸前の日本の求めに応じるわけがない、天皇親書を持ち出した交渉が失敗すれば皇室に累が及ぶとして、近衛の訪ソには「絶対反対」であると答えた（幣原『外交五十年』）。実際、十二日の訓令が天皇親書を携えた近衛を派遣するという程度で、具体的な内容に踏み込まなかったのは、「幣原氏等の意見」のためでもあった（七月十二日『木戸幸一日記』下）。

東郷外相、米内光政《よないみつまさ》海相ともに、ソ連が斡旋に応じるかは疑問とし（七月九、十日『高木惣吉　日記と情報』下）、近衛も対ソ交渉が不調の場合は、ただちに米英相手の和平交渉に切り替える予定だったようだが（波多野澄雄「広田・マリク会談と戦時日ソ関係」）、幣原は東郷が進める対ソ交渉をもどかしく感じていた（七月二十六日「財部彪日記」）。

幣原の手帳には近衛の名前は出てこないが、終戦に至る経緯を把握していたことがわかる。七月四日以降、頻繁に東郷外相以下、外務省関係者や吉田茂と接触、外務省が早朝にポツダム宣言とソ連の対日宣戦の放送を受信した七月二十七日と八月九日も外務省を訪れている。交友関係のあった財部《たからべ》彪《たけし》は、「幣原は外相等に相当有力なる協力を為しある」と記しているが（八月三日「財部彪日記」）、実際の影響力まではわからない。

八月十一日に幣原は財部と陸軍大将の柴五郎と会見、ソ連の参戦で最悪の事態に陥ったが、「最後迄戦ひ続くる決心が必要なりと云ふことに一致」したという（「財部彪日記」）。しかし、この時は十日未明の昭和天皇の聖断に基づき、日本のポツダム宣言受諾条件を天皇大権の不変更だけに絞り込み、これに対する連合国の回答を待っている段階にあり、回答次第では決戦になることを考えれば、幣原としても「決心」を崩す段階ではなかった。そして、連合国回答に対する十四日の昭和天皇の聖断を経て翌日の玉音放送（天皇自らのポツダム宣言の受諾発表）を迎えた。

戦時中の幣原は家で読書をするか、丸の内にある社交団体の日本倶楽部に出かけるかであったというが（道太郎談、昭和二十年十月七日『読売報知』）、実際は、和平派から終戦外交の担い手として期待されていた。だが、連合国の無条件降伏要求に加えて、外相時代に苦しめられた国内の反発に対する警戒もあり、目立った活動は控えた。ところが終戦後、幣原は活発化する。何が積極的な政治活動に向かわせたのだろうか。

第七　内閣総理大臣への就任と日本国憲法の誕生

一　終戦と幣原内閣の船出—民主化と憲法改正問題—

玉音放送を聞く

昭和二十（一九四五）年八月十五日、幣原は涙ながらに昭和天皇の玉音放送を拝聴した。その様子を一年後に語っている（幣原「一年前の回顧」）。それによると、所用で丸の内方面（幣原の手帳から外務省と思われる）を訪れたあと、日本倶楽部で玉音放送を聞いたというが、泣き叫ぶ男の話は出てこない。

泣き叫ぶ男の逸話

泣き叫ぶ男とは、『外交五十年』に出てくるエピソードである。同書によれば、幣原は玉音放送を聞いて初めてポツダム宣言の受諾を知ったとする。その後、帰りの電車のなかで、三十歳代ぐらいの男性が、国民は何も知らされずに日本は戦争に突入し、敗戦を迎えたと泣き叫び、他の乗客も同調した。これを見た幣原は、このような戦争の悲惨さを子孫に味あわせないためにも、日本の政治のあり方を根本的に変えなければならないと感じた。十月の首相就任時には男のことを思い出し、「戦争を放棄し、軍備を全廃して、どこまでも民主主義に徹しなければならん」と決心したという。

現存する幣原の史料で泣き叫ぶ男が初めて登場するのは、昭和二十三年夏から秋の間に書かれた原稿である。幣原は開戦直前の外交交渉や戦況の「全部の真相が明らかになつてゐたならバ、国民ハ真剣に考へ直した所も多かつたであらう」し、「和局の収拾ハ存外早く行ハれたかも知れませぬ」と書いたあとで泣き叫ぶ男を登場させた。そして「新憲法案の起草に参加することを許されてハ、尚ほ耳の底に残つてゐた電車乗客の声に激励」された、今後は民主主義の徹底が必須で、「国政の権威ハ国民に由来し、その権力ハ国民の代表者が之《これ》を行使し、その福利ハ国民が之を享受するといふ原理を確立することが我国是でなければならぬ」と書いた（「幣原喜重郎原稿」『憲政資料室収集文書』）。

だが、右の原稿には戦争放棄の話はなく、憲法改正への関与も受動的な感がある。ここでいう国民が主権者となる民主主義も、後述する幣原が終戦直後に唱えていた日本的デモクラシーとも異なるし、幣原は外交官時代から生涯を通じて公開外交・国民外交には否定的であった。この原稿は芦田均《あしだひとし》内閣打倒を訴えるべく各地で遊説《ゆうぜい》を行なっていた時期に書かれたもので、全体の趣旨も芦田内閣批判であることから、「外交管見」と同じく（四章六節参照）、国民を味方につける論法でもあったことに注意が必要である。

次に泣き叫ぶ男が登場するのは、「絶対平和への道」（昭和二十五年五月二日『東京新聞』）で、新憲法は「決して強られたものではない」という民主的な憲法制定の動機として出てくるが、戦争放棄には触れていない。泣き叫ぶ男の話は、時代を経ることに脚色が強くなっているのではなかろうか。

政界出馬を否定

さて、終戦と前後して、幣原の政界出馬を待望する声もあったが、幣原は激務に耐えられないとして出馬を否定、代わりに九月初旬、要路に「終戦善後策」を托した（『幣原喜重郎』）。だが、「陛下がやれとおつしやれば、御辞退するわけにはいけない」とも語っている（永井松三「幣原男爵の想出」）。

「終戦善後策」

「終戦善後策」には、①国際的な信用を回復するためにも、日本が受諾したポツダム宣言の履行が必要で、さもなければ連合国による占領は長期化、厳重化する、②敗戦の現実を受け止め、終戦の詔書をかみしめ、結束して「栄光ある日本の再建」と復興に勇往する、③「列国間の関係に百年の友なく、又百年の敵なし」として、すでに現れている米ソの不協和音に着目、「好機に乗じて局面展開を図る」、④「新日本の建設に欠くべからざる資料」とするためにも、敗戦の原因を調査して公表する、統帥権の独立を改め、自然科学研究の奨励と空襲被害を最小限にとどめる方法の研究、昔年のガス兵器同様、原子爆弾について、国際法と人道の見地から列国に喚起するというものであった。憲法改正につながるのは、統帥権独立の見直しだけである。

天皇の回答案を草す

幣原は九月二十五日、昭和天皇が外国人記者のクルックホーンとベイリーの質問に答えるための回答案文を草した。クルックホーンへの回答案文には、日本は武力によらず、文化面を通じた平和的な貢献で国際的な地位を回復する、「兵器を用いて、恒久平和を樹立し、維持することはできない」、「平和問題の解決はすべて軍備に頼ることなく、戦勝国も敗戦国も、自由な諸国民の和解にある」と書いた（『木戸幸一関係文書』）。

戦後日本唯一の選択肢

この案文が憲法九条に直結すると考えるのは早計だ。ローズヴェルト大統領の無条件降伏論には日独伊の非軍事化の発想があり（五百旗頭真『米国の日本占領政策』上）、ポツダム宣言も日本の非軍事化と民主化、平和的傾向を有する政府が樹立されるまでの連合国軍の日本占領を明記していた。日本は平和国家として生きていく以外に選択肢はない。

加えて、九月二日に東久邇宮稔彦《ひがしくにのみやなるひこ》首相が、戦後日本は「平和と秀でたる文化の新日本の建設に邁進」し、「世界の平和と文化の進運に寄与」すると表明、その内容が九月四日の第八十八臨時議会開院式での昭和天皇の勅語と、翌日の首相の議会演説で新国是として位置づけられた。幣原の回答案文は、ポツダム宣言と、それを踏まえた新国是の範囲のなかで、日本と戦勝国の和解を求めるものであった。

参内命令

十月四日、GHQ（連合国軍総司令部）は天皇に関する自由討議や政治犯の釈放、思想（特高）警察の全廃など、各種統制法規の廃止を求める自由の指令（人権指令とも呼ばれる）

を発した。これを内閣不信任と解釈した東久邇内閣は五日に総辞職した。後継首班の条件は、反米主義者や戦争責任者の疑いをかけられず、外交に詳しい人物で、白羽の矢を立てられたのは吉田茂外相だった。しかし吉田は、難局を切り抜けることができるのは幣原だけとした。老齢で内政に興味がない幣原首相の実現は難しいとみられていたが、内大臣の木戸幸一《きどこういち》は天皇が説得すれば受けると読んで、幣原に参内《さんだい》を命じた（『木戸幸一日記』下、『幣原喜重郎』）。

組閣の大命を受ける

幣原は隠退先の鎌倉に引っ越すべく、六日朝、手配したトラックに荷物を積み込んで出発しようとしていた。ここで迎えの宮内省の公用車が到着、十三時、昭和天皇から組閣の大命を受けた（『幣原喜重郎』）。この時、幣原は自信がないとして固辞したが、「兎も角も努力せよ」との「天皇の御言葉をいただき、天皇の御様子を拝見していると、もう涙がこぼれて〳〵しかたがない」、それで「あとさきも考えず、御引《おひき》うけしてしまった」（『次田大三郎日記』、佐々木高雄「大学ノート版「羽室メモ」」）。

幣原内閣発足

農林大臣として入閣を求められた松村謙三《けんぞう》は、最も困難な食糧問題を担当することから「自信がない」と渋ったが、幣原は「自信がないのは君ばかりじゃない。こちらだって総理大臣をやりおえるかどうか、そんな自信などありはしないのだ」、「この難局を前にしてなにを言うのだ。けしからん！」と叱りつけた（松村謙三『三代回顧録』）。幣原は天皇の大命で強い使命感を持つに至った。こうして十月九日に幣原内閣が発足した。

当時の状況を確認しよう。終戦というと八月十五日のイメージが強いが、国際法上の終戦は休戦、講和（または平和）の二段階の条約で成り立つ（講和条約が締結されない場合は、日ソ共同宣言のような戦争終結宣言もある）。日本は八月十四日に非軍事化と民主化を規定したポツダム宣言の受諾を通告、同宣言の履行を約した九月二日の降伏文書調印が休戦条約に該当、講和条約はポツダム宣言の履行後に締結されるものであった。

幣原内閣成立

前列の中央が幣原，右端が吉田茂

天皇の処遇を巡る懸念

問題の一つは、ポツダム宣言にある民主化と非軍事化に関して、天皇制や憲法の改変が必要なのかである。日本政府は八月九日に「天皇の国家統治の大権」を変更しないとの了解でポツダム宣言を受諾すると通知したが、翌十日の米国回答は天皇、日本国政府は連合国軍最高司令官に従属（subject to）するとあり、ポツダム宣言にある日本国民の自由意思による政府樹立も、占領下では連合国の意向に左右されるとの懸念が強かった。

流動的な米国の方針

対日占領の中核を担う米国は、戦時中から戦後日本のあり方を研究していた。大体の方向性は、再度日本が世界と米国の脅威になることを防ぐためにも、議会制度の拡充や軍国主義の除去、統帥権独立の弊害などの根本的な改革が必要である。だが、憲法改正の強要は内政干渉になるので避けるべきとの空気が強く、天皇制は改革を円滑に進めるためにも存続、利用すべきというものであった（原秀成『日本国憲法制定の系譜』一巻）。

だが、連合国間では米国主導での対日占領に不満を抱くソ連の意も反映して、十二月に対日管理最高機関である極東委員会の設置が決定した。米国内でも、九月十八日に上院は天皇を戦犯として訴追すべきと決議、米国政府は内外の天皇訴追、天皇制廃止論を無視できなかった。国務省では知日派を中心に、対日占領を成功させるためにも、天皇制廃止や天皇訴追を否定する代わりに、日本政府に憲法を含む統治制度の根本的な改革を求めるラインで巻き返しをはかっていた（原『日本国憲法制定の系譜』二巻）。しかし、幣原内閣の成立時点では、米国政府の方針は固まっておらず、情勢は流動的だった。

マッカーサーの圧力

占領の成功には天皇の権威利用が不可欠と考える連合国軍最高司令官のマッカーサーは、先手を打った憲法や統治機構の改革により天皇制への批判を抑えるべく、本国の指示を待たずに九月末以降、副総理格の近衛《このえ》文麿《ふみまろ》に憲法改正を示唆した（原『日本国憲法制定の系譜』三巻)。十月四日の会談では「憲法は改正を要する」として近衛による憲法改正提議に期待を示す一方で、日本政府がすみやかに改革措置を講じない場合は「摩擦を覚悟しても」GHQ自らが日本の改革に着手すると述べた(『日外』占領期、二巻)。

東久邇宮内閣の方針

東久邇内閣でも憲法改正が検討されたが、慎重論が大勢で(『憲法制定の経過に関する小委員会第十六回議事録』〔以下『小委員会第○回』〕)、東久邇宮首相は九月十八日、岩田宙造《いわたちゆうぞう》司法相は二十九日と十月三日の記者会見で改正に否定的な見解を示した。

東久邇宮は八月二十九日の記者会見で、国体(天皇制)は祖先伝来の「信仰」と述べるとともに、明治天皇の五ヵ条の御誓文《ごせいもん》の精神に基づく改革を推進する、早期の衆議院解散、総選挙によって民意を政治に反映させると説明していた。実際、八月三十一日の閣議では、明年一月下旬の総選挙実施に向けて、十二月初旬に臨時議会を開いて衆議院議員選挙法を改正するとし、貴族院改革にも意欲を示した(以上は『朝日新聞』)。つまり、天皇制の維持を最前提に、立法府たる衆議院の改変を皮切りに民主化を進めようとしたのだが、GHQが求める政治犯釈放にまごついて総辞職に追い込まれた。

幣原内閣の八大政綱

こうした状況下で誕生した幣原内閣の第一声となった十月九日閣議決定の八大政綱には、「民主主義政治の確立」が含まれていた。もっとも、それは「国民の総意を尊重する政治体制の基本理念」である五ヵ条御誓文に基づく改革を行なうというもので、実質的には立法府の民主化を優先する東久邇内閣の方針を踏襲した。幣原は十月十一日のマッカーサーとの初会談に先立って行なわれた閣議で、年末の臨時議会で婦人参政権や選挙・被選挙権の年齢引き下げを含む最小限の修正を施した衆議院議員選挙法を成立させて解散、選挙後の特別議会を二月中旬に開く方針を決定した（『次田大三郎日記』）。

憲法改正に消極的

他方、憲法改正には消極的だった。大日本帝国憲法は運用次第で民主化を達成できる、改正を強要された時は「武力にて敵する能《あた》はず、其《そ》の場合、之《これ》を記録に留めて屈服するの外《ほか》なし」と述べ（十月九日『木戸幸一日記』下）、組閣直後に一部閣僚が求めた憲法調査の着手にも応じなかった（『松本烝治氏に聞く』）。連合国による憲法改正の強要は、占領者は現地の法律を尊重すべきとのハーグ陸戦条約第四十三条や、日本人の自由な政体選択を認めたポツダム宣言第十二項に抵触するものであった。また、実際問題としても食糧、住宅、経済危機への対応こそ喫緊で、憲法改正に取り組む余裕はなかった。

日本的デモクラシー

十月十一日夕刻、幣原・マッカーサーの初会談が行なわれた。マッカーサーはポツダム宣言の実行には「憲法の自由主義化」が必要と述べた上で、婦人参政権を含む五大改革指令を通知したが、幣原はこの程度なら「憲法の改正を必要としない」と返した（十月十三日『毎日新聞』）。また、民主化について幣原は、デモクラシーといっても各国ごとに内容は異なり、日本に米国式のそれを求めても困難だが、「日本的「デモクラシー」」なら実現すると語った（『日外』占領期、一巻）。

日本的デモクラシーとは何か？　これは十一〜十二月の第八十九臨時議会でも問題になった。北昤吉《きたれいきち》と中谷武世《なかたにたけよ》は、デモクラシーの本来の意味は民意の尊重ではなく、人民が主権者となり政治を運営することにあるとし、中谷は不徹底と問い詰め、北は日本的デモクラシーとは吉野作造《よしのさくぞう》の民本主義に近いのではないかと質した（十一月三十日衆議院本会議、十二月三、八日衆議院予算委員会）。

民本主義

これに対して幣原は、十一月二十九日の貴族院本会議、十一月二十九、三十日、十二月十日の衆議院本会議、十二月八日の衆議院予算委員会で次のように説明した。各国の環境、歴史、国民性によって民主主義の内容は異なるが、詰まるところは「民意の尊重」で、それは天皇の理想である。民意が政治を監督する民主主義の実質を備えつつ、「君民一体」となって「万世《ばんせい》の為に太平を開き」、「平和なる日本を復興」し、「永久の平和を確立し、世界の文化に貢献する」ものと答弁した。国民の権利に関しても「国家社会への奉仕乃至《ないし》責務の観念」の裏付けを伴うもので、勝手気ままではない。「個人と国家とが一体化すること」が「新日本の国家思想」である。「新日本を建設する最高の理想」とは、終戦の詔書にある「国体の精華《せいか》を発揚《はつよう》し、世界の進運に後《おく》れざらむこと」にあり、この「大理想の下に国際社会の一員として、高度の文化国家の建設に邁進」すると述べた。日本的デモクラシーとは、戦前の民本主義に近く、主権在民とは異なるものであった。

近衛の工作

なお、五大改革指令のなかに憲法改正要求が盛り込まれなかったのは、近衛の働きがあったためとされる。近衛は改正に消極的な幣原と、積極的なマッカーサーの正面衝突を恐れ、帝国憲法では改正の発議権は政府ではなく天皇（宮中）にあることを理由に、改革指令から憲法改正を外すよう工作した。同時に、木戸にはGHQから圧力を加えられる前に自発的に改正作業に着手した姿勢を示すべきとして、自らが内大臣府（宮中）に入って御用掛《ごようがかり》として憲法改正の調査を行なうことにした（『高木八尺名誉教授談話録』）。

憲法改正、既定路線へ

幣原は十一日午前に近衛の内大臣御用掛への就任を聞いたが、憲法改正の発議者である天皇を助ける内大臣府の調査は当然とした。だが午後の閣議で、松本烝治《じようじ》が天皇の発議を受けて改正案を審議するのは議会であり、実質的には内閣が責任を持つ国務事項であるとして多数閣僚の支持を得た。内閣と近衛の間で不一致が生じたが、十三日の幣原、松本、近衛会談で内閣も宮中と並行して憲法改正の調査を行なうことで妥協、閣議で松本が憲法問題を担当することと、松本を主任とする憲法問題調査委員会（以下、松本委員会）の設置を決定した（原『日本国憲法制定の系譜』三巻）。

近衛が天皇の命で憲法調査にあたることが公にされたことは、憲法改正を既定路線化したといえる。だが、近衛がＧＨＱの憲法改正の示唆をリークしたり、天皇退位や皇室典範改正に言及したことは、かえって内外の批判を招いた。

近衛自決

ここに至ってＧＨＱは十一月一日、近衛と幣原に憲法改正に関する「要求」や「命令」を通知したが、東久邇内閣更迭後の近衛は支持していないと声明した（十一月三日『朝日新聞』）。近衛は戦犯指名を受けたのち、十二月十六日に自決、内大臣府の憲法調査は十一月二十四日の同府の廃止で完全に終止符が打たれた。

改正案提出の時期

十月二十五日に発足した松本委員会は、憲法改正の必要が生じた場合に備えた調査研究を行なうとしたが、松本は連合国の「政治的な要求」などの情勢次第では、総選挙後の特別議会での改正案提出を余儀なくされるとの含みで作業を進めた（十月二十七日、十一月十日『日本国憲法制定資料全集』（1））。松本は十一月十六日の記者会見でも、情勢次第では選挙後の特別議会に憲法改正案を提出するが、ベストは衆議院総選挙と貴族院令の改正で貴衆両院を一新したあとの昭和二十一（一九四六）年十二月に始まる通常議会での改正案提出であると述べた（『朝日新聞』）。

幣原も、十一月二十七日に始まった第八十九臨時議会の施政方針演説では憲法改正に一言も触れず、相次いだ憲法改正問題への質問にも松本委員会で検討中として明答を避け、十二月十二日の貴族院本会議では松本記者会見と同様の答弁をなした。

松本四原則

だが憲法改正に関する追及を無視できず、松本烝治は十二月八日の衆議院予算委員会で四原則を表明した。これは天皇の統治権は変えないが、天皇大権を縮小して議会の権限を拡充する、責任内閣制を明確化し、国民の自由と権利の強化を趣旨とするというもので、さらに十一日には同予算委員会で、帝国憲法第一〜四条の原則を変える意思はないと説明した。翌年一月九日の記者会見でも憲法の改正は必要な条項にとどめ、統帥権の独立廃止や責任内閣制により民主化を達成する、第一〜四条は字句の修正を除いて改正の意はないと説明した（『朝日新聞』）。幣原内閣は憲法改正に消極的であった。

二　昭和天皇の「人間宣言」と公職追放の衝撃

天皇の忠臣

憲法改正に消極的な幣原が改正に傾いた最大の動機は、天皇擁護であった。長男の道《みち》太郎《たろう》は「父の天皇観は忠君の一語に尽きる」（「天皇と人間宣言」）、孫の隆太郎氏は祖父を「天皇陛下絶対という人でした」と証言している（平成二十八年五月三日、テレビ朝日、報道ステーション）。幣原にとって天皇は特別な存在であった。

戦争裁判への注目

昭和二十（一九四五）年秋は戦争裁判（のちの東京裁判）への注目が高まっていた。連合国は裁判に向けて、捕虜虐待などの従来の交戦法規に違反した者だけでなく、戦争を起こした政治責任者（A級戦犯）を裁く「平和に対する罪」なる法律を新たに作ったが、これは法律施行前の事案は裁判にかけないという「法の不遡及《ふそきゅう》」の原則に反する側面もあった。

幣原は天皇制維持を希望するＧＨＱの意向を捉えて、裁判への天皇訴追を防ぐべく、憲法の規定と慣例から戦争の責任を負うのは政府、軍部であるとの立場をとった（服部龍二『増補版　幣原喜重郎』）。だが、時の政府や軍部に対する責任追及には否定的だった。

自主裁判構想を退ける

東久邇内閣のころは、連合国による厳重な裁判を恐れて日本が自主的に裁判を行なうことが模索されていた。しかし、首相となった幣原は、裁判は連合国が行なうものとし、「法の不遡及」を理由に自主裁判構想を退けた。十二月一日の貴族院本会議では、「罪を憎んで人を憎まず」、戦争責任者も国を売るつもりで戦争を始めたのではないと答弁する一幕もあった（永井均「『敗者の裁き』再考」）。幣原肝《きも》煎《い》りの戦争調査会も、「終戦善後策」にある「新日本の建設に欠くべからざる資料」、すなわち国家再建のための参考資料の収集と研究が目的で、昭和二十一年三月以降は、戦争をしても大きな惨禍をもたらして割に合わないという「現実なる参考を作る」と述べたように（三月二十七日、四月四日『戦争調査会事務局書類』三巻）、憲法九条と関連づけて平和主義をアピールする要素を付加したが、日本としての戦争の反省や責任者追及を求める声には一切耳を傾けなかった（功刀俊洋「大東亜戦争調査会の戦争責任観」）。

元軍人たちへの同情

幣原は終戦直後、解体した陸海軍の跡始末のために設置された復員省の大臣を務め、かつて幣原に罵声を浴びせた者も少なくない元軍人たちのためにはかった（下村定「帝国陸軍の骨を拾ふ」）。彼らが「生命を君国に捧げ」ながら「厄介もの」「冷やかな取扱」いを受けている境遇に深く同情し、一人の国民として、平和産業と社会復帰への理解を求めた（『昭和二十一年二月二十五日、二十六日地方長官会議記録』国立公文書館蔵）。閣僚には、昭和天皇が戦犯容疑者の身代わりになりたいと同情している「大御心《おおみこころ》」を知らせた。一方でマッカーサーには、日本人一般が知らない者を突如戦犯として拘束していることについて、米国人には「千里眼」（透視能力）で戦犯を見抜く「エライ人」がたくさんいると皮肉を浴びせた（十二月十七日、一月九日『小林一三日記』二巻）。

「人間宣言」

幣原とGHQの間には戦争責任論で齟齬《そご》があったものの、天皇制維持の目的は同じだった。だが、天皇の持つ神聖性に関する見解は異なっていた。それは、天皇の「人間宣言」としても知られる、昭和二十一年一月一日の昭和天皇の詔書起草に表れている。

GHQは十二月十五日に神道指令を発した。論理的には強引な所もあったが、国家神道にはナチズム同様の「世界覇権観」があるとして、これの廃止を企図したのである。その過程で指令を起草した民間情報教育局（CIE）から「人間宣言」が浮上した。

二つの詔書草案起草

十二月上旬、CIEのヘンダーソン陸軍中佐は、昭和天皇が自身の神格化を否定する意があるとの情報を聞きつけ、天皇と国民の強い結びつきは神話や伝説のみではなく、「幾千年」にわたる絆によるとの素稿を作成した。素稿は学習院大学の英語教師で宮内省とGHQのパイプ役であったレジナルド・ブライスを通じて、昭和天皇に届けられた。天皇は提案に同調、詔書渙発《かんぱつ》（発布）に向けた具体作業を内閣に委ねた。幣原は二十四日に天皇の意向を確認、その許しを受けて二十五日に官邸で英文の詔書草案を起草した（以上は、岡崎匡史『日本占領と宗教改革』）。注目すべきはCIEの素稿（『学習院長山梨勝之進文書』学習院アーカイブズ蔵。翻訳も同文書）と、幣原草案（『幣原平和文庫』）の違いである。

CIEの素稿の一文には、天皇と国民の強い関係は「神話、伝説のみによるものでなく、又、日本人は神の子孫であり、他の国民より優れ、他を支配する運命を有すといふ誤れる観念に基づくものではない」とある。「又」（英文ではand《アンド》に近い意味を持つセミコロン。傍線は著者が加えた）で前後の文章をつないでいるため、神話、伝説のなかに「誤れる観念」、すなわち侵略イデオロギーとしての国家神道が含まれているとも解釈できる。

これに対して幣原は、「伝説と神話とに依るものでない。」としてセミコロンをピリオドに変えて文章を切ることで、万世一系《ばんせいいっけい》という天皇制の思想的根拠を含む神話、伝説（天照大神の神勅により、子孫である歴代の天皇が日本を統治する）と、「誤れる観念」を明確に分離、神話と伝説のなかには侵略イデオロギーは存在しないとした。「誤れる観念」も「しばしば日本人の責めに帰せられる架空の観念」と言い換えることで、国家神道＝世界覇権観は連合国側の誤解とした。さらに、草案の冒頭には五ヵ条御誓文にある「旧来の陋《ろう》習《しゅう》を破り」を意訳した「過去の誤った慣習を取り去り」との一文を挿入した。

のちのGHQとの折衝で「日本人の責めに帰せられる」は省かれたが、ここからいえることは、幣原は神話という天皇制の思想的根拠を守ろうとしたことである。

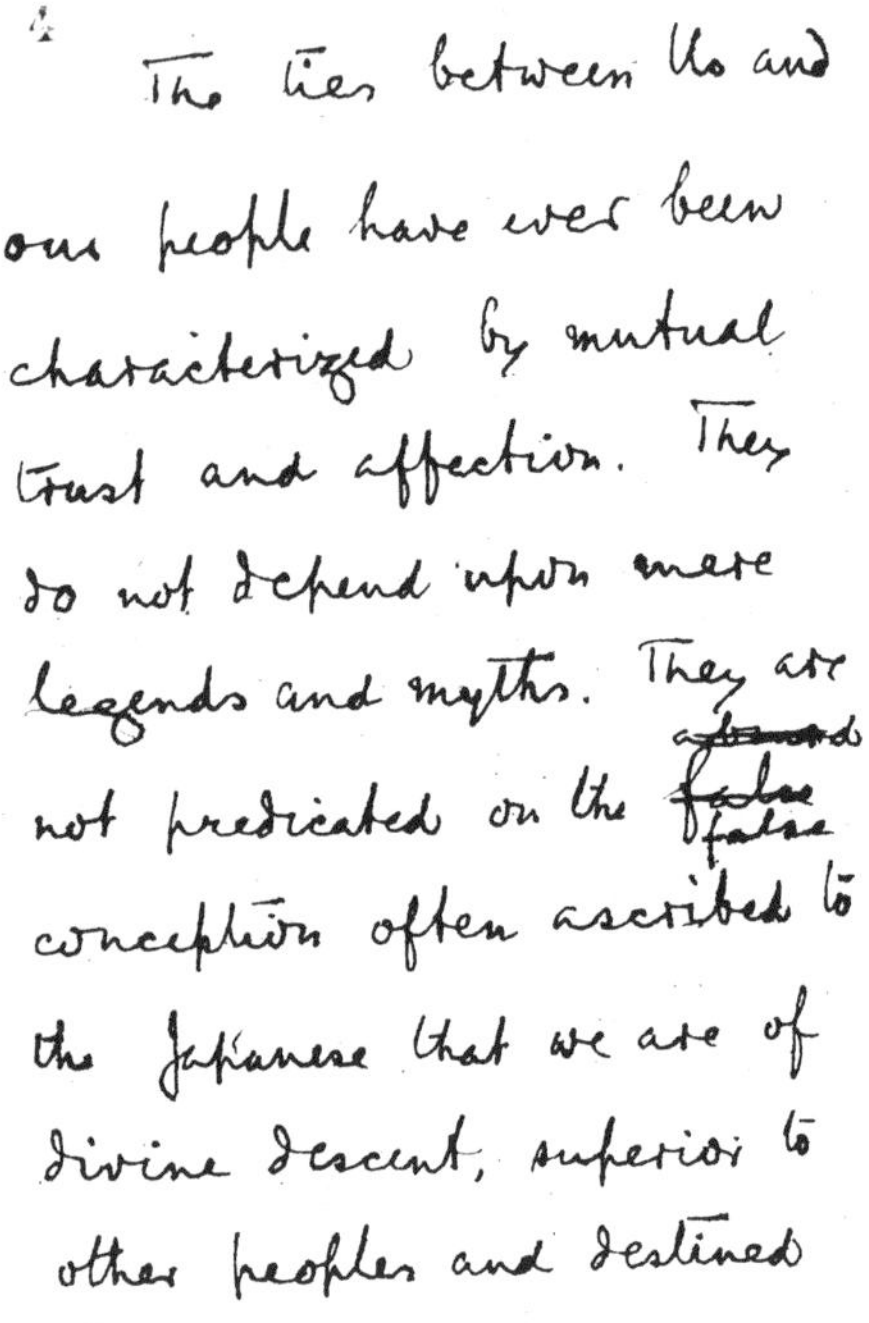
4
The ties between Us and our people have ever been characterized by mutual trust and affection. They do not depend upon mere legends and myths. They are not predicated on the ~~false~~ false conception often ascribed to the Japanese that we are of divine descent, superior to other peoples and destined

昭和天皇の「人間宣言詔書」の幣原執筆の草案

幣原執筆の草案（7枚中の4枚目．昭和20年12月25日『幣原平和文庫』リール12所収，国立国会図書館憲政資料室蔵）．幣原は4行目の末尾から，They do not depend upon mere legends and myths.（この紐帯は単なる伝説と神話とによるものではない）と書いた所で，CIE案にあったセミコロンをピリオドに変えて文章を区切り，They are not predicated ……と続けている）

幣原が二月十一日（紀元節）に用意した一文には、神話と歴史の混合は否定すべきだが、敗戦を境に「急に日本国民たるの誇《ほこり》を喪失して」、「日本と日本人と日本歴史とを否定し軽蔑するのが［中略］進歩的」とするのは「浮薄《ふはく》の風」と歎いた。そして建国の歴史が神話に基づいているのは日本だけではないし、「神話も亦《また》神話として国民生活にとつて深甚なる意義を有する」、「我国の紀元の悠久《ゆうきゅう》にして皇室が国民生活の中心たりし事実を否定するものではない」と述べ、「終戦並びの新年の詔書」に基づく日本再建への決意を示している（「幣原首相の紀元節の所感」）。

一月一日の朝刊には、「天皇現御神《あきつみかみ》にあらず」（『朝日新聞』）との見出しのもと、天皇詔書とともに、幣原の謹話《きんわ》（談話）が掲載された。謹話で幣原は、日本の民主主義は昭和天皇の強い希望で詔書に加えられた五ヵ条御誓文を基礎にしていると強調したが、GHQが望んだ人間宣言を意味する天皇の神格性否定には一言も触れなかった。

さて、幣原は十二月二十五日に詔書草案を起草した時、熱心な余り、窓が開いているのに気づかなかった。これで肺炎にかかり、一時は生命も危ぶまれたが、マッカーサーからペニシリンを贈られて全快に至る。だが、この間、貴衆両院の改革を待って憲法改正作業に着手する基本方針を根本的に覆す重大事件が発生した。公職追放令である。

公職追放令

これより先、十二月十七日に改正衆議院議員選挙法が公布され、翌日に衆議院は解散、告示を待って選挙戦に入る予定であった。しかし、GHQは二十日に自由の指令で釈放された元政治犯（多くは社会主義、共産主義者）の選挙・被選挙権の復活と総選挙の延期を指示、翌年一月四日には公職追放を指令した。追放令は戦犯容疑者に加え、陸海軍や大政翼賛会などの戦時体制組織で要職を務めた者の追放と、総選挙の立候補資格を剝奪するものであった。閣僚では五名が該当、衆議院で過半数を占め、事実上の与党である進歩党では町田忠治《ちゅうじ》総裁以下の幹部は壊滅状態となった。鳩山一郎自由党総裁は七日、倒閣姿勢を強めている社会党との連立政権樹立の意向を表明した（『読売報知』）。「極左派に有利」な「無血革命」だった（一月七日『芦田均日記』一巻）。

政権続投を決意

追放令に憤慨した幣原は、十一日朝に至って総辞職を決意した。しかし、松村農相から組閣人事でマッカーサーの干渉を受ければ「悪い習慣を造る」、「過激な思想家」によってかき回されるとして留任を強く求められると（バーンズ国務長官は総辞職の場合、マッカーサーには追放令に基づく閣僚の指名権があるとしていた。一月八日『朝日新聞』）、幣原もその熱意に動かされて内閣改造による政権続投を決意した（『小林一三日記』二巻）。

政局流動化へ

昭和二十一年一月十三日、GHQは三月十五日以降の総選挙実施を許可した。だが、進歩党の苦戦は確実なのに対して、一月十一日に大幅な議席増が見込まれる社会党は幣原内閣の即刻退陣を、自由党も選挙後は倒閣運動に出ると表明した。十四日、野坂参三《さんぞう》の帰国で注目の的となっていた共産党は、天皇制打倒を掲げて社会党との民主共同戦線を提唱、政局は流動化の色を濃くした。

松本烝治の見解を支持

騒然とするなか、一月十六日の松本委員会の席上、松本烝治は総選挙の延期を受けて特別議会は四月以降になる。同議会で貴族院改革をしたあとに憲法改正のための議会を召集するとすれば八、九月ごろとなるが、この間「最も恐れるのは、最近に於ける様に天皇制の論議が激しくなつてくる」ことで、天皇制廃止論者はごく一部だが、「これから半年以上も今の様な新聞の論調が続くと、やはり国民の思想に甚だ面目［原文のまま＝白］からぬ影響を与へる」、それを防ぐためにも、すみやかに「憲法を改正して天皇制に対する論議に一応の終結を与へたい」と述べ、総選挙後に成立するであろう新政権が幣原内閣の改正案を踏襲することへの期待も示した（松本委員会議事録『日本国憲法制定資料全集』（1））。その後も、総選挙告示前に憲法改正案を発表して国民に問う、選挙後の特別議会に改正案を提出するとした（一月十七、二十三日『朝日新聞』）。

幣原も松本の見解を支持した。一月二十三日の病気回復後初の記者会見で、総選挙後の特別議会で憲法改正案を提出する意を示すと同時に、「立憲君主制はどうしても維持せねばならぬ」、「国体をひつくり返して共和制にしようといふ意見は全然与《くみ》することは出来ない、国民の大多数も同じだと思ふ」と語った（『朝日新聞』）。

既成事実を作り上げる

幣原は天皇制への批判的な言論には、「矯激《きょうげき》に亘らぬ、極端に亘らぬやうに舵を執つて行かなければならぬ」と答弁していた（十二月四日衆議院予算委員会）。革新勢力による天皇制に対する「乱暴な修正」を交えた議論を俎上には乗せたくないという松本（二月二日の発言、入江俊郎『憲法成立の経緯と憲法上の諸問題』）と基本的見解は一致していた。保守系有力政治家の壊滅が確実となる選挙後の議会と、新内閣が成立する前に、天皇制の維持を確実にする改正憲法案を確定する。そのためにもＧＨＱの同意を獲得して、いかなる新内閣が成立しても修正できない既成事実を作ろうとしたのである。

幣原・マッカーサー会談

二十四日、朝刊各紙は二十二日にＧＨＱが発表した極東国際軍事裁判所条例を報道した。天皇訴追への憂慮が深まるなか、幣原はペニシリンの返礼を名目にマッカーサーと会談すべくＧＨＱを訪れる。

三　一月二十四日、幣原・マッカーサー会談—憲法神話再考—

戦後史最大の謎

連合国軍最高司令官のマッカーサーは、この昭和二十一（一九四六）年一月二十四日の会談で幣原から日本の新憲法に軍事機構の否定を含む戦争放棄を加えるとの提案があり、これが日本国憲法第九条として結実したと証言している（例えば『マッカーサー大戦回顧録』）。

しかし、マッカーサーの回想は「演出がすぎる」と酷評され、信憑性に問題がある（「マッカーサー戦記・虚構と真実」）。幣原も昭和二十六（一九五一）年に公刊した『外交五十年』のなかで、戦争放棄と軍備の全廃という自らの信念を憲法に組み込んだというが、当時はプレスコードというGHQの言論統制が行なわれ、幣原自身「僕が思う存分書いたら、新聞は発行停止をくうかも知れませんよ」という状況に置かれており（山浦貫一「時の顔幣原喜重郎」）、どちらの証言も鵜呑みにはできない。幣原の手帳にも、憲法制定の経緯や彼の心中を窺うことのできる記述は皆無である。憲法九条の発案者は戦後史最大の謎といえる。

近年の研究では、幣原がこの日の会談で、理想としての戦争放棄は語ったが、これを憲法に組み込んだのはマッカーサーとされている（例えば服部『増補版 幣原喜重郎』）。だが、幣原の理想の中味については明らかにされていないし、幣原研究が専門ではない研究者の手になる憲法九条幣原発案説は、キリがないぐらいに流布している。

「羽室メモ」

ここでは、幣原がマッカーサーに戦争放棄を提案したとされる一月二十四日の会談について、「羽室メモ」を手がかりに真相に迫る。「羽室メモ」は昭和三十（一九五五）年ごろに作成されたもので、証拠能力の高くない後日談であるが、幣原が中学校時代からの親友である大平駒槌《おおだいらこまつち》だけに、会談の内容を打ち明けたことを記したものである。引用は、全文の複写を許された佐々木髙雄氏の翻刻《ほんこく》「大学ノート版「羽室メモ」」に拠る。

会談の内容

会談冒頭、幣原は「生きている間にどうしても天皇制を維持させたい」、「協力してくれるか」と申し入れた。マッカーサーは占領軍が無血進駐できたのは天皇の力によるものとし、天皇制維持に協力すると答えた。さらに幣原は昭和天皇が平和主義者であることを強調、「つゞいてあれこれ話をしているうちに、僕はかねて考えていた戦争を世界中がしなくなる様になるには、戦争を放棄するという事以外にないと考える」と話したことにマッカーサーは涙ながらに感動、「幣原は一寸《ちよつと》びつくりした」。幣原は続けて「世界から信用をなくしてしまつた日本にとつて、戦争を放棄すると云ふ様な事をハッキリと世界に声明する事、それだけが日本を信用してもらえる唯一のほこりとなる事じゃないだろうか」と述べ、両者は共鳴して会談を終えた（「羽室メモ」）。

天皇制維持と公職追放

最初に指摘すべきは、会談のメインテーマは天皇制維持と公職追放であったことである。天皇、皇室に対して強い崇敬心を持ち、天皇の人間宣言に対するGHQの回答が公職追放令であったことに愕然としていた幣原が（二月四日大平宛幣原書翰『幣原平和文庫』）、騒然とした政治状況のなかで天皇制維持を申し入れるのは自然である。「羽室メモ」でいう「あれこれ話」とは、公職追放と考えられる。ケーディス民政局次長はマッカーサーから、会談は公職追放に関するものだったが、幣原は指令の内容を理解していないので説明するようにと命じられたという（「元ＧＨＱ高官が明かす憲法第九条の秘密」）。事実、幣原は二十五、二十八日に公職追放に関してホイットニー民政局長、ケーディスと会談しているし（増田弘編『ＧＨＱ民政局資料』四巻）、二十二日に昭和天皇からも、マッカーサーとの会談時には前田多門《たもん》前文相の追放緩和を申し入れるよう伝言を受けている（『側近日誌』）。

戦争放棄提案の注意点　第一

戦争放棄で注意すべきは、第一に天皇制と「あれこれ話」のあとで提起したように、天皇制維持とは別問題で、日本国憲法第九条第二項にある戦力放棄に触れていないことである（佐々木高雄「大学ノート版「羽室メモ」」）。

第二

第二に、幣原の戦争放棄提案は声明にすぎず、憲法に組み込んだのはマッカーサーだったことである。「羽室メモ」を読み進めば、会談後も収まらない天皇制廃止、昭和天皇訴追論に対して「マッカーサーは非常に困ったらしい。そこで出来るだけ早く憲法によつて先日話し合つた戦争放棄を世界に声明し［中略］天皇をシンボルとすると云ふ事をハッキリ憲法に書けば、列国もとやかく云はずに天皇制［維持］へふみ切る事が出来るだろうと考えた」とある。憲法にすれば、守らなければならない法的拘束力が発生する。

第三

第三に、幣原は「戦争を世界中がしなくなる様になるには」、つまり、日本が率先するとは言っていないことである。関連して、幣原は昭和十五年春のインタビュー記事で、著名な政治家や学者の間で議論されていた第二次世界大戦後に向けた「欧洲連邦案」に言及した。これは各国の宣戦・講和権を新たに創設される連邦的な平和機構に差し出すもので、「単なる理想」として片づけるのではなく、「今から相当の準備をなすことが肝要」と語った（「幣原喜重郎男随談録」）。その延長として、宣戦・講和権を世界連邦に統一するという国際連合（以下、国連）を上回る究極の理想案を語った可能性はある。

だが、幣原が「かねて考えていた」（「羽室メモ」）のは、「戦争を全滅」させる前提条件は、国際組織による紛争解決システムと有効な制裁との考えである（五章一節参照）。特に制裁については、各国の宣戦・講和権の一部を国際機関に委ねなければならない。これには世界各国の同時並行的な協力が不可欠で、日本単独では無意味である。また、これ以前に幣原は国際社会には強制力を持つ「絶対の機関」が存在しないことを指摘したが（幣原「国際紛争平和的処理に就て」）、軍備撤廃を目指すべきであると語った記録はない。

平野文書

なお、死去する少し前の幣原から、日向ぼっこをしながら二時間にわたって欧州連邦案に近い「空想」的なアイディアと、彼自身が九条の発案者であると聞いたとする平野三郎の文書がある。タイプ印刷された平野文書を論拠に憲法九条幣原発案説を唱える者も多いが、当時の幣原のスケジュールと天気を調べて日向ぼっこできる日などなかった、文書の内容も杜撰極まりない、平野は憲法調査会から求められた文書の原本の提出を拒んだとの指摘もあり、本書では平野文書を用いない（佐々木『戦争放棄条項の成立経緯』）。実際、平野文書は、幣原から他言を禁じられていた話を後日に整理したものだというが、プロの速記者が同席、もしくは録音記録がないと作成できない八〇〇〇字以上にのぼる速記録の形になっており、佐々木氏の指摘とあわせて史料の信頼性について疑問を抱かざるを得ない（平野三郎『幣原先生から聴取した戦争放棄条項等の生まれた事情について』）。また、昭和二十六年の幣原の手帳にも平野三郎の名前は出てこない。

白鳥敏夫案

このほか、白鳥敏夫《しらとりとしお》の戦争放棄論―天皇制維持の方法として、日本国民を戦争に赴かせないという天皇の確約のもと、国民は兵役を拒否する権利を持ち、資源の軍事利用を禁止し、「形式と事情の如何《いかん》を問はず今後永遠に戦争を抛棄す」ると憲法に規定する―が幣原の戦争放棄論に影響を与えたのではないかという説がある。しかし、幣原が白鳥案を採用したという証拠はない（戸部良一『外務省革新派』）。加えて、先に述べた通り、幣原の戦争放棄は天皇制とは無関係の声明のアイディアで、後述するが、幣原は国家としての戦争権を保持し、将来の再軍備を視野に入れていた。

戦争放棄提案の注意点第四

第四に、幣原は「利害得失を離れて外交といふものはない」、欧州連邦案は「直ちに実現するものだとは思はれない」と語ったように（「幣原喜重郎男随談録」）、彼はいたずらに理想を訴えるのではなく、実際的かどうかを考える現実主義者であった。

現実主義者の幣原が、なぜ思い切った戦争放棄声明のアイディアを提示したのか。そこで考えるべきは、原爆の存在である。幣原は昭和二十年秋ごろ、大平駒槌に「原子爆弾やそれより強い兵器が作られる様になつてはもう戦争なんか出来ない」と語り（「羽室メモ」）、昭和二十一年三月二十日の枢密院《すうみついん》における説明では「二十年、三十年の将来には必ず列国は戦争の抛棄をしみじみと考へる」と述べた（『佐藤達夫関係文書』）。これは、二十〜三十年後には大量破壊兵器が大幅に進化するために、かえって大戦争ができなくなる核抑止力時代に入るとの予見である。それは、核兵器の搭載が可能な弾道ミサイルの登場などで大国間の全面戦争が抑制されている現代の姿である。

幣原は「終戦善後策」で注意喚起を求め、病床で「おそろしさ」（「羽室メモ」）を考えた原爆と、第一回国連安全保障理事会の主要テーマであった原子力の国際管理問題を、平和国家という新国是とからめて、核抑止力時代を先取りすることで、国際社会の対日疑念を払拭する「声明」のアイディアを持ちかけたと考えるのが合理的ではないか。だが、それは外相時代に多用したアピール戦術としての平和主義の延長にすぎない。

会談後の二月三日、マッカーサーは改正憲法の基本原則を示したマッカーサー・ノートで、「国権の発動たる戦争は、廃止する」として国家の戦争権を否定、軍備の保有も禁じ、日本の安全は「崇高な理想に委ねる」とした。

宣戦・講和権の維持を求める

これに対して、幣原は松本委員会の憲法案を審議した一月三十日の閣議で軍条項の削除を求めたが、「大勢から云へばいつか軍は出来ると思ふが今、之《これ》に入れることは刺激がつよすぎる」、総選挙を前に急を要するGHQとの折衝に「一、二ケ月も引かつてしまふ」と述べたように、あくまでも交渉上の配慮であり、石黒武重《たけしげ》法制局長官も憲法の規定がなくても、一般法令で軍の設置は可能とした。この日の閣議はGHQに軍備保持への理解を求めることで合意、翌日の閣議で幣原は、講和は「これからのことで」あり、宣戦布告前の戦闘行為を「憲法上は不法」なものにするためとはいえ、帝国憲法第十三条にある宣戦・講和権の維持を主張した（「憲法改正案ニ関スル閣議ノ論議」『入江俊郎関係文書』）。

マッカーサーとの違い

ここが最大のポイントである。マッカーサーは国家の戦争権（宣戦権も含む）と戦力の保持を否定して「崇高な理想」に国の安全を委ねる極端な平和主義を、法的拘束力を伴う憲法に組み込もうとした。これに対して、幣原は外務次官、外相時代の項で記した通り、公の場で表明した平和主義は、諸外国から侵略的とみられがちだった日本の負のイメージを払拭するとともに、これを外交カードとして用いるアピール戦術としての意味があり、日本が平和主義の実現に向けて率先して行動に出たことはなかった。実際の行動は公にした声明とは裏腹に、現実的観点から国際機関による集団安全保障は機能しないとの考えから（のちに述べるが、国連に対しても同様である）、一貫して慎重な態度を取り続けた。そして松本案に関する閣議検討では宣戦・講和権の維持を主張した。その言動から、幣原の戦争放棄とマッカーサーのそれは異なるものであったといわざるを得ない。

幣原は後年、民政局員のワイルズに「戦争放棄の条項をみて驚いた。このような趣旨のことは自分がマ元帥に話したが、この趣旨の規定を憲法に入れることまでは言わなかった」と語ったことと(『小委員会第十七回』)、のちに述べる閣僚の芦田均、小林一三《いちぞう》の日記の記述、後年の憲法九条への葛藤がそれの裏付けになる。マッカーサーが幣原の個人的な声明のアイディアを、極端な理想主義的憲法に作りかえるという根本的な改変を加えたのである(拙稿「幣原喜重郎と日本国憲法第九条」)。

一月二十四日頃の状況

さらに指摘すべきは、この時点では、①幣原、マッカーサーともに改正憲法の内容について交渉できる状況になかったこと、②民政局が憲法草案起草時にマッカーサー・ノートとならんで基準としたSWNCC《スウィンク》—二二八が提示、示唆された形跡がないことだ。

①について、幣原にすれば、憲法に関するGHQとの折衝は、当時進行中であった松本委員会の憲法案を一月末から二月初旬の閣議で検討したあとで行なうもので、一月二十四日の段階で突っ込んだ話をするのは勇み足にすぎる。昭和天皇の意向を確認した上で「人間宣言」詔書の草案起草にあたった例からも、憲法改正の発議権を持つ天皇の事前了解なくして、改正憲法の内容をマッカーサーに提案するなど考えられない。天皇も

二月十二日に「幣原にも云おうと思うが、左程急がずとも改正の意思を［ＧＨＱに］表示し置けば足る」と述べており（『側近日誌』）、事前了解を与えたとも思えない。憲法に触れたとしても、一月二十三日の記者会見の内容程度であろう。

マッカーサーも一月中旬の段階では、憲法改正は前年十二月末に設置が決定した極東委員会の管轄と考えていた（二月二十六日に初会合）。だが、一月十七日に極東諮問委員会（極東委員会の前身）のメンバーが、ＧＨＱがなすべき日本の統治制度改革には憲法の変革を伴うとの見解を示したのを機に、ホイットニーは憲法改正問題への動きを活発化させ、約一週間後（一月二十四日ごろ）、部下に憲法改正に関する最高司令官の権限範囲の研究を指示した（西修『日本国憲法成立過程の研究』）。

米国政府とマッカーサー

②ＳＷＮＣＣ―二二八とは、一月七日の米国の国務・陸軍・海軍三省調整委員会の勧告である。これは、天皇制を維持する場合の「安全装置」として国会議員はすべて民選とし、文民条項を加え、天皇大権（統帥、編成、宣戦・講和、戒厳）を否定、重要事項における天皇の行為（国事行為）は内閣の助言と承認のもとに行なわれることを趣旨とした（『日本国憲法制定の過程』Ⅰ）。だが、幣原は松本案の閣議検討で、天皇大権の維持と参議院議員の官選制を主張、文民条項には触れなかった（入江『憲法成立の経緯と憲法上の諸問題』）。

ＳＷＮＣＣ―二二八は、勧告とはいえ米国の政府レベルの意向で、出先の私案にすぎないマッカーサー・ノートよりも上位にある。これを抜きにして日本の新憲法はあり得ない。一月二十四日の会談で憲法改正について突っ込んだ話し合いがあったのであれば、マッカーサーは最高機密であるSWNCC―二二八を提示できないにしても、米国の最前提条件を示唆して基本合意を求めなければならない。だが幣原の言動からして、そのようなことはなかったと考えるのが自然であり、マッカーサーも自己の権限が不明瞭な時に無責任に米国政府の意向を内示することはできなかったのである。

ホイットニーの上申

二月一日、ホイットニーは、憲法改正に関する最高司令官の権限に関する研究結果をマッカーサーに上申した。最高司令官には日本の民主化と平和的傾向を有する政府樹立を規定するポツダム宣言を実施する権限があり、それには「日本の憲法構造に根本的な変革を加える」必要がある。極東委員会による政策決定がなされない限り、司令官は天皇の退位以外の「無制約の権限」を有していると結論した。

マッカーサー・ノート

この日、『毎日新聞』が松本委員会の宮沢俊義《としよし》の個人案をスクープした。民政局はこれを同委員会案と誤解、それも「極めて保守的」と酷評、二月十二日に予定されている日本側との会談で「指針」を与えるべきと上申、マッカーサーは二月三日に改正憲法の基本原則たるマッカーサー・ノートを示した（以上『日本国憲法制定の過程』Ⅰ）。

ノートは占領統治を成功させるべく、天皇制廃止論者を説得する手段として、改正憲法で天皇制を神話に基づく万世一系ではなく、人民主権の下での儀礼的な君主に作り変える（民政局の成文化作業で「象徴」になる）、戦力放棄とともに、国家の戦争権を否定、「交戦状態の権利」（英文の正確な訳で、現行憲法でいう交戦権の語源。国家の戦争権ではなく、国際法に基づき戦闘従事者に与えられる権利）も放棄させ、日本の安全は「崇高な理想」に委ねるとするもので（佐々木『戦争放棄条項の成立経緯』）、幣原の声明案とは全く異質のものであった。

GHQ草案起草命令

二月四日、ホイットニーは民政局員にマッカーサー・ノートを示すとともに、十二日までに、最終的には日本人の作った憲法として公表すべく憲法草案の起草を命令した。

四　日本国憲法の誕生—天皇を守る戦い—

昭和二十一（一九四六）年一月二十九日の閣議は、三月三十一日の総選挙実施と四月二十日ごろに特別議会を召集する方針を決定した（その後、公職追放処理のために四月十日投票、五月に議会召集に変更）。これを受けて、松本烝治は特別議会に憲法改正案を提出すべく、二月十日ごろまでにGHQに改正案を提出、約二週間と予想される折衝を経て枢密院に諮《し》詢《じゅん》（約三週間）、特別議会に間に合わせるとして松本委員会の改正案の検討を求めた。一月三十日から二月四日の閣議では、改正案の検討が行なわれた（入江『憲法成立の経緯と憲法上の諸問題』）。

松本は二月一日の記者会見で、ＧＨＱと折衝後、首相の諮問機関として憲法改正審議会を立ち上げて改正案を公表、国民的な議論を深めた上で枢密院に諮詢、特別議会に間に合わせると説明した（『朝日新聞』）。だが、特別議会まで日程的な余裕はなかった。

松本改正案ＧＨＱ提出

閣議での検討は、内閣の正式案を決定する前にＧＨＱの意向を確認する、その材料として松本の私案を作成する形とした。そのため議論が分かれても、そのまま議を進めることが少なくなかった（入江俊郎『憲法成立の経緯と憲法上の諸問題』）。意見が分かれた問題に軍条項の是非があり、松本は幣原同意の上で、占領終了後に軍の再建が認められても国内の秩序維持を目的とし、国連加盟時に必要となる安全保障を含む国連憲章の義務を履行するためにも軍は必要との説明書とともに、二月八日に「憲法改正要綱」（松本案）をＧＨＱに提出した（松本烝治『日本国憲法の草案について』）。

民放局、松本案を酷評

松本案は、国務上の天皇大権は議会の協賛（賛成）や国務大臣の輔弼《ほひつ》（責任）によって行使されるという英国流のもので、軍を残して兵役義務を「公共の為必要なる役務《えきむ》に服する義務」と言い換えて、将来の徴兵復活にも含みを持たせていた（『日本国憲法制定資料全集』（1））。だが民政局は二月十二日、「主権は、国民に属すべき」として天皇主権の概念を批判、基本的人権の保障と立法府の権限が不十分とするなど松本案を酷評、軍条項の残置に至っては論外と結論した。

GHQ草案手交

翌十三日、予定より一日遅れて憲法に関する会談が行なわれた。ホイットニーは松本案の受け入れは「不可能」とし、命令の形を避けつつ、GHQの憲法草案を手交した。マッカーサーは天皇訴追の圧力から天皇を守ってきたが「万能ではありません」、草案が受け入れられるならば「天皇は安泰になる」、これは「保守派が権力に留まる最後の機会」で、日本に「恒久的平和」に向けた「精神的リーダーシップをとる機会を提供している」との説明を加えた。そして総選挙前に日本発案の形での草案の公表を求め、日本が草案を公表しなければ、GHQが草案を公表すると迫った。松本烝治や吉田茂ら日本側出席者は「ぼうぜん」「愕然《がくぜん》と憂慮の色を示した」（『日本国憲法制定の過程』Ⅰ）。

革命的なGHQ草案

最も衝撃的だったのは、前文と天皇条項である。天皇が改憲を発議する帝国憲法第七十三条の規定を無視して人民が憲法を起草するとし（前文）、天皇の地位も神話を背景とする万世一系ではなく、「人民の主権意思」に基づく「象徴」とするなど（第一条）革命的なものであったためである（二月十九日『小林一三日記』二巻）。松本はGHQ草案を専門知識のない素人の手になるものと判断、会談後に幣原と対応を協議、憲法について「少し教えてやる方がいい」として再説明書を作成した（松本『日本国憲法の草案について』）。事実、後日邦訳にあたった佐藤達夫《たつお》法制局第一部長はGHQ草案を評して、立法技術の稚拙さに加え、日本の諸制度への無理解も甚だしい、「とんでもないもの」であったと語っている（『憲法調査会第四回総会議事録』〔以下『第〇回総会』〕）。

ホイットニーの警告

日本側は、二月十五日に終戦連絡中央事務局次長の白洲《しらす》次郎が、十八日には松本烝治が、民主化の主義には大きな違いはないが、日本の国情からGHQが求める急進的改革ではなく、漸進主義が適しているとの書翰をホイットニーに提出して再考を求めた。だがホイットニーは十六日と十九日の回答で、草案の原則と根本形態の受諾が「天皇の尊厳と一身（person《パーソン》）を護」ることになる、これによる改正が行なわれなければ、「外部〔極東委員会のこと〕から日本に対して憲法が押しつけられ」、マッカーサーが維持を試みている日本の「伝統と機構〔天皇制〕さえも、洗い流してしまう」と警告、十八日には四十八時間以内の回答を求めた（『日本国憲法制定の過程』Ⅰ）。事態を重くみた松本は、幣原に閣議での検討を求めた（「司令部側トノ交渉一般」『松本文書』）。

マッカーサーの説得へ

十九日の閣議では、幣原と三土忠造《みつちちゅうぞう》内相、岩田宙造《ちゅうぞう》司法相がGHQ草案の受諾に難色を示した。だが芦田均厚相は、もし内閣より先にGHQが憲法草案を公表すればメディアの批判や政変を招きかねず、総選挙にも影響するとして自重を求めた。結局、憲法改正手続きに関する研究が必要との理由で時間を稼ぎつつ、政党領袖や民間人を加えた憲法審議会を経て国民一致の改正案を議会に提出するとのラインで、幣原からマッカーサーに説得を試みることになった。

二十一日の会談冒頭、マッカーサーは「天皇を安泰にしたい」が、ワシントンの連合国会議ではソ連とオーストラリアを中心に日本の復讐を警戒、憲法で天皇制の廃止やその統治権の剝奪、人民主権と「戦争は断じてやらないといふ条項」を明記させる方針を確定させた、自らの最高司令官の地位も危うくなったとの虚実を織り交ぜた説明のあと、天皇が「国民の信頼」を受けて皇位につくことで「天皇の権威を高からしめる」ことができる、憲法に軍備条項を置けば「軍備の復旧を企てる」とみられる、日本は「国内の意向よりも外国の思惑を考へる可《べ》き」であり、「国策遂行の為めにする戦争を抛棄すると声明して日本がMoral Leadership《モラルリーダーシップ》を握るべき」と求めた。

これに対して幣原は、露骨に天皇の統治権を否定し、人民主権を明記しなくても、国務上の大権行使には議会と国務大臣の輔弼が必要とする松本案の通り、「すべての大権は実は議会にある」、「主権は人民にありと言ふに異《こと》ならず」と反論した。特に戦争放棄の条文化は、「世界のどの国の憲法にもない異例な話で」「誰もfollower《フォロワー》とならない」、軍備を持たない現在の日本に「戦争なぞやれるものではない」、「開戦の如きすべて議会に於てキメルのであるから、殊更《ことさら》に明文にしなく共、連合国司令部を安心せしむる方法はイクラでもある」と抵抗した。しかし、マッカーサーは「中々承知しない」どころか、

「followers が無くても日本は失ふ処はない。之《これ》を支持しないのは、しない者が悪い」、松本案では「日本の安泰を期すること不可能」で、基本形態である第一条と戦争放棄は「譲ることも変へることも出来ない」との立場を堅持した。

粘り強い交渉戦術

正面からの説得に困難を感じた幣原は、会談の後半には、得意の時間をかけた粘り強い交渉戦術に転換したようである。「法文の現はし方が違ふ丈《だ》けで、其《その》精神は一致してゐる」として、草案を日本式の法文に書き直す作業を通じて、少しでも有利な条文に組み替えようとした（以上『芦田均日記』一巻、『小林一三日記』二巻）。幣原は交渉にあたって相手との対立を避けながら、粘り強い交渉を通じて自分のペースに引き込むことを得意としていた（武者小路公共「幣原氏を偲ぶ」）。

翌二十二日の閣議で幣原は、会談結果の報告とGHQ草案の書き直しの検討を求めた。松本烝治は難色を示したが、戦争放棄はパリ不戦条約と思想は同じとの芦田の意見と（『芦田均日記』一巻）、「さらに何かもつと大きなものを失なうおそれ」から草案の原則受諾に傾いた（『第五回総会』）。幣原と松本は昼食をともにしてから（『松本烝治氏に聞く』）、幣原は昭和天皇のもとへ、松本は吉田外相とともに、どこまで修正の余地があるかを確認すべくホイットニーを訪ねた。

昭和天皇は幣原に「それ［GHQ草案］でいいじゃないか」と答えたが（「新憲法制定に

関する松本談話烝治先生談話（１９４７年）」『宮沢俊義文庫』）、憲法改正を急ぐべきではないとの十二日の『側近日誌』の記述から、不承不承《ふしょうぶしょう》が本音だろう。

ＧＨＱ草案の書き直し

松本烝治は戦争放棄を前文の宣言的なものにして法的拘束力を弱めようとした。だが、ホイットニーは拒絶、日本側が懸念する改憲手続きは、天皇が国会に憲法起草を委ねる形にすることで対応できると示唆した（『日本国憲法制定の過程』Ⅰ）。松本は翻訳を通じて「ウマク曲文《きょくぶん》」することにし（二月二十五日『小林一三日記』二巻）、二十六日の閣議で三月十一日までにＧＨＱに翻訳案を提出することになった（『第五回総会』）。

間接的批判

二十六日の閣議後に行なわれた地方長官会議の議事録によれば、幣原は今の日本には「一大改革」が必要で、民主主義は結構だが、「我国固有の国民性を忘れ、外国の態熱［原文のまま＝度］をそのままうのみにして、日本では行なはれない方向にすすむことには注意しなければならぬ」と語った。ＧＨＱ草案への間接的な批判といえる。

翻訳案提出

松本烝治は憲法改正の最終案確定まで何度かＧＨＱと折衝するであろうとの予想のもと、時間をかけて翻訳を通じてＧＨＱ草案を修正するが、戦争放棄はＧＨＱの態度から大幅修正は困難とみて修飾的な改訂にとどめるべく作業を進めた（佐々木『戦争放棄条項の成立経緯』）。しかし、ＧＨＱはしきりに翻訳案を催促してきたので、三月四日に松本は翻訳案を提出した。これをもとにＧＨＱとの間で最終案の起草作業が行なわれ、六日に

「憲法改正草案要綱」が公表されるのだが、松本は四日案を中間報告程度のものと考え、事前に幣原に翻訳案を提出したものの、閣議には諮らなかった（『第五回総会』）。

第一条と第九条

松本が幣原に提出した一日の翻訳案では、第一条で天皇は「国民の総意に基き」象徴の地位につくとあった。第九条第一項は、GHQ草案では「国民の一主権としての戦争は之《これ》を廃止す」る（戦争権否定）とした上で、「他の国民との紛争解決の手段としての武力の威嚇、又は使用は永久に之《これ》を廃棄す」る（国際紛争の平和的解決）という二段構成になっていたが、松本は「戦争を国権の発動と認め、武力の威嚇、又は行使を他国との間の争議の解決の具とすることは永久に之《これ》を廃止す」との一文にまとめた。これに対して幣原は、第一条の「国民の総意」を「国民至高《しこう》の総意」と書き換えたが、第九条には手を加えなかった。

第一条の「至高」とは国体論への配慮であった（『小委員会第十三回』。幣原の国体観は七章三節参照）。第九条はパリ不戦条約と同様、国際紛争解決の手段としての戦争禁止、逆にいえば自衛戦争は許されるとの解釈を可能にするものであった（佐々木『戦争放棄条項の成立経緯』）。大事なのは、第一条、第九条に「最も意を注《そそ》」ぎ（三月四日『側近日誌』）、GHQに提出する条文を細かくチェックし（「佐藤達夫談話速記録」『日本国憲法制定に関する談話録音』）、この種の国際法に詳しい幣原が、松本案の第一条に手を加えながら松本の第九条を追認したことで、これは戦争放棄の条文化が幣原の意思ではなかったとの傍証になり得る。GHQ草案の戦争放棄が幣原の意思の反映であれば、松本の第九条をGHQ草案の構成に戻しているはずである。

幣原はGHQ草案に不服

三月四日午前、松本は佐藤達夫を伴ってGHQを訪問、ただちに四日案の読み合せが行なわれた。松本は訳語をめぐりケーディスと口論になったが、これでは冷静な議論ができない、後日に再交渉があると考え、佐藤を残してGHQを退出、幣原に経過を報告した（松本「司令部側トノ交渉一般」）。幣原も「改むる余地を充分残しあり」とみた（『側近日誌』）。翻訳は夕刻までにほぼ完了したが、十八時すぎにGHQから今晩中に最終案を得たいとの催促があり、佐藤らは民政局員と合同で五日十六時ごろまで作業を行なった（『小委員会第十三回』）。幣原が期待した「改むる余地」はなくなった。

勅語案裁可

五日、GHQから夕刻に憲法草案を発表すると伝えられ、午後の閣議で議論となった。松本烝治は不服だったが、一刻の猶予もないとの意見が大勢で、今晩中に日本式の法文にまとめるとして、回答期限の一日延期をGHQに求めた。懸案の改憲手続きについては、天皇が内閣に憲法改正案の提出を命じたとの趣旨の勅語発布をお願いすることにした（『第五回総会』）。幣原と松本は十六時三十分に参内、天皇は「今となつては致方《いたしかた》あるまい」として勅語案を裁可した。

官邸に戻った幣原は、閣議の締めくくりに、「斯《かか》る憲法草案を受諾することは極めて重大の責任であり、恐らく子々孫々《ししそんそん》に至る迄の責任である。この案を発表すれば一部の者は喝采《かっさい》するであらうが、又一部の者は沈黙を守るであらうけれども、心中深く吾々《われわれ》の態度に対して憤激するに違ひない。然《しか》し今日の場合、大局の上からこの外《ほか》に行くべき途《みち》はない」と語った（『芦田均日記』一巻）。

翌日の閣議で草案の逐条審議と前文、首相謹話案の検討を行なった上で、十七時に天皇勅語と憲法改正草案要綱、幣原首相と楢橋渡《ならはしわたる》内閣書記官長の談話が発表された。

力点の相違

憲法改正草案の説明には、幣原とマッカーサーの間では力点の相違があった。マッカーサーは三月六日の声明で人民主権と戦争放棄を強調したが、幣原は七日のAP通信特派員との記者会見で、戦争放棄の説明に続き、新憲法で天皇制の是非を問う国民投票が不要になった。天皇の退位規定を設けていないのは在位を求める国民の希望の表れとし、天皇制維持に力点を置いた（『朝日新聞』）。三月十五日の閣議において、幣原は憲法改正問題で「皇室さへ失ふの危殆《きたい》に瀕した」、「天子様をすてるか、すてぬかと云ふ事態に直面して、あの司令部側の申出［GHQ草案］を承諾した」と語った（入江「憲法改正経過手記」『入江俊郎関係文書』）。改正憲法の成立で天皇制維持が保障されると考えたのである。

幣原もGHQに翻弄

憲法改正過程について、幣原は多くを主任大臣の松本烝治に任せ、松本委員会の審議も一任していたことが委員会議事録からわかる。実際、当時作成された史料からは、一月十六日に松本が求めた改正作業の促進と、二月二十一日のマッカーサーとの会談でGHQ草案に基本合意をした以外に、幣原が積極的に憲法改正をリードした跡を発見できなかった。むしろ、GHQが翻訳案のタイムリミットを明示しないなど情報を小出しにしたこともあり、全般的な対応は緩慢なものとなった。幣原は三月七日の一部条項に対する木下道雄《きのしたみちお》侍従《じじゅう》次長の質問に「内容はよく判《わか》らぬ」、GHQから「細かいことは後《あと》でよいから早く出せ」と言われたと返答したように（『側近日誌』）、彼自身もGHQに翻弄されていたのである。

岩崎家の歎願に応じず

憲法のほか、幣原の首相時代の事跡として特筆すべきは、姻戚関係のある岩崎家、木内家に特別待遇をしなかったことである。

昭和二十年秋、GHQは日本の軍国主義を支援したとして財閥解体を指示した。三菱社長の岩崎小弥太《こやた》は不満を顕わにし、前社長で幣原の義兄である岩崎久弥《ひさや》とともに、解体実施前に一部株主への最後の株式配当だけでも認めてほしいとして、幣原にGHQへの斡旋を歎願した。だが幣原は応じなかった（『岩崎小弥太伝』）。幣原が兄の坦《たいら》や親友の大平駒槌を枢密院顧問官に起用したことが批判されたが（三月二十一日『朝日新聞』）、これは非軍事化政策や公職追放を受けた人材不足によるやむなき措置であった。

外務省はGHQの指令による在外公館の閉鎖などで多数の余剰人員が発生、昭和二十年十二月二十二日の閣議で七一〇〇名の省員を一〇九五名に削減することを決定した（『公文類聚』第六九編巻八、国立公文書館蔵）。この時、幣原の甥《おい》の木内良胤《きうちよしたね》も外務省を去った。のちの駐米大使で課長職にあった下田武三《しもだたけぞう》は外交官の育成には時間がかかる、「独立後の日本外交に支障が出ます」と言って再考を求めたが、幣原は「外務省が率先して模範的行政整理をしてもらわねば困る」と突っぱねた（下田武三『戦後日本外交の証言』上）。一方で幣原は、昭和二十一年三月一日に、独立回復後に向けて若手外交官育成のための外務官吏研修所を開設させた（服部『増補版　幣原喜重郎』）。

首相時代、特に日本国憲法制定過程の幣原は、天皇制維持を最大目的として閣議を指導した。彼にとってこれは天皇制を守る戦いであったといえよう。

なお、本書は憲法制定過程で、国家としての戦争権と交戦状態の権利（交戦権）を分けて叙述したが、これは信夫淳平《のぶおじゅんぺい》などによる当時の一般的な国際法解釈に基づくものであり、その後の現憲法や国際法の解釈論争に直接関わるものではないことを追記しておく。

第八　終戦直後の政党政治―政党政治家時代―

一　保守合同への長い道程

総選挙と楢橋渡の声明

幣原内閣は選挙管理内閣でもあり、幣原も昭和二十（一九四五）年十二月四日の衆議院予算委員会では、総選挙で多数を獲得した政党に政権を譲る意向を示した。だが、翌年一月二十三日の記者会見では政権担当能力が問題であると述べたように、公職追放後は態度を変えた。選挙中の報道では、進歩党、自由党、社会党の主要各党の獲得議席はそれぞれ一〇〇程度と予想されたが、政権の枠組みは争点にならず、政局は不透明だった。

昭和二十一（一九四六）年四月十日の総選挙で第一党となった自由党（一四一議席）は、進歩党（九四議席）、社会党（九三議席）を背景に連立政権樹立に動き出したが、内閣書記官長の楢橋渡《ならはしわたる》は十一日、「強力な政界の安定勢力を形成する必要」がある、「幣原内閣が特別議会に新憲法草案を携へて臨《のぞ》むことは既定方針」と声明した（『朝日新聞』）。

声明の背景には、GHQ民政局の意向と進歩党の生き残り策があった。楢橋は、自由党の鳩山一郎総裁が二月二十二日に反共声明を発したことを問題視する民政局から、鳩山追放の可能性と、後継内閣の見通しがつくまで幣原内閣の続投を希望する旨を打診されていた（増田弘『公職追放』）。

犬養健の思惑

幣原は、本来ならば政権を禅譲すべきだが、天皇制維持を保障する「憲法だけはどうしても通したい」と考え（入江「憲法改正経過手記」『入江俊郎関係文書』）、鳩山追放による政局の流動化で憲法改正案が棚晒《たなざら》しになることを懸念していた。これを捉えたのが三月中旬以降、楢橋に急接近していた犬養健《いぬかいたける》進歩党総務会副会長である。犬養はＧＨＱが社会党を中心とする中道政権を望んでいることを背景に、進歩党を保守政党から中道政党に変質させようとした。その進歩党も、町田忠治《ちゅうじ》の公職追放で不在となっていた総裁に幣原を迎え、与党の位置を確保しようとした（拙稿「政党政治家期の幣原喜重郎と吉田茂」。本章では同論文に依拠する情報が多く、同論文からの出典は略す）。

「事情の力」

幣原は四月十六日の記者会見で、憲法改正と政局安定化の目処がつくまで政権を担当すると表明したが、「事情の力が私をひつぱり出し、同じ事情の力が私をおしすゝめる」と語った（『朝日新聞』）。芦田均《あしだひとし》には鳩山追放問題はＧＨＱによる「一種の脅迫」である、進歩党総裁には三土忠造《ちゅうぞう》内相が就任するよう求めたが、それも行なわれずに困っているとの真意を洩らした。こうしたことから、幣原は進んで政党に入ったのではなく、天皇制を維持する憲法制定を第一の課題として、進歩党総裁への就任を決意したのであろう。

総辞職を奏上

だが、幣原の政権続投表明は、世論と野党の強い反発を招いた。幣原も二十二日、主要野党による倒閣国民大会が開かれれば大きな混乱を招くとの判断と、吉田から鳩山追放の心配はないとの見解が示されたことで総辞職を奏上した（以上、四月十九、二十二日『芦田均日記』一巻）。この際、天皇から後継内閣が決定するまで政務をとることと、政局安定に尽くすことを下命され、幣原も自由党と社会党の両党の党首と会談して事態を収拾すると返答した（『側近日誌』）。

連立工作難行

幣原は両党に後継内閣樹立への協力を求めた。社会党（特に党内左派）が自党首班を主張したことで難航したが、自由党単独政権への閣外協力をとりつけると、五月三日に鳩山を後継首班に指名した。だが翌日、ＧＨＱは鳩山の公職追放を指令、焦点は社会党を中心とする政権樹立の可否に移った。社会党は党内左派に押されて単独政権を主張したが、幣原は五月十三日に政権運営の目処が立たないとして拒否した。

吉田新内閣発足

混乱が続くなか、進歩党内の保守派が反撃に転じた。五月七日に斎藤隆夫《たかお》が保革二大政党論を訴えたのをきっかけに、自由党総裁を首班とした自由党・進歩党の両党による保守連立政権樹立の流れが生まれた。残るは、首班となる自由党総裁だけとなった。

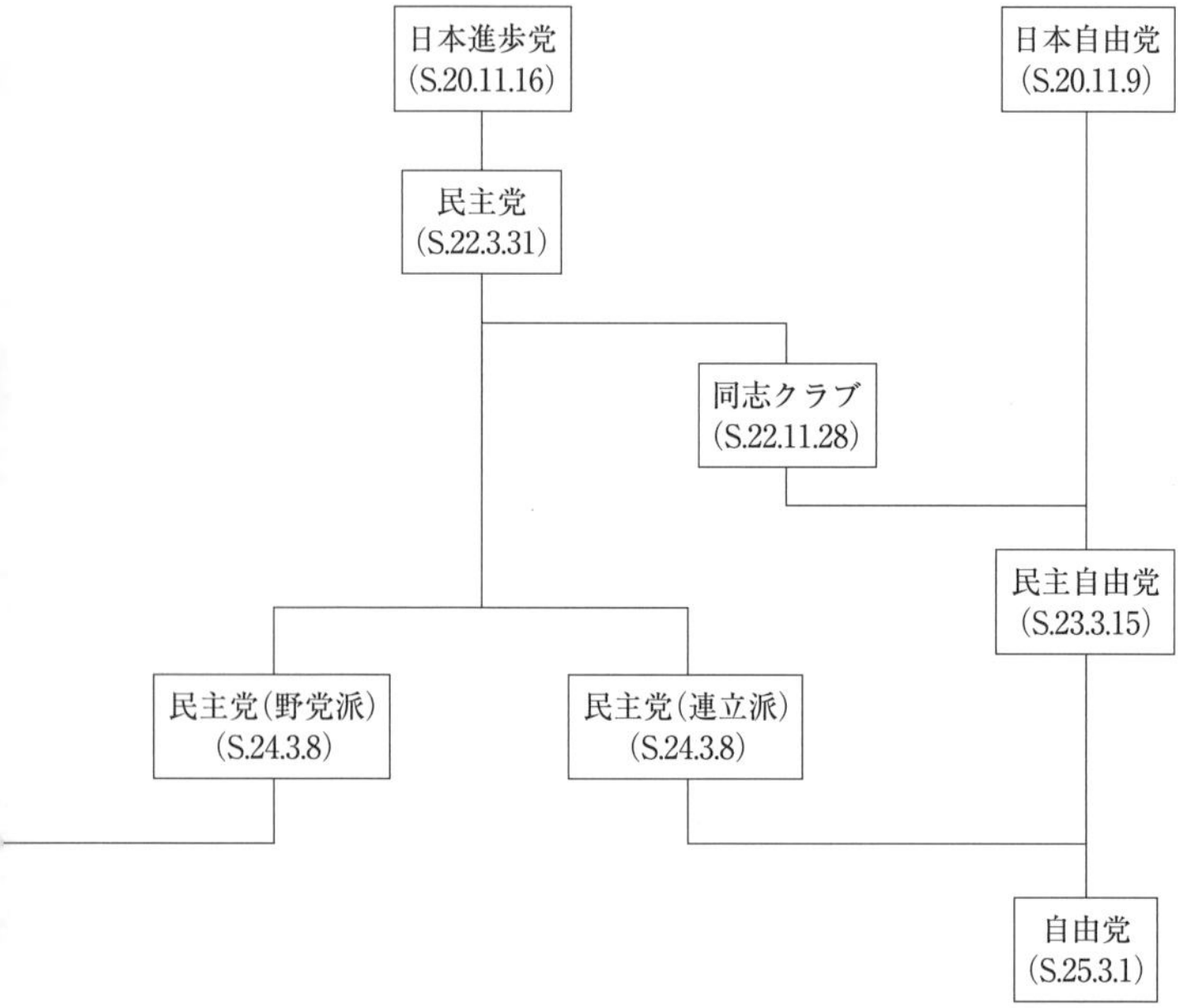

（　）内は結成日

自由党総裁の最終候補は吉田茂であった。五月九日、吉田は鳩山一郎に義父の牧野伸顕《のぶあき》の意向を確認すると述べ、幣原からの再三の説得にも応じなかった（五月十二、十四、十五日『朝日新聞』）。幣原は牧野の説得を試みたが、吉田は政治家に向かないとして断られた。だが幣原は別れ際、牧野に「閣下、大目に見ていただきます」との言葉を残し、吉田には「牧野伯は承知しているから、お前やれ」と伝えた（武見太郎「真の愛国者は誰か」）。

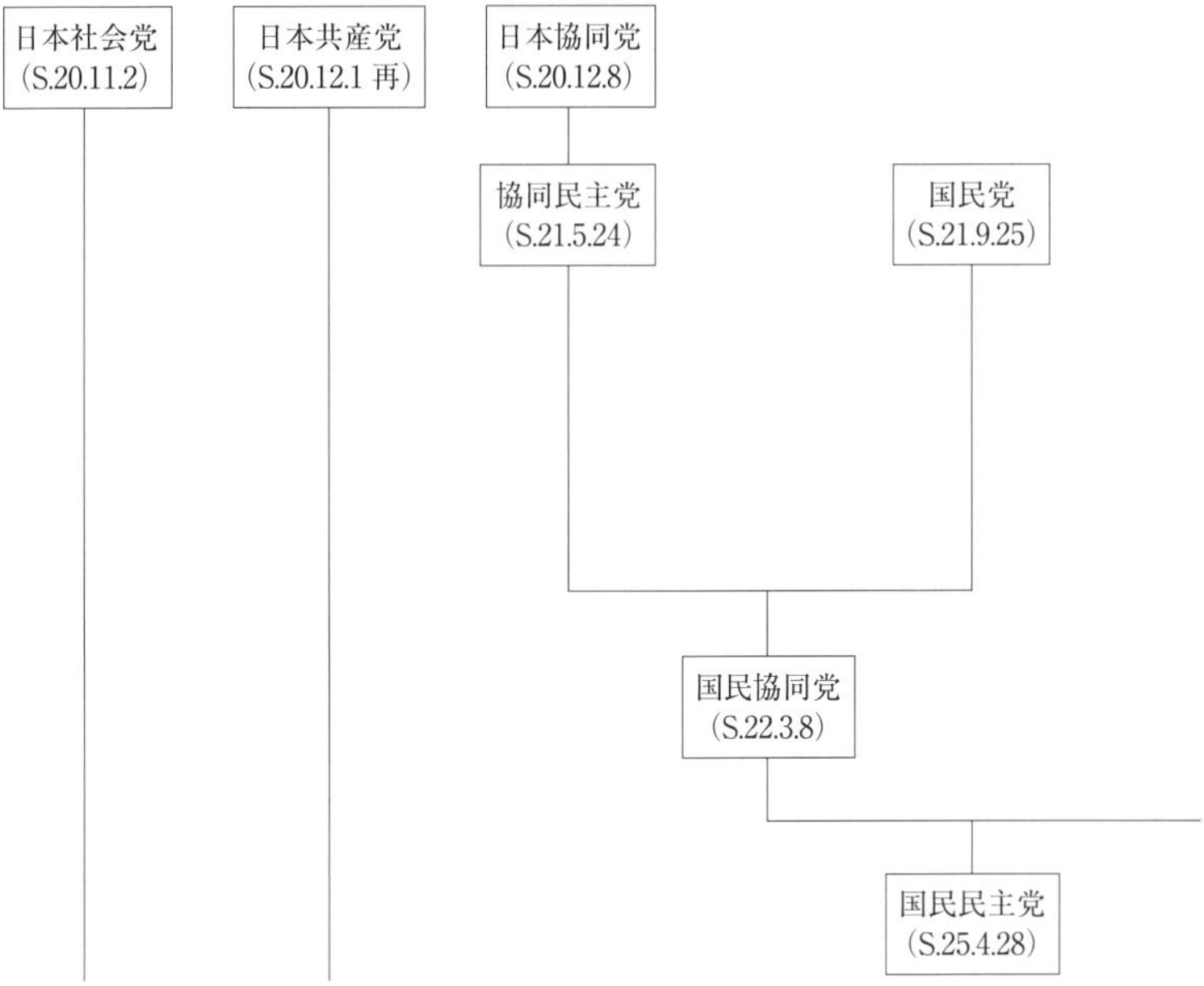

第二次世界大戦直後の主要政党変遷図

これが決定打となって吉田は十四日夜に総裁就任を決意、吉田内閣成立に至った。幣原のウソが歴史を動かしたのである。幣原も無任所大臣として入閣した。

幣原の政治理念

　幣原は五月十五日の進歩党代議士会を皮切りに、目指すべき政治理念を語った。『幣原平和文庫』（リール十九）所収の多数の原稿と、議会答弁（十一月三十日衆議院本会議、十二月二十日同予算委員会、同八月二十七日貴族院本会議、同十二月二十一日貴族院予算委員会）から総合すると、その特徴は次の①〜④である。

天皇中心

①天皇を中心とする戦前的価値観を重視した。民主主義はポツダム宣言の履行のみならず、「我皇室の御安泰と国民の幸福とを保障」するもので、新憲法は五ヵ条御誓文の「万機公論《ばんきこうろん》に決す」との理念を表現したものとした。また、「国民的結合」と終戦の詔書に由来する「万世《ばんせい》の太平《たいへい》」という言葉をよく使った。国民的結合の中核は天皇である。天皇は中世以降、政治権力を持たなかったが、その「求心力」は不動であり、「我国の歴史を一貫し、その潜在意識は国民の伝統となり、信念」である、これが憲法第一条で成文化されたとして、「政体は変つても、国体は変らない」と語った。

憲法改正の「責任者の一人として、深い関心を有《も》つてゐた」民主主義下の天皇、皇室について、昭和天皇の巡幸《じゅんこう》を通じて「国民の陛下を御慕《おした》ひ奉る至上《しじょう》」は「何等変らざるのみならず、寧ろ一層の深みと温かさを加ふるに至つた」のは「無上の感激」と語った。十一月三日の新憲法発布記念式典で、天皇を迎えて十万人の群衆が感涙《かんるい》しながら君が代斉唱と万歳を行なった「日本国民の真実な姿」に「胸が一杯」になったという。

党の垣根を越える

②戦前の政党政治が党利党略に走った反省を踏まえて、政党は「国家大局の利害」に立って「国利民福を増進」するものとした。野党も国家、国民を本位とする目的は同じで、各党が自由に議論、批判してこそ政界の進歩につながるとした。

労働争議を非難

③一方で、国家、国民本位ではないと考える政党には嫌悪感を持ち、当時問題化していた社会党や共産党をバックとする労働争議を厳しく非難した。ストライキ自体は合法だが、政治目的を有する争議は「議会の権能に挑戦する非民主的行動」である、「有史以来の最大困難」に直面し、困窮した経済状況下での争議は「少数者の横暴」で、こんなことでは資本家、労働者の共倒れを招き、「民族の結合」と復興に必要な生産増強を妨げ、大量の餓死者を出すなどと強く批判した。非常事態を認識し、各階級が一体となって生産増強に努める「一大救国運動」を求めた。

義務の自覚を求める

④民主主義とは「権利の主張よりも、義務の自覚に重点を置く」ことにあり、いたずらに権利を主張して秩序や法律を無視することは、自由と民主主義の混同と批判した。こうした「精神的の方面、道義の頽廃《たいはい》」を放任すれば、「日本の国家の前途はまことに暗闇み」である。「祖国の再建」の前提条件は「国民の道徳的自覚」であり、これなくして法令や機構を整備しても機能しない。「正しい、健全な、能く釣合ひの取れた輿《よ》論を喚び起さむが為め」「進んで民論を啓発する」必要があるとした。このほか、主権在民も、芦田均内閣打倒を国民に訴えていた昭和二十三年に書かれた原稿（八章一節参照）以外は、これを積極的に訴えた跡はなかった。

特に③の社会党、共産党への嫌悪感は幣原の政治活動の基礎となり、五月十七、二十三日に進歩党と自由党の両党幹部に保守提携の意を示したことが報じられている。

なお、戦争放棄に関しては、三月二十日に枢密院《すうみついん》で、他国が見倣《なら》うかについて「直にさうなるとは思はぬ」、日本は「国際社会の原野をとぼとぼと歩いてゆく」というように、二月二十一日にマッカーサーに語った「誰もfollower《フォロワー》とならない」の延長のような発言をしていた。だが、春以降、憲法を成立させる立場になると、日本単独でも戦争放棄の先頭に立つとし、貴族院での憲法審議を前にした八月には軍備を持たないことでの経済的効果を主張するなど、積極論に転換した（佐々木高雄『戦争放棄条項の成立経緯』）。

しかし、その後の記録や多数の自筆原稿（『幣原平和文庫』『憲政資料室収集文書』）を見ると、大量破壊兵器時代に「国家自衛権なるものも果して何の用を為すのでありませうか」と述べた十一月の進歩党近畿大会以外では、衆議院議長の挨拶などで社交辞令的に戦争放棄の意味を語っても、国内政治の理念としては高唱していない。また、日本が実際に侵略を受けた場合にどうするのかについての議論も避けていた。

昭和二十一年六〜十二月に行なわれた憲法改正案に関する議会審議のなかで、①衆議院では徳田球一《とくだきゅういち》が日本の独立と安全保障についての明答を求め、②貴族院では南原繁《なんばらしげる》が自衛権の保持と最小限度の軍備を考慮するのは当然とし、③諸橋久太郎《もろばしきゅうたろう》も「防備なき今後の我が国は、何を以て安全保障の地位を確保し得られませうか」と質した。

不誠実な答弁

これに対して幣原は、①は質問が多岐にわたっているのをいいことに、他の質問には答えたが、この件には触れずに済ませ、②は質問の趣旨が理想論の普遍化であったことから直接の回答を避け、③も質問の趣旨を戦争に巻き込まれないための「構想、抱負」とやや強引に解釈し直した上で、「平和政策に徹底致しまするならば、世界の正義感と云ふものは、我々は求めずして必ず我に味方する」と答弁したように、求められていた具体的な回答を避けた（昭和二十一年六月二十四日衆議院本会議、八月二十七日、十一月三十日貴族院本会議）。これは責任ある政治家としては不誠実なものだが、新憲法の目指す理想と、現実の矛盾を熟知していることの証明といえるものであった。

保守合同の試み難航

さて、国内政治で保守提携を目指した幣原の姿勢は、昭和二十二年に行なわれる地方選挙や同年夏には締結を完了するとみられていた講和条約も視野に入れて、国内態勢を強化するためにも吉田を総裁、幣原を最高顧問とする自由党と進歩党による保守合同の試みになった。だが、進歩党では犬養が若手議員をまとめて少壮派を形成、社会党との提携を求めて幣原と対立していた。自由党でも外様総裁である吉田への反発が強く、両党とも戦前のライバルである政友会、民政党の流れを汲んでいるという感情論も手伝って難航した。また、保守派に対する世論の風当たりも厳しかった（政党別支持率は、社会党四〇・八％、自由党一三・六％、進歩党一〇・一％。八月五日『朝日新聞』）。

吉田の連立工作失敗

秋以降、経済危機と労働運動が深刻化すると、吉田は政権強化のために社会党を連立に迎えようと、年末から工作を開始した（村井哲也『戦後政治体制の起源』）。十二月三十一日、芦田から社会党との連立を勧められた幣原は、自らの後継内閣問題が紛糾した経験から、「社会党は自分の立場のみを力説するけれども、犠牲を払ふものはこちらだ」と渋った。だが、芦田に「それでは社会党もついて来ないし、世間も新しい気分にはなれない」と説得され、最後には「大に参考になつた」と答えた（『芦田均日記』一巻）。もっとも、幣原にすれば、左派を排除した社会党右派との連立が限界であった。その後、連立工作は閣僚人事をめぐり紛糾、失敗に終わった（三川譲二「労働攻勢と進歩党少壮派」）。

犬養のクーデター

連立工作の失敗を受けて、吉田は昭和二十二年一月三十一日に内閣改造を行なったが、ここで犬養を中心とする党内少壮派によるクーデターが起きた。この日、犬養は進歩党内に二三名からなる新進会を結成、社会党左派を含めた自由党・進歩党・社会党の三党連立を求めた。二月七日にマッカーサーが衆議院総選挙の実施を指示すると、彼らは自由党と進歩党の革新分子による新党樹立を運動、二月十日の党最高幹部会で新党樹立の方針を決定に持ち込んだ。だが問題は新党の性格で、幣原は自由党と進歩党による保守本流同士の合同を希望したが、犬養は左派を含む社会党との連立に備えた新党を求め、同日夕、幣原の許可なく、革新的保守新党の樹立方針を声明した。

これに対して幣原は「わたし［へ］の不信任ですね」と不快感を顕わにし（二月十二日『読売新聞』）、新党を自由党と進歩党の両党による保守本流同士の合同に戻そうした。だが党内抗争は犬養派が勝利、三月二十六日に進歩党は解党、三十一日に自由党から芦田などの革新分子を引き抜き、一四五議席を有する衆議院第一党の民主党として再出発した。総裁選出をめぐって幣原と芦田が対立したが、総選挙後に公選で決めることとし、幣原を最高顧問とする形で先送りされた。なおも幣原は自らが総裁になることで少壮派を抑えようとし、吉田には現内閣を支持することを条件に新党樹立に同意したと説明、吉田も幣原を支持した。

社会党が第一党に

四月二十五日の衆議院総選挙で第一党となったのは社会党（一四三議席）、次いで自由党（一三一議席）、民主党は一二四議席にとどまり、国民協同党（三一議席）が続いた。なお、この時の総選挙では、新憲法の施行で幣原が議席を有していた貴族院が廃止されるため、幣原も立候補、民主党議員として地元の大阪三区でトップ当選を果たした。

幣原、総裁争いに敗北

社会党が第一党になったとはいえ、政権党としての準備が整っておらず、各党が拮抗した選挙結果もあり、政権の枠組みをめぐり主要四党の協議が行なわれた。焦点は社会党中心の中道連立か、自由党と民主党の保守連立かである。民主党では保守提携を求める幣原派と、中道連立を主張する芦田派が対立した。総裁争いでは若手の多くが芦田を支持、幣原は「往年の軍部の青年将校のようなものだ、下コク上の風潮おそるべきものあり」と嘆息した（五月十三日『朝日新聞』）。激しい抗争の末、五月十八日の党大会で芦田が総裁に選出され、幣原は名誉総裁に祭り上げられた。

幣原派の誕生

五月十八日までに主要四党は片山哲《てつ》社会党委員長を首班に推すことで一致したが、吉田は社会党左派が入閣するなら連立に応じないと表明、幣原も自由党を含めた連立を求め、「片山君が左派を切るべきだ」と迫った。だが、民主党の若手は自由党を除く三党連立に傾き、三十日の党役員会は三党連立への参加を決定した（『芦田均日記』一巻）。この時、幣原に同調した田中万逸《まんいつ》、降旗徳弥《ふるはたとくや》らは政争に敗れた五月三十日にちなみ、卅《さんじゆう》日会《にちかい》をつくる。自由党との連携を求める幣原派だ（七月十日『読売新聞』）。

民主党離党

幣原と芦田の抗争の背景には、社会党を中心とする中道政権を期待するGHQの意向があった。芦田は六月二十八日の日記に、GHQ民政局からの圧力があったことを幣原に打ち明けたが、幣原は不快感を隠さなかったと書いている。その後、幣原は「私の一身中に唯《ただ》の一度受けた屈辱だ」と洩らすこともあった（芦田「民主党総裁を繞る幣原男と私」）。

幣原・吉田ラインによる保守提携を再浮上させるきっかけとなったのは、社会党政権の看板政策である炭鉱国家管理法案である。国会で法案審議が紛糾するなか、十一月十四日に幣原は吉田と会談、保守新党問題で意見が一致したと報じられた。十一月二十五日の法案の衆議院採決で幣原は反対票を投じ、二十九日に離党届を提出、脱党した議員二三名を引き連れて同志クラブを結成して自由党との合同の機を窺った。この時に幣原に同調したメンバーには、のちに首相となる田中角栄《かくえい》もいた。

情実や縁故による派閥形成を好まず、政党嫌いの幣原が（四章一、六節参照）、世論の動向に反し、派閥を形成してまで自由党との保守合同に固執したのは、GHQの期待を受けた社会党が左派の影響を強く受け、昭和二十一年春以降の政局を混乱させたことに対して、「現下の困難な政局を実際上担当しうるものは、自分をおいて他にない」（昭和二十一年十二月十九日『朝日新聞』）との強い責任感を燃え上がらせた結果といえる。もっとも、幣原派メンバーの派閥意識は希薄で、幣原も面倒見はよくなかったが（根本龍太郎談『秘録・戦後政治の実像』）、選挙にあたり、自分と政治生命をともにしようとしたメンバーのために所有地を売りに出したという（孫の隆太郎氏談『外交史料館報』二二）。

保守合同

昭和二十三（一九四八）年三月十五日に自由党と同志クラブは、二月二十二日に行なわれた首班指名選挙での芦田支持に反対して民主党を離党した斎藤隆夫らを加えた一五二名を擁する衆議院第一党として民主自由党（以下、民自党）を結成、吉田が総裁、幣原は最高顧問となった。幣原は念願の保守合同を果たしたが、実質的には自由党による幣原、斎藤が率いる少数会派の吸収合併であった。この結果、幣原、斎藤という長老格でも、自由党内では外様の一派閥の首領にすぎず、影響力は限定された。

東京裁判で証言

この間、幣原は満洲事変に関する証人として昭和二十一年六月二十五〜二十六日と、二十二年十一月十一日に極東国際軍事裁判（東京裁判）に出廷、または出張尋問を受けた。ポイントは、当時の陸相であった南次郎被告が関東軍の謀議を事前に察知していたかと、事変勃発後に関東軍を抑制できたかである。幣原は南にはやや批判的であったのに対して、重光葵《しげみつまもる》や白鳥敏夫《しらとりとしお》ら外務省出身の被告を弁護したという（服部龍二『増補版　幣原喜重郎』）。確かに幣原は、南が暗殺を恐れて青年将校に断乎たる態度をとらなかったことを遺憾としたが、彼は部下を統制する権力を持っていなかったとし（『国際検察局（ＩＰＳ）尋問調書』四八巻）、肝心の法廷での発言は、一貫して南の弁護と、当時の政府には「領土的拡張と云ふ意思はなかつた」という国家としての弁明といえるものだった。

真実を口にせず

幣原は、事変前に関東軍の謀略に関する明確な情報は入っておらず、事変勃発後も南は内閣の不拡大方針を忠実に実行しようとしたと「信じて居ります」と繰り返した。閣議でしばしば南と衝突した史実を考えれば、偽証に近い。検察側は陸軍中央のコントロールを逸脱した青年将校の名前を聞き出そうとしたが、幣原は「名前は知りませぬ」とかわし、特定の個人の責任には触れなかった。中国の排日運動や関東軍の撤兵を困難にした満洲の無秩序状態に言及するなど、軍閥による侵略の共同謀議を立証しようとする検察側には好ましくない証人だった（『極東国際軍事裁判速記録』一、七巻）。幣原の第三者の迷惑になることをしない性格と、張作霖《ちょうさくりん》爆殺事件の真相追及と公表を避けたように、国家に不名誉なことは真実でも口にしない性格が表れている。

付言すると、昭和二十二年十一月十一日に自宅で受けた出張尋問は、腰筋痛の悪化で歩行も困難、当分の間は就床・安静が必要との七日付けの聖路加《せいろか》国際病院の診断書（『日本占領関係資料』）を提出して出廷を断った代わりに行なわれたものである。しかし、前後一週間の幣原の手帳をみると、炭鉱国家管理法案の採決を目前に控え、出張尋問前日の十日を除いて、連日活発に幣原派議員をはじめとする関係者との会見や外出を行なっていたことがわかる。出廷を嫌がり、ウソの診断書を提出したのだ。

判決とは異なる見解

幣原は、首相時代に試みた戦争調査会の事業を継承した青木得三《とくぞう》の『太平洋戦争前史』の序文では、同書を「国民を反省せしめ、納得せしむるに十分」という、公表されていた戦争調査会の方針通りの評価をした。だが、晩年に米国の専門誌『フォーリン・アフェアーズ』に掲載するために準備した一文には、中国は幣原の親善外交に応じなかった、満洲事変では国際連盟提訴で困難を強いられたという中国側の責任を強調している（幣原「戦争の幽霊」）。東京裁判の判決とは異なる見解である。

幣原はＧＨＱによる占領政策の目玉―東京裁判の実施と社会党を中心とする日本政治

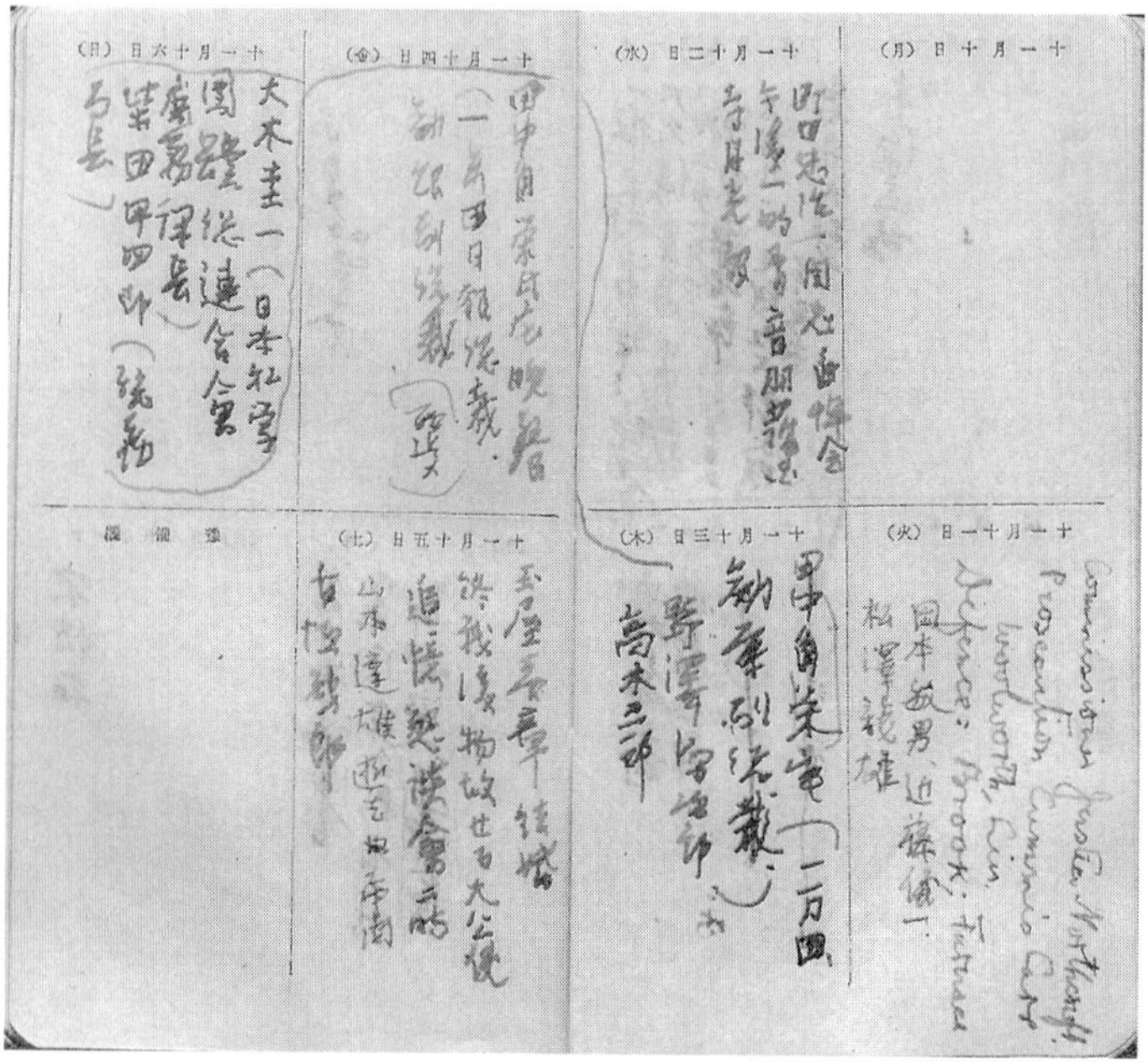

昭和22年11月10〜16日の幣原喜重郎手帳

安静が必要な病人とは思えない多忙ぶりがわかる。手帳には書いていないが，14日には吉田茂と会見したことが報道されている．前週（11月2日〜9日）も休日はなく，連日の会見を縫うように6，8日に聖路加国際病院を訪れている（「幣原喜重郎手帳」『憲政資料室収集文書』国立国会図書館憲政資料室蔵）

の再編―に抗し、保守勢力による戦後政治の主導権獲得を企図していたのである。

二　内政をめぐる吉田茂との確執―犬養処遇問題―

昭和二十三（一九四八）年二月の芦田均内閣成立後、吉田は保守結集を、芦田は中道政治を訴え、両者は六月以降、衆議院総選挙の準備に傾いた。幣原も「政局安定、新日本建設の為め」に二大政党制の実現と、総選挙での民自党の過半数獲得を目指すとした（八月二十一日大平駒槌宛幣原書翰『幣原平和文庫』）。

第二次吉田内閣成立

芦田内閣の求心力低下と、民自党の支持拡大（内閣支持率一六％、総選挙での投票先は民自党三九％、与党三党は二九％。七月二十日『朝日新聞』）をみかねた民政局課長のウィリアムズは、民自党から山崎猛《やまざきたけし》幹事長ら数十名を引き抜くと同時に吉田、幣原、斎藤ら有力保守政治家を一掃する大胆な切り崩し策を示唆した（十月四日『芦田均日記』二巻）。これが山崎首班の中道連立内閣を目指す工作になったが、激怒した吉田はマッカーサーに直談判、その支持をとりつけて第二次内閣を成立させた。

幣原は十月十五日に成立した新内閣に入り吉田を補佐しようとしたが、吉田はもっと重大なことをお願いすると言って断わった（『幣原喜重郎』）。吉田は民自党にあった「保守反動」イメージを払拭して大幅な若返りをはかるべく、閣僚はすべて初入閣者、一三名中、九名が当選一〜二回の新顔であった。幣原の意見を徴して閣僚名簿を確定（十月十八〜十九日『朝日新聞』）、十九日に任命を終えたが、幣原の心中は複雑であっただろう。

ところで、当時、民自党は衆議院で一五一議席しか有しておらず、政権運営には民主党（九〇議席）、国民協同党（三〇議席）との協力が不可欠であった。吉田は緊密な関係を持ち、保守提携のラインで一致していたといわれる犬養健民主党顧問に期待した。犬養は十二月十日の党大会で民主党総裁に選出された。

民自党、総選挙に大勝

昭和二十四（一九四九）年一月二十二日の衆議院総選挙を前に、吉田は一月十八日の記者会見で勝敗ラインを二〇〇議席とし、その上で保守提携による安定政権を目指すと表明した。だが選挙では片山、芦田と続いた中道政権への批判票が民自党に集まり、民自党は改選四六六議席中、単独過半数の二六四議席という想定外の大勝利を収めた。

連立と反発

民自党では幣原も含めて単独過半数を制した以上、連立を組む必要はないとの声が強く、民主党でも自由党との提携には拒否感が強かった。だが吉田はＧＨＱが求めている経済安定九原則の実行には、膨大な行政整理と企業整理を伴うために国内の反発を招き、民自党の分裂にも発展するおそれがあることから、与党の議席を増やしておく必要があると考え、民主党から二名を閣僚に迎えての連立に踏み切った。反動として民主党は犬養率いる連立派と、これに反対する苫米地義三《とまべちぎぞう》率いる野党派に分裂、民自党でも大野伴睦《ばんぼく》の派閥と幣原派が強く反発した。

衆議院議長へ就任

幣原は吉田の勧めで二月七日に衆議院議長への就任を承諾、十一日に議長に就任したが、吉田にすれば、民主党との提携推進に際して、犬養と確執がある幣原を体よく祭り上げる意味もあった。

幣原は犬養への感情を直接的な言葉にはしなかったが、彼を民自党に入れれば「過去の行跡《ぎょうせき》からみて必ず将来に禍根を残し、党の結束を乱す」と語った（昭和二十五年一月十九日『読売新聞』）。犬養の節操のない態度―進歩党時代に中道主義を掲げて幣原に反抗、芦田を担いで民主党を結成したが、昭和二十二年春に公職追放を受けたあとは吉田に接近、芦田とGHQのとりなしで追放解除を受けて民主党に復帰すると、保守派に転じて芦田に反旗を翻した―を問題視した。

犬養派、犬養以外入党

犬養派との合同は、民自党内に一年間にわたる深刻な対立を生んだが、最終的には犬養以外の入党を認めるとして、昭和二十五（一九五〇）年二月十日に二八名が民自党に入党、犬養は無所属となった。犬養以外で民自党に入党しなかった連立派議員は、四月二十八日に野党派や国民協同党などと合同、国民民主党（以下、民主党）が生まれた。吉田は「犬養君の入党も幣原老にゴネられた。民主党との話もシデ原老にかゝると中々むつかしい」とこぼした（六月二十六日『芦田均日記』三巻）。

なお、吉田は犬養派への配慮から三月一日に民自党の党名を自由党に戻すが、幣原は強く反発、自由党の内紛として野党を喜ばせた（二月十二日『朝日新聞』）。

雅子夫人によれば、衆議院議長になってからの幣原は、若い議員や新聞記者との宴席が増え、酔いつぶれて家に帰る日もあった。「これから先がほんとうの内助《ないじょ》が必要なんじゃないかと思つた」という（永井松三「幣原男爵の想出」）。犬養派との抗争、議長としての行動に、期するものがあったのであろうか。また、晩年の幣原は新聞記者と会うと、よく昔話をしたという（昭和二十五年九月十四日『矢部貞治日記』欅の巻）。昔話の放談（はしがき参照）から幣原の自伝とされる『外交五十年』が生まれたのであろう。

妹・節の死

この間、昭和二十四年九月十一日に末妹の節《せつ》が神戸の御影《みかげ》で死去した。

保守合同を目指してきた幣原は、犬養の処遇をめぐって、政権運営の見地から与党の議席を増やそうとする吉田との関係を悪化させた。だが、次に述べるように、外交に関しては、冷戦期における日本外交の基本原則とされる吉田ドクトリン（米ソ冷戦下で日米協調を軸とした日本の安全確保、軽武装と経済重視）に近い構想を持っていた。

三　憲法第九条をめぐる葛藤——政策議論における本音と建て前——

講和条約問題

当時の日本にとって、最大の外交課題は、講和条約の締結であった。実際に締結されたサンフランシスコ講和条約は、米国が日本を旧敵国としてではなく、友邦として迎えた条約であった。だが、昭和二十五（一九五〇）年六月の朝鮮戦争勃発までは、講和条約では経済活動の制限や再軍備の禁止、長期にわたる監視といった厳格な条件が課せられると予想されていた。日本が侵略された場合の安全保障は、拒否権の弊害などから国連による保障には期待できなかった（拙稿「外務省と日本の国連加盟外交」）。経済面でも、一応の安定と、昭和五年（戦前）なみの生活水準を維持できる時期は一九九〇年との想定で試算されていた（外務省記録35）。

講和条約緩和のために

こうした厳しい環境のなかで、幣原は講和問題をどう考えていたのか。それはまた、昭和二十四、五年ごろに公言していた憲法九条論とも密接な関係があったといえる。

幣原は第一次世界大戦で敗れたドイツの例から、講和会議での日本全権の役割は、文書にサインするだけで発言権はないとした（昭和二十五年一月一日『読売新聞』）。また、日本の工業施設の多くを撤去するポーレー賠償案が実施されれば、日本は「餓死」するか

「列国の乞食」になると語った（昭和二十三年一月三日『読売新聞』）。増え続ける人口を抱える日本にとって、食糧確保と、これに必要な国内産業の育成と貿易が不可欠で、そのためにも賠償金を可能な限り軽減し、経済活動の自由を獲得しなければならない。厳重になると予想されている講和条件を緩和するには、講和会議が開かれるまでに国際的な信用を回復して連合国の恩恵を引き出す以外に方法はなかった。

幣原は、再軍備は「世界の疑惑と反抗を挑発し、日本を孤立無援の立場に陥れ」ると語ったように（幣原「憲法記念日式典」）、講和条件の厳格化につながる。核保有国と戦争をすれば「日本は負けるにきまつている」し、原水爆の開発は財政破綻をもたらす（同「内外情勢と日本経済」）。何よりも、昭和二十一年六月に米国が講和条約とセットにする対日武装解除・非軍事化条約案を公表していたように（*FRUS*, 1946, v. 8）、連合国が日本に侵略軍を撃退できるだけの兵力の保有を許すはずがない（幣原「東邦研究会の創立に就て」）。そう考えれば、「正義の大道を辿《たど》つて行く」、「世界の公論に問う」以外に選択肢はないのであり（「幣原衆議院議長講演、其他」）、「日本再軍備（憲法改正）の愚策」ということになる（昭和二十五年日付不明「幣原喜重郎手帳」）。

再び平和国家アピール

平和国家をアピールすることで国際的信用を回復して講和条件を緩和するとの幣原の方向性は、吉田とも共通していた（例えば、昭和二十四年十一月二十二日『朝日新聞』）。だが、これまで述べてきたように、幣原はメディア向けには国際連盟や不戦条約を評価したが、機能性には疑問を抱いていたのと同様、本音と建て前を使い分ける現実主義者であり（四章二節、五章一節参照）、日本国憲法前文にある自国の安全を「平和を愛する諸国民の公正と信義」に委ねる発想の持ち主ではなかった。

国連を信頼せず

昭和二十二年九月三日の外務省におけるヒアリングでは、「日本が外国から侵略されたというような場合に、自国の将兵を犠牲にして日本を守って呉《く》れることは有り得ない」として国連加盟に反対、ただし「米国の利害」から「日本の援助に来て呉れるかも知れない」として、米国による安全保障に期待した（『日外』サンフランシスコ平和条約・準備対策）。また、ソ連は国連の安全保障理事会で頻繁に拒否権を行使して決議成立を妨害していると指摘した（幣原「時局雑観」）。

マッカーサーとの考えの違いも注目される。当初、マッカーサーは撤廃される軍備には国内の治安維持部隊も含まれるとしていたが（柴山太『日本再軍備への道』）、幣原は「警察力」としての治安維持部隊の保持は「当然であらう」と述べた（昭和二十一年九月十三日、貴族院帝国憲法改正案特別委委員会）。

永世中立を酷評

マッカーサーの高唱する、日本は「東洋のスイス」たれという言葉や永世中立論に対しても、スイスは日本と違って峻険な山脈で囲まれた攻めにくい地理的環境を持ち、相当な兵力も蓄えているが、四面を海に囲まれた日本には敵が「容易に接近」できる上、「一人の兵員も、一片の軍事施設も備えていません」と指摘した（幣原「時局雑観」）。幣原はオランダ公使時代に実見した第一次世界大戦でのベルギー蹂躙を例に、永世中立は「一片の紙屑《かみくず》」「過去の廃物」「危険千万」などと酷評した（昭和二十五年一月一日『読売新聞』、幣原「東邦研究会の創立に就て」）。

幣原の安全保障論

国連も永世中立も信頼できないなら、日本の安全保障はどうするのか。それは米ソ冷戦下での日米関係強化で達成するのだ。最大のヒントは、「東邦研究会の創立に就て」と題した演説の草稿と思われる自筆原稿で、演説では省かれた本音が垣間《かいま》見える。日本が侵略された時に第三国が駆けつける安全保障条約の締結は「日本の独立性を放棄するもの」である。利害関係なき国が「有《あ》らゆる危険を冒し、有らゆる犠牲を忍んで」日本を援護するなど「無理な注文」で、特定の国を刺激して「侵略国に口実を仮《か》[原文のま]」す。だが、特定国を刺激しないように条文をトーンダウンさせれば「条約の効果を削減する」として、国連依存とともに非現実的とした。そこで幣原は言う。日本が侵略されれば経済的のみならず、軍事的にも「脅威」を感じる「第三国ができて来る」、かかる第三国は日本の要請や条約の有無にかかわらず、「自国の利益を擁護し、国際秩序を維持せむが為めに、自ら進んで極力対日侵略を排除するの手段を講ずることハ疑を

日米関係強化

容れませぬ」とし、「唯一の自衛策は［中略］正義の力」とした（幣原「新日本の前途」）。

幣原は、「正義」とは「普遍的な輿論《よろん》に依つて承認されたもの」と説明しているが、先に指摘したように、文明と相容れない専制抑圧の恐怖政治を行ない、国際条約を蹂躙するソ連を正義だと考えるはずはなく（四章三節、六章一節参照）、国連加盟国の多数を占める西側自由主義国を暗示していると解すべきである。幣原は対日侵略を排除してくれる「第三国」の名を明かしていないが、「共産主義は目的のために手段を選ばぬ、全然信用出来ぬ相手だ」と漏らし（昭和二十六年三月十二日『夕刊読売』）、米ソ二大陣営の対立下で日米関係を重視する思考から、米国と考えるのが自然だ。つまり西側諸国、特にそのリーダーである米国にとってなくてはならない国になることで、安全を確保するのである。

米軍の駐留を希望

実際、幣原は昭和二十五年六月二十二日に対日講和条約を含む極東問題を担当するダレス国務省顧問に会見した際、「米軍が撤退すれば、日本は共産主義者の活動を抑えることができない」、だが再軍備は過重な財政負担を強いられるとして、「米軍による永久占領」を求めた。また、再軍備や米軍の駐留が行なわれなければ、日本の安全保障は侵略者に対する協力拒否という消極的な抵抗しかない。その結果、多数の日本人が殺されるが、日本人には強い反露感情があり、ロシアとて八〇〇〇万人（当時の日本の人口）を殺すことはできず、侵略は失敗に帰すと語った（*FRUS*, 1950, v. 6, p. 1231-1232）。

八〇〇〇万人は、しばしば幣原が交渉のテクニックとして使ったブラフ（ハッタリのこと。武者小路公共「幣原氏を偲ぶ」）だろうが、大事なのは、日本人は絶対にソ連の味方にならない、つまり米国陣営につくとの意思表示である。しかも、このころの講演では、基地問題は「今のところ起つていない」、「アメリカが軍事施設を設けるのは第三国に目標がある」との否定的な見解を示し、本音と建て前を使い分けていた（幣原「内外情勢と日本経済」）。

幣原が長年に連れ添った最側近の秘書官である岸倉松《くらまつ》は後年、幣原が生きていれば日本本土に米軍基地は置かれなかったと想像している（岸「超党派外交に関する主張」）。憲法九条幣原発案説の支持者は、岸の幣原発案説支持を重視するが、岸証言は推測レベルで（佐々木高雄『戦争放棄条項の成立経緯』）、米軍駐留要請のように、幣原は岸にすら本心を明かしていないのである。岸証言は信用性を欠く。

全面講和か多数講和か

幣原の親米・反ソ思考は、講和会議のありかたにもつながる。昭和二十四年九月十七日、英米仏外相は極東問題での意見一致を声明した。これは日本がソ連陣営に引き込まれる前に西側陣営に参加させるために、ソ連抜きでも対日講和条約を締結するとの意思表示でもあった（柴山太『日本再軍備への道』）。以後、日本では、ソ連や中国を含んだ全交戦国との全面講和を求める者と、共産圏を除いた多数（または単独）講和を締結すべきとする者に分かれ、共産主義の脅威から日本を守るための在日米軍基地の設定を含む防衛・軍事協定の是非とともに、激しい論争が行なわれた。

幣原は多数講和を支持

幣原は「日本人としては全面講和を希望するのが常識でしようけれども、なか〳〵そうはうまく行かないと思いますね」と述べ、吉田の目指す多数講和を支持した。当時、全面講和論者は、多数講和は日本を西側陣営に組み込むもので米ソ関係の悪化を招き、日本も戦争に巻き込まれると訴えたが、幣原は米ソは「戦争にならぬ方にかけますね」と語り（昭和二十五年一月一日『読売新聞』）、吉田も「近い将来に米ソ戦は起り得ない」と述べた（昭和二十四年二月十三日『朝日新聞』）。この背景には、ソ連は大きく国力を上回っている米国との衝突を避けるとの判断があった（拙稿「外務省と日本の国連加盟外交」三七〇頁）。

このころの幣原は「憲法記念日式典」（昭和二十四年五月三日『幣原平和文庫』）、「平和の先駆者」（同八月十五日『国会』二―九）、「絶対平和への道」（昭和二十五年五月二日『東京新聞』）など、時折り憲法九条の平和主義を強調した。だが当時の日本が置かれていた状況を踏まえて仔細にその言動を検討してみると、好条件での講和条約の締結、非武装化される日本の安全保障といった現実と葛藤しながらのものであったといえる。また、反共・反ソ姿勢を鮮明にしたダレスの著書『戦争か平和か』の序文を書き、「国際問題の理解に大いに資するところある」と絶賛するなど、反ソ・親米の姿勢を強めていった。

四　講和問題と超党派外交——最晩年の政治活動——

幣原が最晩年に試み、吉田との間で齟齬《そご》をきたしたのが、講和問題に関する超党派外交である。最初にこれを提唱したのは民主党で、問題の根本は政争であった。

野党、全面講和を掲ぐ

昭和二十四（一九四九）年秋、衆議院では単独過半数を占める民自党に対して、野党は民主党では連立派と野党派の対立が続き、社会党、共産党もそれぞれ五十議席を割っていた。ここで舞い込んできた全面か、多数かという講和問題と在日米軍基地の是非は、野党にとって政権批判の恰好の材料になった。野党各代表はソ連などの共産圏を含む全面講和が望ましい、軍事協定は憲法上の疑義があるとの態度をとり（十一月八日『朝日新聞』）、十一月九日からの臨時国会での論戦はこれらが議論の的となった。

十一月十日の衆議院本会議で、民主党野党派の千葉三郎幹事長は多数・全面講和や安全保障、永世中立の是非に関して「全国民を網羅」した準備が必要と提起した。翌年四月二十六日に共産党を除く野党各派は共同声明を発し、吉田内閣の中立放棄（軍事協定）や多数講和論を批判、憲法の趣旨から永世中立と全面講和を求め、苫米地義三《とまべちぎぞう》民主党最高委員長は五月九日、外交問題は「超党派的な機関」で行なうべきと表明した。超党派外交を掲げた民主党は、全面講和で国論を統一し、全面が不可能であると明らかになれば多数講和に乗り換えるべきと主張した。

講和問題、政争の具に

もっとも、十二月一日の『朝日新聞』が指摘したように、野党各派は軍事協定には反対したが、共産党以外は全面講和を理想論とし、状況次第では多数講和やむなしとの含みがあった。つまり、幣原が最も嫌う外交、しかも日本の運命を大きく左右する講和問題が与野党を二分する政争の具になったのである。

吉田と自由党サイドは、米ソが対立する国際情勢から中立は空念仏《からねんぶつ》と批判、全面講和論を修正しない限り超党派外交に応じることはできないとし、改選議席の過半数獲得を目標に掲げた参議院選挙の争点にもなった。

自由党のび悩む

六月四日の選挙結果は自由党の予想を下回った。改選一三二議席に対して、多数講和支持は六一議席（自由五二、緑風会九）、全面講和支持は四九議席（社会三六、民主九、共産二、労働農民二）と拮抗した。全二五〇議席中、多数支持は一二六（自由七六、緑風会五〇）、全面支持は一〇二（社会六一、民主二九、共産四、労働農民五、農民協同三）で、多数講和派が辛うじて過半数を制した。だが、自由党は緑風会《りよくふうかい》とは内政問題でしばしば対立、国会運営の円滑化のためにも保守系議員、特に民主党の抱き込みは緊急課題となった。

三者会談計画

六月十三日、吉田は親交のある参議院民主党の林屋亀次郎《はやしやかめじろう》に、講和問題を切り口にした民主党との連立を打診した。これに対して林屋は講和問題に関する幣原、吉田、芦田の三者会談を提案、賛意を示した吉田は幣原と芦田に協力を呼びかけた（『芦田均日記』三巻）。吉田が苫米地との党首会談ではなく、芦田との会談を求めたのは、参議院選挙で議席を減らした民主党内では、全面講和論の修正を求める声が高まっていたことに加え、全面講和に反対する芦田が、苫米地に代わり事実上の民主党の最有力指導者となっていたためである。幣原を交えようとしたのは、犬養処遇問題で表面化し、参議院選挙での自由党伸び悩みの一因にもなった幣原と民主党の遺恨を和らげるためであった。

もっとも、吉田は六月十五日に講和問題を超党派的に考えることには賛成するが、民主党が求める超党派の外交懇談会を設置する意はないと述べたように、彼の超党派外交は自由党と民主党の提携手段にすぎなかった。

手違いによる申し入れ

だが、幣原は超党派外交の旗振り役を任されたと思い込んだようである。幣原は六月十六日に別件で苫米地を訪問した際、正面から講和問題を超党派的に取り上げるよう申し入れるという「手違いが生じて」しまった（六月二十六日『芦田均日記』三巻）。苫米地は外交問題を政争の具にしないとの趣旨には賛同するが、党の方針に基づき、社会党に超党派外交への参加を求めると回答した。

左派が主導権を握っていた社会党では六月十六日、幣原の超党派外交を「単独講和に野党をも引ずり込もうとする」謀略と批判、二十二日の中央執行委員会で全面講和・中立堅持・軍事基地反対の既定方針を確認した。

吉田・芦田会談失敗

吉田は社会党を外して、自由党と民主党両党による超党派外交としてやり直すべく、芦田と二人限りの会談を求めたが、吉田・芦田会談の動きが十九日の夕刊にスクープされたことで中止になった上、幣原は二十一日夜、「超党［原文のまま］工作は私に任せて呉《く》れる筈だつたのに、中途で芦田に会ふといふことでは俺の面目をどうしてくれるか」と吉田に怒鳴り込んだ（六月十九、二十二日『芦田均日記』三巻）。

困った吉田は、朝鮮戦争が勃発した翌日の六月二十六日に秘密裡に芦田と会談、超党派外交は、まず自由党と民主党とで行ない、次いで民主党から社会党に呼びかけるとして、実質的に自由党と民主党の両党提携のラインに戻そうとした。ところが芦田は、少なくとも右派だけでも社会党を引き込まないと民主党内部がまとまらないとして、吉田が直接浅沼稲次郎《あさぬまいねじろう》社会党書記長に協力を申し入れることを勧めた（『芦田均日記』三巻）。

社会党の引き込み失敗

だが、吉田は浅沼の説得を幣原に委任した。七月七日、幣原は超党派外交を掲げる以上は社会党にも打診すべきである、もっとも自分は橋渡し役で、協力の約束をとりつければ、そのあとのことは党執行部に委ねると語った（『朝日新聞』）。翌日、幣原は浅沼になく、外交を政争の具にすべきではない、「機密を要する」外交問題の議論は国会ではなく、各党代表による外交懇談会に譲るべきと申し入れた。しかし社会党は十四日、外交問題は国会で公議すべきとして拒否を回答した。

日比谷焼き打ち事件の再演警戒

ここが幣原の超党派外交のポイントである。講和問題が政争化するなか、領土、基地、賠償といった世論が過熱しやすい問題を国会などの公開の場で議論すれば、さらなる混乱を招きかねなかった（岡崎勝男官房長官談、六月二十三日『毎日新聞』）。幣原は日露戦争の講和に際して起こった日比谷焼き打ちの再演を警戒した。十一月二十七日の講演では、外交問題の機密性に触れた上で、秘密が漏洩すれば一番損害を被るのは「わが国」であり、「国民全体」である、外相時代に外交が政争の具に利用された過去を振り返りつつ、野党の協力も必要で、「国のことを思つている人たちが寄り合つて良識的の話」をすることで一致点を見出せると述べた（「幣原衆議院議長講演、其他」）。

つまり、講和の議論は外交懇談会という非公議機関が吸収することで政争化とさらなる世論の分裂を防ぎ日比谷焼き打ちのような混乱を防止するとともに、懇談会で国家を第一に検討すれば、最も現実的な解決策——多数講和と米軍駐留による安全保障の確保という道——がみえてくるというのであろう。幣原は「問題は野党諸君の気持」で、講和問題を政争に利用する「人気とり」を批判した（「超党派外交問題」）。だからこそ、内政・外交の理念が相反する社会党にも超党派外交を呼びかけたのである。

吉田、超党派外交に消極的に

一方、吉田は幣原に社会党工作を任せたが、これは幣原の面目を立てるためで、社会党工作の困難を自覚して断念してくれればよかった。むしろ、超党派外交を推進することで、社会党左派を通じて共産党に外交機密が漏洩することを警戒していた（九月七日『毎日新聞』）。特に、米軍駐留による安全確保という構想が公になれば、全面・多数論争以上の混乱を招いて講和そのものが吹っ飛びかねないと考えたのだろう。

以後、吉田と自由党サイドは幣原の社会党工作にブレーキをかける一方で、民主党との提携工作を継続、超党派外交の看板を取り下げ、朝鮮戦争に伴う国連協力のラインで民主党の同調を求めた。だが幣原は社会党に理解を求めるとして譲らず、超党派外交を主張する民主党に接近、吉田と自由党幹部は幣原との溝が表面化したことに困却した。

超党派外交が政局の焦点に

この間、民主党は十月五日の外交対策特別委員会で全面講和論を取り下げたが、社会党を含めた超党派外交の推進路線は堅持、苫米地は八日、臨時国会が召集される十一月中旬までに社会党を含めた態勢をつくるべきとし、二十二日には吉田が超党派外交に出馬しなければ、野党各派と提携して衆議院解散と超党派の講和内閣樹立を目指すと表明した。社会党も十一月二十一日からの第九臨時国会を前に、全面講和と衆議院の解散を求めた。

超党派外交が政局の焦点となるなか、事態を憂慮した吉田は十一月一日、超党派外交の推進者を幣原から芦田に乗り換えて社会党の宥和工作を依頼したが、芦田に断わられると（『芦田均日記』三巻）、再度、幣原に浅沼説得の役割を求めた。

苫米地、浅沼との交渉

十一月十四日、幣原は苫米地と浅沼に外交問題を政争の具にしないことと、自由党・民主党・社会党の三党間での外交問題の情報交換と意思疎通を申し入れた。これで懸念されていた民主党による臨時国会冒頭での「超党派外交促進決議案」提出の動きは姿を消したが、社会党は吉田自らが出馬しないことへの不信感も手伝って反応は鈍く、十六日に自由党こそ外交を政争に利用している、外交問題は国会で公議すべきとして拒否を回答した。

決議案提出という当面の危機回避に成功した自由党は、超党派外交の打ち切りに傾いたが、幣原は外交を政争の具にしないという入口で社会党と一致したことを評価、吉田に浅沼、苫米地との三者会談を勧めた。だが吉田は時期尚早とし、幣原にその役を任せて場を逃れた。幣原は二十一日に浅沼、苫米地との三者会談を求めたが、浅沼は社会党の態度は十六日の回答の通りとし、民主党も二十四日に超党派外交は吉田と自由党の熱意不足と、社会党の拒否で行きづまったとして、機が熟するまで工作を中止すると声明した。

超党派外交について、幣原はなおも「時機が熟すれば必ず実現する」と述べたが（「超党派外交問題」）、吉田は「幣原さんではウマく行かない」とサジを投げた（十二月一日『芦田均日記』三巻）。

超党派外交再開の動き

十二月二十八日、米国は多数講和の意があることを正式に通知、年明け早々に講和準備のためのダレス訪日が伝えられると、幣原と民主党から超党派外交再開の動きが現われた。一方、吉田は自由党と民主党の提携の突破口を林屋亀次郎に定めて、一月十二日に佐藤栄作《えいさく》幹事長らに工作を命じた。

当時、民主党では、吉田に近かった林屋や西田隆男《たかお》を中心とする参議院民主党が衆議院民主党と対立、分裂の動きが強まっていた。苫米地は党内の結束維持のためにも歩み寄って一月二十三日に吉田と会談した。吉田は他党に対する超党派外交は検討するとして体よく逃げたが、佐藤幹事長は講和問題で民主党の協力をとりつけたことに満足の意を示し、超党派外交は一応の終止符が打たれた。

終止符

超党派外交は、民主党と社会党が全面講和が困難であることを認めながらも、これを主張するという政争の道具に端を発した。これは幣原が最も嫌う事態であり、しかも日本の運命を大きく左右する講和問題が対象であった。そして多数講和・米軍駐留による安全保障の確保、社会党・共産党に対峙する保守派という基本方針が一致している吉田までもが、民主党との提携手段として超党派外交の看板を利用しようとした。

とはいえ、幣原は自らの離党や講和内閣樹立説を否定（十月三日『朝日新聞』）、あくまでも吉田内閣を支持した。かつての田中外交批判と同様、外交問題と国内の政争を分けて考え、講和条約締結の成功に努力したのである。

五　憲法第九条「幣原発案説」という神話の誕生

ホイットニー証言

昭和二十五（一九五〇）年一月一日、マッカーサーは国家の戦争権否定（自衛権も否定）の文脈で新憲法を説明した昭和二十一年三月六日の声明（佐々木『戦争放棄条項成立の経緯』）を一八〇度転換させ、憲法は自衛権を否定していないと表明すると同時に、憲法九条は「日本人みずから考え出したもの」と強調した。これにホイットニー民政局長が、憲法九条は「元首相の幣原喜重郎氏によつて進言され、それをマ元帥が容認した」との補足説明を加えた（『朝日新聞』）。このホイットニー証言こそ、憲法九条幣原発案説の初出である。

遺されている幣原の演説原稿、草稿、新聞・雑誌記事に一通り目を通して気づいたのは、幣原は憲法九条の精神は語ったが、没後に公刊された『外交五十年』を除き、自らの発案で戦争放棄を憲法に組み込んだと公言していないことである。吉田茂の「もし先生［幣原］の発案なら、［自らの発案だと］もつと大きな声でやりますよ」との言葉通りだった（「吉田元首相談話」『日本国憲法制定に関する談話録音』）。

例外的な偽証

長谷部忠《はせぶただす》ら一部の新聞記者は、昭和二十一年三月六日の憲法改正草案要綱の発表後、幣原から戦争放棄は自らの発案であると聞いたというが、これは改正憲法を成立させるためにウソをついたと考えられる例外事例である（佐々木『戦争放棄条項の成立経緯』）。

憲法改正草案要綱の発表直後、国民や海外メディアの多くは、翻訳臭の強い憲法草案に違和感を抱いていた（三月十八日外務省総務局「憲法草案要綱ニ関スル内外ノ反響」『日外』占領期二巻）。だが、幣原にすれば、不満はあっても天皇制を明記し、その存続を保障する憲法を成立させなければならなかった。だからこそ、昭和二十一年三月二十日の枢密院《すうみついん》での説明や、一部の議員などには、新憲法には天皇を守るための特殊事情があると匂わせた（『佐藤達夫関係文書』、西修『証言でつづる日本国憲法の成立経緯』）。しかし、そこまでの情報を開示できない新聞記者には、自らの発案と強弁して憲法制定の障害を除去する必要があったといえる。

ではなぜ、幣原は『外交五十年』で憲法九条は自らの発案と述べたのか。

ホイットニー証言の前年、昭和二十四年にＮＡＴＯ（北大西洋条約機構）が発足、西側陣営が強化される一方、九月にソ連は原爆実験に成功、十月にかけて東西ドイツ共和国と中華人民共和国が成立、中国大陸は共産化した。

米ソ冷戦の深化を背景に、マッカーサーの立場が変化した。もともとマッカーサーは憲法の精神によって日本を非武装中立化することで、対日講和会議にソ連を引き出そうとしていた。だが米本国（特に陸軍省、統合参謀本部）は東アジアにおける共産主義勢力の台頭を前に、日本の再軍備と講和後の在日米軍基地の設定を強く求めてトルーマン大統領の支持を得た（柴山『日本再軍備への道』）。立場を悪化させたマッカーサーは、日本を非武装化した責任を他者に転嫁する必要が生じており、その格好の人物が幣原だった（佐々木『戦争放棄条項の成立経緯』）。

マッカーサーの責任転嫁

幣原は迷惑

幣原は、自らが憲法九条の発案者とされることに不快感を示した。昭和二十五年四月ごろ、民政局のハッシーに「ディスタープ」（迷惑）との苦情を寄せ、ワイルズにはマッカーサーとの会談で戦争放棄に言及したが、「憲法に入れることまでは言わなかつた」と語った（『小委員会第十七回』）。五月二日付けの夕刊紙『東京新聞』（当時の夕刊は翌日付けの発行、つまり五月一日発行）で「絶対平和への道」という手記を発表、憲法は「強られたものではない」と書いたが、憲法九条の発案者には触れなかった。

しかし、幣原は自らが戦争放棄を憲法に組み込んだと発言しなければならなくなる。五月三日夕刻、幣原は佐藤尚武《なおたけ》参議院議長らとともに、前日に閉会した国会の報告のためにマッカーサーを訪問した。この時、マッカーサーは同行者に聞かせるように、「はっきり非常にゆっくりした調子」で幣原から戦力放棄の提案があったが、これは『早かつたのじゃないだろうかね」と語った（『小委員会第八回』）。憲法九条の発案者に触れていない「絶対平和への道」では、不十分であるとの意思表示にもとれる。

マッカーサー・ノートの転載

次に見逃せないのが、外務省と密接な関係を持ち、その対外宣伝の一翼を担った英字新聞の『ニッポン・タイムズ』（昭和十八年十一月までと、三十年七月以降は『ジャパン・タイムズ』と題す）へのマッカーサー・ノートの転載と、『外交五十年』の出版計画である。

『ニッポン・タイムズ』は昭和二十五年十一月十〜十三日に、GHQ民政局公刊の報告書『日本の政治的再編成』に基いた憲法の特集を組んだ。その際、記事を担当した村田聖明《きよあき》記者は、報告書に掲載されていたマッカーサー・ノートの転載を希望し、GHQに許可を求めた。二〜三日後の回答にはノートの第二項（戦争放棄）のなかに、あたかもノート原本に最初から記されていたかのように（　）をつけ、そのなかに「この考え〔英文ではconcept《コンセプト》〕は、最初に当時の幣原首相から最高司令官に表明され、司令官は直ちにそれに心からの支持を与えた」との一文を加えるとの条件が示され、十一月十一日付けの『ニッポン・タイムズ』での掲載に至った（西修『日本国憲法成立過程の研究』）。

幣原はこの時期、自分に関する記事は細大もらさず報告させており（「超党派外交問題」）、記事を知らないはずはない。プレスコードというGHQによる言論統制下での記事は、

NIPPON TIMES, SATURDAY, NOVEMBER 11, 1950

How Japan's Constitution Was Made

Background Story of the Basic Charter of the Land Now Given

II

On February 1, updn being informed of the tentative conference set for February 5, General MacArthur instructed Brig. Gen. Courtney Whitney, Chief, Government Section, to prepare a detailed answer, rejecting the Matsumoto draft, for submission to the Japanese Government at the conference. The work of preparing this rejection was undertaken by the Governmental Powers Branch that afternoon.

Further consideration, however, was given the matter on the second and third of February by the Supreme Com-

within itself any national or civic power of Government.

"Pattern budget after British system."

This decision was communicated by Gen. Whitney to the three officers of his Section responsible for constitutional and legal reform, Col. Charles L. Kades, Chief, Public Administration Division; Lt. Col. Milo E. Rowell, Chief, Legal Branch; and Comdr. Alfred R. Hussey. These three explored the subject and the problems presented and outlined plans for carrying forward the work. A tentative organization was recommend-

need be made of the United Nations Charter, its principles should be borne clearly in mind in drafting the new Constitution.

There was little difficulty over the provisions relating to the Emperor, the discussions between the steering committee and the special committee drafting the proposals being generally concerned with details. A proposal giving the Emperor the right to "confirm the judgments of the court of law" was stricken. The word "reign" was deleted on the ground that in Japanese it carried the connotation of

Social and

Dr. Fred Jarvis c
cal Alliance Missio
7 p.m. Saturday, a
Gospel Hour, GHQ

The Tokyo Uni
hold its regular se
(in English) on Sun
the Chapel of A
(Avenue F at D).
will be the Rev.
missionary of the
of Missions and ex
of the Interboard
Christian Work in

Consul General J.
address a dinner
GHQ Chapel Cente
7 p.m. to officially l
fund-raising camp
Tokyo Union Chur
servations for the
sale Friday at th
church secretary. D
on the 9th floor of
Tickets are ¥300 a
can be made by p

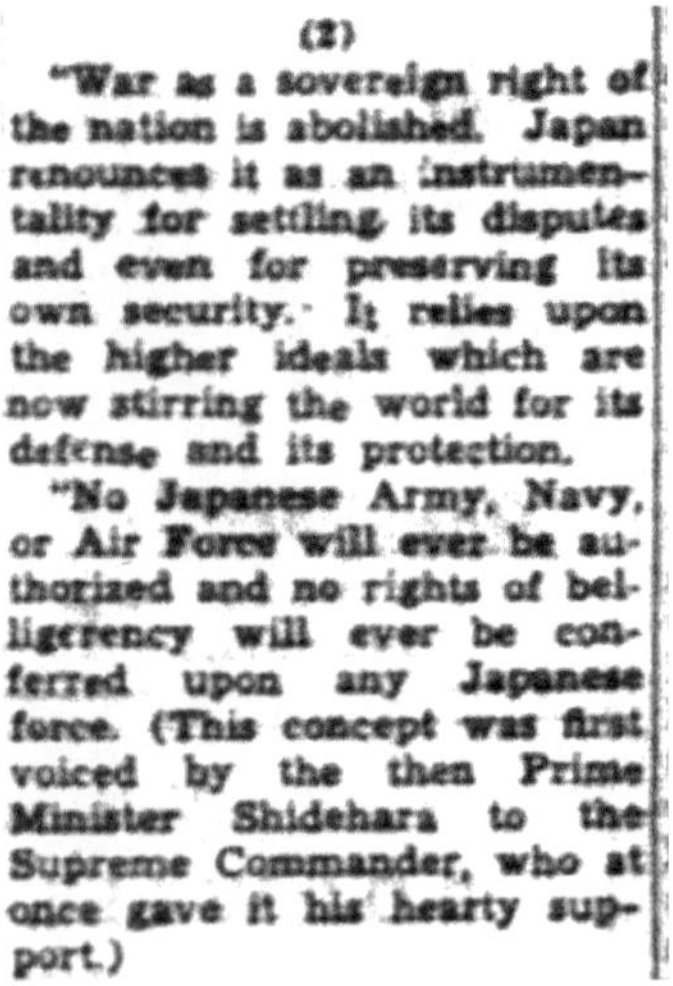

(2)

"War as a sovereign right of the nation is abolished. Japan renounces it as an instrumentality for settling its disputes and even for preserving its own security. It relies upon the higher ideals which are now stirring the world for its defense and its protection.

"No Japanese Army, Navy, or Air Force will ever be authorized and no rights of belligerency will ever be conferred upon any Japanese force. (This concept was first voiced by the then Prime Minister Shidehara to the Supreme Commander, who at once gave it his hearty support.)

憲法第九条幣原発案説を掲載した『ニッポン・タイムズ』

上の写真は記事の見出し．下の写真の（2）は本文で指摘したマッカーサー・ノート第２項の拡大部分．２段落目の後半の This concept で始まる（　）内の一文が掲載にあたって新たに加えられた部分で，戦争放棄の条文化は幣原の具体的な構想に基づくものと解釈できる内容になっている．

五月三日のマッカーサーの発言と考え合わせて、戦争放棄の条文化は幣原のアイディア（漠然とした思いつき）ではなく、具体性を備えた幣原のconcept《コンセプト》（構想）に基づくものでなければならないとのメッセージと解釈したのではないか。

記事にショックを受けた人物に、松本烝治《じょうじ》のあとを継いで、憲法担当の国務大臣として制定作業に携わった金森徳次郎《かなもりとくじろう》がいた。金森は昭和二十一年二月のＧＨＱ作成の憲法草案の存在に触れず、これをなかったことにしている『日本の政治的再編成』に不審感を覚え、幣原に「あなた御自身しか知られないことが多い」として正式な記録作成を前提とした証言を求めた。だが、幣原は「もう少し待て」「まだ早い」と言ってかわした（金森「幣原先生の想出」『幣原平和文庫』）。

『外交五十年』の神話

こうしたなか、幣原の自伝でもある『外交五十年』の出版が持ち上がった。昭和二十五年九月五日から『読売新聞』で連載されていた「外交五十年」には憲法制定の話はなかったが、連載最終日に近日中に新憲法の起草を含めて刊行すると発表された（十一月十四日『読売新聞』）。となると、ＧＨＱが創り上げようとしている憲法九条幣原発案説を無視できない。幣原没後の昭和二十六年四月に公刊された『外交五十年』には、首相となった幣原が五ヵ条御誓文の精神に基づく日本的デモクラシーを目指し、憲法改正については消極的で、ＧＨＱ草案に抵抗したという史実を封印し、泣き叫ぶ男の逸話に手を加えて、「戦争を放棄し、軍備を全廃」する「不動の信念」で憲法改正に取り組んだことになっている。

幣原は、憲法九条の発案者を問う元読売新聞記者の花見達二《はなみたつじ》に「占領されていたら仕《し》様《よう》がないじゃないか」とだけ答え（花見『昭和記者日記』）、元ジャパン・タイムズ記者の村山有《たもつ》には「戦争放棄はわしから望んだことにしよう」と語ったという（村山『終戦のころ』）。

「まだ早い」の真意

これらの証言を鵜呑みにするのには慎重でなければならないが、幣原自身、「僕が思う存分書いたら、新聞は発行停止をくうかも知れませんよ」という状況に置かれていたことと（山浦貫一「時の顔　幣原喜重郎」）、当時は平和主義のアピールを通じた講和条件の緩和に全力を尽くしていたことを考えると、それなりに合理性があるように思われる。

元首相で衆議院議長である幣原が、ＧＨＱの掲げる憲法九条幣原発案説を否定すれば、ＧＨＱの反感を招くばかりでなく、国内の再軍備論を勢いづかせる。再軍備論の台頭は日本を警戒する国を硬化させて講和条件の厳重化を招き、講和推進の大きな障害となるので、講和条約が締結されるまでは、誤解を与えかねない言動は慎まねばならない。金森に語ったように、「まだ早い」のである。事実、英国は米国と共同の昭和二十六年七月三日の講和条約最終案提示の前までは、日本に賠償金を課す方針であった。

言動の変化

幣原は自由な発言が許される状況にはなかったが、その言動には微妙な変化が表れて

第十回国会開会式辞草稿

いた。衆議院議長としての国会開会式の挨拶では、初期には戦争放棄について「列国に先鞭《せんべん》をつけました」(第五回、昭和二十四年三月十九日)、「わが憲法は先見の明」で、時機が来れば「日本の例にならうものが続出」する(第六回、十一月一日)と訴えた。しかし、冷戦が深化した昭和二十四年の末に「祖国を民主的平和的文化国家として再建」すると述べて以降(第七回、十二月十五日)、世界に先駆けた戦争放棄という言葉は姿を消した。朝鮮戦争勃発後の第八回(二十五年七月十三日)には、「隣邦国民が再び平和の恵みに浴せんことを専心祈願」する。第九回(十一月二十二日)は「国際正義に則つて、この動乱が一刻も早く収ま」ることを希望、第十回(二十六年一月二十五日)には、「自由と正義を愛する諸国民と手をたずさえ、積極的に世界平和の維持に貢献できる日の一刻も早く到来することを念願する」として、次第に米国を中心とする西側陣営への期待にシフトした。

特に第十回開会式が行なわれた昭和二十六年一月の初旬、朝鮮戦争で北朝鮮軍と中国義勇軍は釜山を席捲、事態の拡大が懸念されていた。このころの草稿には、「敵対陣営の孰《いず》れか一方が、日本の武備なきに乗じ、追て鋒先《ほこさき》を転じて、日本領土の侵略を試みるが如きことあらば、日本は国際法の保障する国家自衛権の発動により、必要な手段を執るの已《や》むを得ざるに至るやも知れませぬけれども、今日の処《ところ》ではかゝる非常事態の発生は予想せられません」と記している(幣原「第十回国会開会式辞[草案]」)。国連軍の反攻で危機を脱したためか、この一文は最終的には省かれたが、予防線を張りながらも、かなり踏み込んだ見解である。中島弥団次《なかじまやだんじ》によると、当時の再軍備に関する幣原の考えは「芦田と吉田の中間」であったという（一月十三日『芦田均日記』三巻）。

当時、芦田は再軍備を主張したが、吉田は財政上の理由と講和会議への影響から兵力以外の方法で国を守るべきと反論していた（昭和二十五年十二月二十八～二十九日『朝日新聞』）。幣原の再軍備論の内容は不明だが、再軍備や憲法改正を愚策とした見解（昭和二十五年日付不明「幣原喜重郎手帳」）は、国際情勢やＧＨＱの態度変化で変容しつつあった。

幣原の言葉の端々《はしばし》に表れる微妙な表現の変化と客観情勢を考えた時、憲法九条を自らの発案とする証言は、ＧＨＱの公式見解に従わざるを得なかったものといえる。

六　死　去

幣原は昭和二十六（一九五一）年に入ると、体調を崩しがちになった（『幣原喜重郎』）。次の衆議院総選挙には出馬せず、政界を引退するつもりであったというが（永井「幣原男爵の想出」）、年齢の話になると「七十八ではありませんよ、七、八歳の童子《わらべ》ですよ」と言って国事に携わる熱意をみせた（三月十一日『産業経済新聞』）。吉田も講和会議の首席全権には幣原を充てる予定であったという（四月十六日『日外』サンフランシスコ平和条約・対米交渉）。

急逝

だが三月九日の朝、幣原は体調不良を訴えて国会を欠席、同夜に狭心症を発症、十日十七時十二分、雅子夫人と秘書官の岸倉松、看護士に看取られて自宅で急逝した。三月八日は国会見学に訪れた小学校の児童たちに「しっかりやりなさい」と声をかけ、社会党参議院議員の栗山良夫《よしお》の案内で、国会内で映画を鑑賞したのが公の場で見せた最後の姿となった（三月十三日『毎日新聞』など各紙報道）。

葬儀

十二日に密葬、十六日には衆議院葬が行なわれ、吉田首相や駐日各国代表など約八五〇名が参列した。十一月にA級戦犯として収監されていた巣鴨プリズンを仮出所、謹慎中であった後輩外交官の重光葵《しげみつまもる》が、ファーネス弁護人につきそわれて焼香したのが目を引いた。各界からの追悼談や新聞の論説では、幣原を平和を愛した外交官と讃える声が多かった。だが、日本国憲法制定の功に触れたのは、四月一日付けの公刊を目前に控えた『外交五十年』の版元である『読売新聞』の社説（三月十二日）だけであった。

昭和天皇は幣原死去の報を受けて幣原邸に、本葬には勅使を遣わし、御沙汰書《ごさたしょ》では「道を信ずること篤《あつ》く、固官《こかん》を守ること謹格《きんかく》」とした。十六日は予定通り葉山御用邸に入ったが、幣原の本葬が行なわれているとして外出を控えた（『昭和天皇実録』第十一）。「お慎《つつし》み」ともいわれる外出自粛は、戦争や災害、皇族の逝去などに対する天皇流の哀悼と遺憾の意の表し方であり、昭和天皇が幣原に篤い信頼を寄せていたことがわかる。

従一位を追贈

首相の吉田は衆議院本会議で特に発言を求め、幣原が終戦直後の混沌とした情勢のなか、「烈々《れつれつ》たる気魄《きはく》」で日本再建の礎《いしずえ》を築いたことと、平和と国際協調への努力は外交の正道であるとともに、「真に国を愛する精神によるものであつた」と讃えた（三月十三日、衆議院本会議）。この日、閣議は幣原に従一位《じゅいちい》を追贈することを決定した。戦後、従一位を贈られたのは、叙位順に、牧野伸顕《のぶあき》、松平恒雄《つねお》に続いて三人目で、のちにも鈴木貫太《かんた》郎《ろう》、吉田茂、佐藤栄作《えいさく》、中曽根康弘《なかそねやすひろ》だけである。

数々の声明・追悼談

マッカーサーは、幣原の識見と経験は復興途上の日本に大きく貢献した、世界情勢が緊迫化するなかでの死去は「大きな損失となろう」と述べた（三月十一日『朝日新聞』）。

外務省の後輩では、佐藤尚武《なおたけ》参議院議長が幣原を「師匠」とし、軟弱外交のそしりを受けても信念を枉《ま》げなかったこと、後輩がその教えを守ってきたことを振り返った（三月十一日『毎日新聞』）。幣原にかわいがられながら、民主党結成後は因縁の人となった芦田《あしだ》均《ひとし》は、一期生議員時代の演説が右翼に批判されたことについて「不人気な言辞をあえてする勇気はもっているんだね」と慰められた思い出を語った（同日『朝日新聞』）。

幣原派の国会議員では、降旗徳弥《ふるはたとくや》は昭和二十三年夏に幣原が老軀《ろうく》を押して一ヵ月にわたる全国遊説《ゆうぜい》を行ない、一字一句まで疎かにせず、毎日深夜まで演説会や地元有志との会見を続けた気力を讃えた（降旗「幣原議長を偲ぶ」）。根本龍太郎《ねもとりゅうたろう》は、「あの人は死ぬまで国を憂いておりました」と語った（根本談『秘録・戦後政治の実像』）。

兄の坦《たいら》は、喜重郎急逝の訃報に接して、超党派外交が実現しなかったのは残念だったが、人生の半分を外交と政治に捧げ、「私事のことなど眼中になく一生懸命だった。この点さぞかし死んでも満足だったろう」と語った（三月十一日『朝日新聞（大阪版）』）。

神話広まる

幣原の死去後から一ヵ月あまりたった四月十一日に最高司令官を解任されたマッカーサーは、米国に帰国した直後の五月五日、上院で初めて自身の口から、日本国憲法第九条は幣原の発案であったと公言した（憲法調査会資料『一九五一年五月五日米国国会上院軍事・外交合同委員会におけるマッカーサー元帥の証言』）。故人である幣原に反論の機会はない。『外交五十年』の公刊とともに、憲法九条の発案者は幣原であるという神話は急速に広まった。

死後に果たされた独立

幣原が尽くした日本の独立主権が回復したのは、彼の死から半年後、吉田が首席全権として九月八日に調印した講和条約が発効した昭和二十七（一九五二）年四月二十八日であった。

第九　日本の外交官・幣原喜重郎
―現実主義と理想主義のはざまで―

幣原三つの特徴

幣原の外交官、政治家としての特徴をあげるとすれば、第一に国際協調主義、平和主義の理想を力強く主張し、第二に国際社会の趨勢を捉えて適切な対応を試みた現実主義者であったこと、最後に日本国家のために尽した人物であることが指摘できる。

国際協調主義、平和主義はどこから生まれてきたのかを考えると、外交官としての経歴が注目される。幣原が若き日に赴任した国は韓国、英米にベルギー、オランダである。中国に在勤していないのを幣原の弱みとする意見があるが、当時は中国の政治的混乱が最も激しい時期で、外務省連盟派の安達峰一郎《みねいちろう》ですら、中国の将来性を悲観（昭和六年六月三十日徳富蘇峰宛書翰『国際法にもとづく平和と正義を求めた安達峰一郎』）、国際司法裁判所の対中活動に条件を求めた（拙稿「日本外務省と国際連盟軍縮、安全保障問題」）。

国際法畑の経験

こうした見解は、中国を蔑視し、同国を指導しなければならないという過度の義務意識に転化しやすいものであったが、幣原はそのような意識を持つ機会がなかった。幣原の外交官としての原体験はヨーロッパにあり、国際法と広報を扱う取調課・局長を歴任したことで、主権国家を対等に扱う国際法の原則を身につけた。職責上、国際法秩序の重視と国際紛争の平和的解決を目指すハーグ会議について検討する機会もあった。つまり、欧米基準を軸に物事をみることで、中国を冷静に捉えることができたのである。この国際法畑の経験が、平和を希求する理想に共鳴を覚える素地となったといえる。

そして、同じ国際法畑の石井菊次郎《きくじろう》の外相就任を機に、外務省内に大きな影響力を持つ外務次官の地位を得たことは、幣原派と呼ばれる語学と国際法知識に長じた幣原タイプの外交官を結集させることになり、国際協調時代の土台づくりをなした。

理想と現実

しかし、同時に指摘しなければならないことは、幣原は思想家、評論家ではない。国益を維持、増進する職業的使命を持った外交官、または政治責任を伴う政治家であったことである。信念、理念だけでは現実の政治責任を全うすることはできない。幣原の外交指導が、理想主義よりも現実主義に軸足を置いたものになるのは当然である。

幣原はワシントン会議以来、議会演説や諸々の論説などを通じて、国際協調と新外交への期待を表明した。一方で、主権国家の上に立つ絶対的な国際機関は存在しない（幣原「国際紛争平和的処理に就て」）、主権国家は「存続するにちがいありません」（幣原「義務」『私の哲学』続）、「利害得失を離れて外交といふものはない」と語ったように（「幣原喜重郎男随談録」)、無条件に世界連邦、地球市民の実現を目指す理想主義者ではなかった。

第一次世界大戦後の普遍的(全世界的)秩序の形成を求める新外交の思想を無視できないのが現実であるならば、追求すべき理想に対して、実際は絶対的な主権を持った多数の国家によって国際社会が構成され、各国は自らの利害関係に基づいて行動しているのも現実である。実際、今日までに全世界的国際機構が一致して侵略に対する武力制裁を行なったのは、一九九一(平成三)年の湾岸戦争の一回だけで、放置されている侵略も多々ある。幣原は理想と現実の間に深いギャップがあることを誰よりも熟知していた。

幣原は国際連盟や国際連合による軍縮、安全保障体制の構築の動きには一貫して冷淡な態度をとり、日本が率先して世界の平和主義の実現に向けて行動を試みたことはなかった。列国の対中外交をリードしようとしたのとは対象的である。

現実的判断による外交

幣原の行動の特徴は、理念先行ではなく、現実的判断に裏打ちされたものであった。このことは、外交保護権に基づく在留邦人の生命、財産の保護を重視し、第二次奉直《ほうちょく》戦争では内政不干渉の範囲内で和平斡旋を試みたことにも表れる。むしろ、国益の維持、増進という国内の要求を、欧米先進国によるグローバル・スタンダード(国際基準)に適合、中和させようと試みていたといえる。中国に対しては、穏健なナショナリズムの育成に努める一方で、濱口内閣の十大政綱のように、日本の条約改正への好意と中国の満蒙権益容認による相互の合意と共存共栄を求めた。

第二次世界大戦中の言動のように、国内一致を重視したが、新外交の理念である公開外交と、民主的な外交統制（国民外交）には外交の専門性と特殊性から同調しなかった。幣原は日本の対外的アピールに努め、大正十三年七月に対米移民問題に関する外交文書集を公刊するなど、情報公開も推進した。だが、日米の世論を刺激してさらなる日米関係の悪化を避けるためとして、移民問題に関する同年九月十一日の対米抗議文の公表を避けた（『日外』大十三—二）。後輩外交官には、心得として日露開戦時にデニソンが用いたアピール戦術の実例を語った。

アピール戦術の要素が強い平和主義は、各国の宣戦・講和権を国際組織に委ねる理想案は無視できないとの考えを背景に（「幣原喜重郎男随談録」）、マッカーサーに語ったであろう究極の理想論になる。現実主義者としての側面は、戦争放棄を憲法に組み込んだGHQ草案への抵抗、親米・反ソ路線、最晩年の憲法九条の見直しといえる「国家自衛権」への言及、吉田茂と芦田均《あしだひとし》の中間とはいえ、再軍備の検討となる。

憲法九条発案者説の限界

戦争放棄についていうと、確かにマッカーサーにヒントを与えたのは幣原の理想論であろうが、幣原の戦争放棄は道徳的な声明のアイディアにすぎず、閣議では宣戦・講和権、すなわち国家としての戦争権の維持を求めた。これに対して、マッカーサーは戦争放棄を法的拘束力を伴う憲法に組み込み、国家の戦争権や戦力の保持を否定した。幣原とマッカーサーの戦争放棄のコンセプトは根本的に異なるものであり、憲法に組み込む発想—憲法なら守らなければならない義務が発生する—はマッカーサー独自のものであった。幣原の生涯を通じた言動の特徴を考えれば、幣原が憲法九条の発案者である、もしくは彼の発想、提起が九条誕生の決定的な要因だったとの説には無理がある。

幣原の「国家本位」で物事を考え（谷正之「和蘭公使時代の幣原さん」）、天皇、皇室に対する崇敬心を考えれば、天皇制維持を確実にし、よりよい講和条件を獲得しなければならない現実から、渋々ながらＧＨＱの憲法草案を受け入れたのも理解できる。ウソを嫌う性格から、『外交五十年』を除いて自らが第九条の発案者であると述べたことはなかった。自らが発案者と称した『外交五十年』の記述は、憲法九条の発案者は幣原であるとのＧＨＱの公式見解が発表されたあとのものであり、改正経緯の具体的な記述も皆無で、信憑性には疑問符がつく。

国内諸勢力から一線を引く

さて、ヨーロッパに原体験を持ち、ルールを重んじる「幣原式」（永井「幣原男爵の想出」）の性格から、幣原は日本の政策決定が法規で規定されない元老をはじめとする特定の人物や勢力、縁故、学閥、党派に左右されることに失望を感じていたのではないか。

実際、幣原が関わった外務省人事は中国通を敬遠する傾向があったが、縁故や学閥の要素は感じられない。終戦直後の岩崎久弥《ひさや》・小弥太《こやた》や木内良胤《よしたね》への対応のように、姻戚関係のある岩崎家、木内家との政治的関係は希薄で、義兄の加藤高明《たかあき》とは反対の立場をとることもあった。また、当局者でもないのに影響力を発揮することを嫌がり、外相を退いてからは、表舞台に立つことを避けた。

内政との関係では、北京関税特別会議や満蒙問題への対応のように、幣原は軍部のみならず、大蔵省、財界、政党、メディアなどに掣肘されていた。当時、最重要の外交懸案であった満蒙の権益問題も、権益を維持しなければならない理由を国内世論とし、積極的な満蒙経営論を唱えたことはなかった。

一方で幣原は、外交を行なうための国内権力の基盤強化には無関心であった。外交官として国家本位で物事を考える立場から、外交の阻害要因である党派抗争の絶えない日本の政界に入るのは堕落以外の何物でもなく、倒閣本位の民政党の田中外交批判とも一定の距離を保つなど、国内諸勢力とは一線を引いた。日本の政党政治が嫌いな幣原が戦後、政党政治家の道を歩むことになったのは皮肉である。

忠誠心の強さ

最後に指摘すべきは、幣原の端々《はしばし》に現れるナショナル・プライドの強さである。一例をあげると、彼は講和会議全権を熱望した（昭和二十一年九月三、六日、同二十二年一月二十八日『読売新聞』）。実際のサンフランシスコ講和条約は、米国が冷戦戦略の見地から日本を友邦として迎えるために、賠償金や軍備制限を排した異例の条約だった。だが、終戦直後に予想されたのは、芦田均がパリ講和会議で敗戦国ドイツ全権団各員が屈辱的な条約草案を手交された時の「青ざめた顔、こう奮した挙動は、永遠に、私は忘れることが出来ない」と記したように（昭和二十三年二月「日本再建の途」『芦田均日記』七巻）、敗戦国に対する屈辱的な扱いである。個人の名誉を度外視して、自国に尽くす相当な気力がなければ熱望できない。終戦直後の日本の要人の多くは、不名誉な昭和二十年九月二日の降伏文書調印式に行きたがらなかった（『重光葵手記』）。幣原の自国への忠誠心の強さは、吉田茂や佐藤尚武《なおたけ》、谷正之《まさゆき》、楢橋渡《ならはしわたる》、根本《ねもと》龍太郎《りゅうたろう》など、異口同音に語っている。

国家本位の信念

幣原は昭和二十六年二月十一日（昔の紀元節）付けの一文で、人は自己の成長だけでなく、「国と云ふものの発達を図るのが第一の勤めである」と記した（幣原「序文」『志保路の誉』）。こうした考えは、幣原の言動に一貫している最大の信念といえるものである。だからこそ、日本にとって不名誉な張作霖《ちょうさくりん》爆殺事件を追及せず、極東国際軍事裁判では、偽証に近い証言を行なった。国家本位の考え方は、戦後の国家や公を顧みない風潮や、階級闘争を行なう社会党や共産党への嫌悪感となり、保守的な思想と行動になった。

戦前の外交官が赴任先でよく話したことの一つは皇室の話であり（永井「幣原男爵の想出」）、幣原も神話に起源を持つ日本の天皇、皇室観について深い知識を持っていただろう。それはＣＩＥ作成の天皇の「人間宣言」に対する幣原草案に垣間《かいま》見える。加えて、第二次世界大戦が昭和天皇の聖断の形で終結したことで、幣原が懸念していた終戦論者と抗戦論者の軋轢は起こらなかったが、終戦直後の非常事態を乗り切るためにも天皇の存在は大きなものになっていた。

幣原の戦後の復活は天皇の大命を機縁としたもので、ＧＨＱによる憲法草案を受け入れたのも天皇を守るためであった。幣原は新外交的な理想主義と、国力と利害関係を重視する現実主義が混在する第一次世界大戦後の国際情勢のなかで、明治日本の教育、官僚制度が整備された第一世代として、国のために尽くそうとした日本の外交官であったといえよう。

略系図

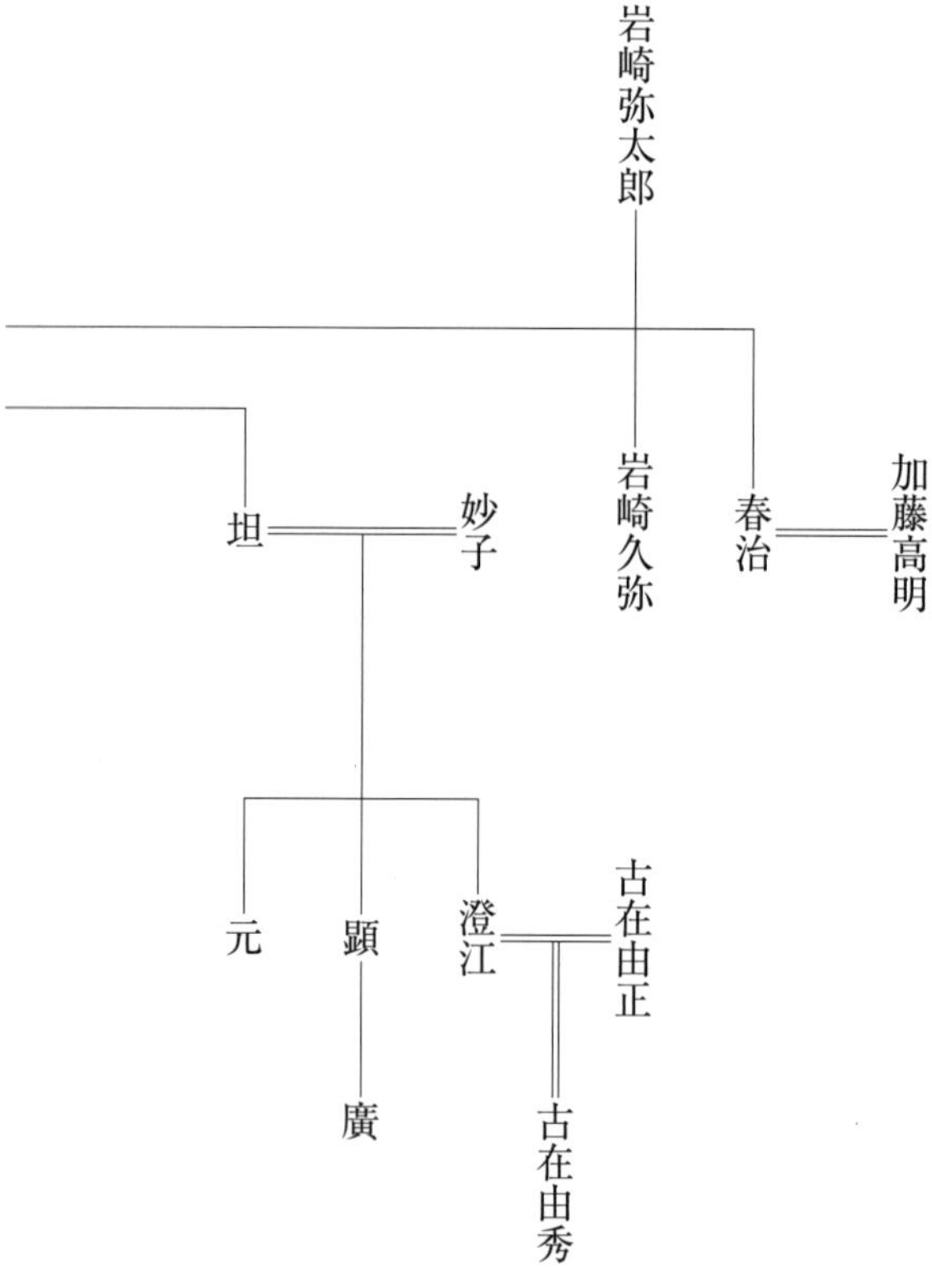

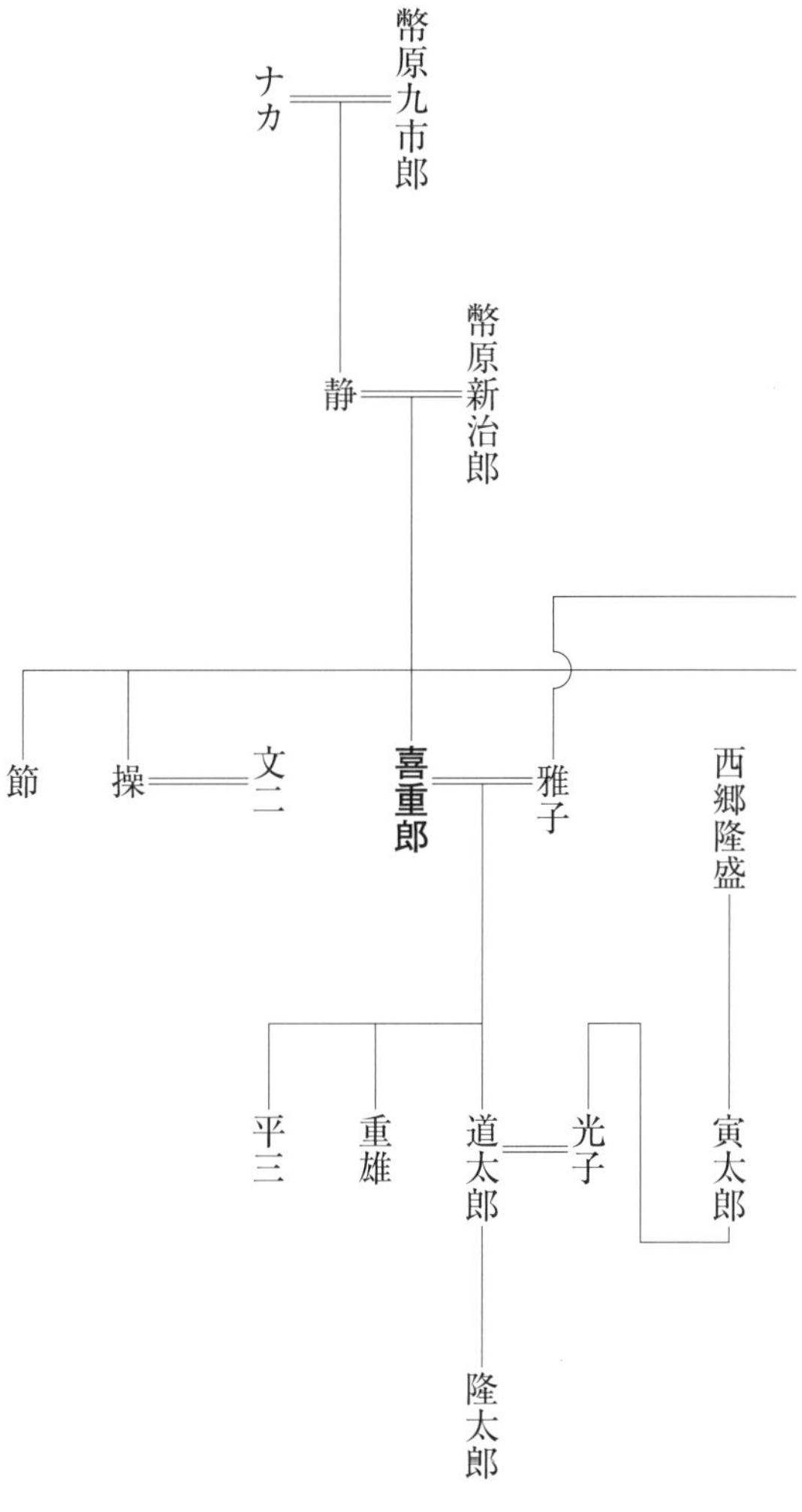
幣原九市郎
ナカ
幣原新治郎
静
節
操
文二
喜重郎
雅子
西郷隆盛
平三
重雄
道太郎
光子
寅太郎
隆太郎

略年譜

年次	西暦	年齢	事蹟	参考事項
明治 五	一八七二	〇	九月一三日、喜重郎出生（旧暦八月一一日）	一一月、太陽暦採用
一〇	一八七七	五	四月、古橋小学校入学	二〜九月、西南戦争
一一	一八七八	六	九月、祖父九市郎死去○一〇月九日、長姉操出生	
一六	一八八三	一一	三月、大和田小学校卒業○四月、大阪中学校入学	
一七	一八八四	一二	九月七日、末妹節出生	
一八	一八八五	一三	六〜七月、淀川洪水で門真の実家が被災	一二月、内閣制度採用、初代内閣総理大臣・伊藤博文就任
一九	一八八六	一四	四月、大阪中学校は第三高等中学校に改編	
二一	一八八八	一六	八月、母静死去	
二二	一八八九	一七		二月、大日本帝国憲法発布
二五	一八九二	二〇	七月、第三高等中学校卒業○九月、東京帝国大学法科大学法律学科入学	
二七	一八九四	二二		八月、日清戦争勃発
二八	一八九五	二三	七月、東京帝国大学法科大学法律学科卒業○一一月、農商務省入省	四月、下関条約調印、三国干渉
二九	一八九六	二四	一〇月六日、外務省入省、仁川領事館補に任命	

三二	一八九九	二七	五月三一日、ロンドン総領事館補に任命	
三三	一九〇〇	二八	一二月四日、ベルギーのアンヴェルス領事に任命	一一月、北清事変勃発
三四	一九〇一	二九	九月五日、釜山領事に任命	九月、北京議定書調印
三六	一九〇三	三一	一月二〇日、岩崎雅子と結婚○一一月二四日、長男道太郎出生	
三七	一九〇四	三二	三月、帰国○四月一日、本省勤務（事実上の電信課長代理）	二月、日露戦争勃発
三八	一九〇五	三三	一一月四日、電信課長に任命	九月、ポーツマス講和条約調印
三九	一九〇六	三四	二月一〇日、次男重雄出生	
四一	一九〇八	三六	一〇月七日、取調課長に任命（電信課長と兼務）	
四四	一九一一	三九	七月二九日、取調局長に任命（同右）	一〇月、辛亥革命勃発
大正元	一九一二	四〇	五月八日、駐米大使館参事官に任命	七月三〇日、明治天皇崩御
二	一九一三	四一	一一月四日、駐英大使館参事官に任命	五月、カリフォルニア州土地法成立
三	一九一四	四二	六月二六日、駐蘭公使（兼デンマーク）に任命	七月、第一次世界大戦勃発
四	一九一五	四三	一～五月の対華二十一ヵ条要求に反対○一〇月二九日、外務次官就任○一二月日独戦役講和準備委員会委員長就任	一～五月、対華二十一ヵ条交渉
六	一九一七	四五	六月六日、臨時外交調査会の幹事に就任○この頃、西原借款やシベリア出兵に反対	三月・一一月、ロシア革命○八月、日本はシベリア出兵実施
七	一九一八	四六	十一月以降、ウィルソン十四ヵ条などの講和会議対策にあたる	九月二九日、原敬内閣成立○一一月一一日、第一次世界大戦休戦

八	一九一九	四七	六～八月、新四国借款団の満蒙留保問題で指導力を発揮○九月一一日、駐米大使に任命	一月一八日、パリ講和会議開会○六月二八日、ベルサイユ講和条約調印
九	一九二〇	四八	一月一〇日、米国のシベリア撤兵に抗議○六月四日、日英同盟の継続を求める意見書提出、国際連盟の実効性に疑問○九月七日、男爵を授けられる○同月二一日、モリスと移民問題に関する協議開始	一月一〇日、国際連盟発足○一月・三月、日本政府はシベリア増兵実施○一一月二日、カリフォルニア州で改正土地法が採択
一〇	一九二一	四九	七月四日、ワシントンの新聞各紙に日英同盟に理解を求める説明書を公表○九月一日、父新治郎死去○同九月二七日、ワシントン会議全権に任命	一一月一一日、ワシントン会議開幕○一二月一三日、太平洋に関する四ヵ国条約調印
一一	一九二二	五〇	四月一九日、日本に帰国	二月七日、ワシントン会議閉幕
一二	一九二三	五一	九月一日、関東大震災で駿河台の自宅を焼失	
一三	一九二四	五二	六月一一日、外相として加藤高明内閣に入閣○七月一日、日本外交の根本義を強調する議会演説をなす○八月二八日、連盟の相互援助条約案（侵略国への制裁の義務化）に慎重な訓令を発出○一〇月一一日、満蒙権益を essential と声明○同月一七日、第二次奉直戦争の和平斡旋を打診	一月、第一次国共合作○九～一〇月、第二次奉直戦争○一〇月二日、連盟総会はジュネーブ平和議定書を採択
一四	一九二五	五三	一月二二日、議会演説で人類共栄への協力を訴えるが、理想の実現は前途遼遠とす○七～九月、中国の条約改正問題で英米との意見調整を行なう○一二月一五日、閣議は郭松齢事件に関して在満陸	一月八日、日ソ基本条約調印○五月三〇日、五・三〇事件発生○六月二四日、中国は条約改正を要求○七月三一日、政友会連立離脱○一〇月二

昭和元	一九二六	五四	軍の増派を決定○同日、幣原起案の満鉄附属地を除外した中国治外法権撤廃方針を閣議で決定 一月二九日、貴族院勅選議員任命○同月三〇日、第一次若槻礼次郎内閣成立、外相留任○一〜二月、議会で満蒙権益への考え方を説明○七月三日、幣原の求めで北京関税特別会議は休会に入る○一〇月以降、英国による広東付加税容認を批判	六日、北京関税特別会議が開会○一二月一日、ロカルノ条約調印 一月〜九月、中国治外法権委員会開催○七月、国民政府は北伐を開始○九月、国民政府は英国に二分五厘附加税の徴収を要求○一二月二五日、大正天皇崩御
二	一九二七	五五	一月一八日、議会演説で日本の公明正大な方針をアピール○三月二八日、南京事件に関して列国と中国の仲介を試みる○四月九日、枢密院会議で協調にも限度があるとし、単独行動の可能性を示唆○同月二〇日、内閣総辞職に伴い外相退任○五月末、民政党の総裁就任や入党を断る	三月二四日、南京事件発生○四月一二日、上海クーデター発生、中国の国共合作破れる○同月二〇日、田中義一内閣成立○五月二七日、第一次山東出兵実施○六月一日、民政党創立○六〜七月、東方会議開催
三	一九二八	五六	二月一三日、民政党愛知支部主催の演説会で田中外交批判の第一声○この頃、外務省にパリ不戦条約の機能性に疑義を抱く意見書を提出	二月二〇日、衆議院総選挙、政友会辛勝○五月、済南事件、第三次山東出兵○六月四日、張作霖爆殺事件○八月二七日、パリ不戦条約調印
四	一九二九	五七	二月二・五日、貴族院本会議で田中首相兼摂外相と論戦○七月二日、濱口雄幸内閣成立、外相として入閣○七月一九日、中ソ紛争の和平斡旋を申し出○九月五日、張継司法院副院長に漸進的な治外	七月一一日、中ソ紛争勃発○同月二四日、パリ不戦条約発効○九月、国際連盟で不戦条約を受けた規約改正や欧州統合が提起される○一二月三

			法権撤廃と満蒙権益の維持、日中不可侵協定を申し入れ○一〇月、海軍軍縮に関する対米七割実現の手段としての不戦協約提起	日、米国を中心とする三八ヵ国が中ソ両国に不戦条約を喚起
五	一九三〇	五八	四月二二日、ロンドン海軍軍縮条約に関する談話発表○八月、長沙暴動に関して中国に軍艦派遣への理解を求め、英国の共同警備の申し入れを承諾○一一月一五日、臨時首相代理就任（三月九日まで）	一〜四月、ロンドン海軍軍縮会議○二月二〇日、衆議院総選挙、民政党単独過半数を獲得○三月一二日、日中関税協定仮調印○四月以降、統帥権干犯が問題化○一一月一四日、濱口首相狙撃事件
六	一九三一	五九	一〜三月、第五一議会で満蒙問題、日中関係、臨時首相代理問題で追及される○四月一四日、第二次若槻内閣成立、外相留任○六月一日、連盟規約改正問題に慎重回答○一〇月九日、関東軍撤兵条件としての五大綱目起案○同月二二日、ドラモンド事務総長調停案に受諾回答も回答期限に間に合わず○一一月一五日、連盟調査委員派遣を示唆○一二月一三日、内閣総辞職に伴い外相退任	三月、中国は旅順、大連を含む租借地返還を要求○九月一八日、満洲事変発生○一〇月二四日、国際連盟理事会は三週間以内の関東軍撤兵を求める決議案表決○一二月一〇日、中国への調査委員を派遣する理事会決議成立
七	一九三二	六〇	二月、生命を狙われるが難を逃れる	五月一五日、犬養首相暗殺
八	一九三三	六一	二月一二日、吉田に御前会議開催工作を打診される。二月一三日、西園寺を訪問	三月二七日、国際連盟への脱退を通告
一一	一九三六	六四	一一月二五日、ユレネフ駐日ソ連大使の申し入れ	二月二六日、二・二六事件○一一月

			を受けて日ソ漁業条約改訂交渉を支援	二五日、日独防共協定調印
一二	一九三七	六五	秋頃、広田外相に和平の動きにつき注意を与える	七月七日、日中戦争勃発
一三	一九三八	六六	七月頃、日中戦争の和平を模索	
一四	一九三九	六七	二月四日、長妹操死去	九月三日、第二次世界大戦勃発
一五	一九四〇	六八	五月、『中央公論』に「幣原喜重郎男随談録」掲載、大戦観、平和観、対ソ観などを示唆	六月二二日、ドイツ軍、パリ占領○九月二七日、日独伊三国同盟調印
一六	一九四一	六九	四月、日ソ中立条約に関する意見書起草○七月頃、近衛首相と会談○一〇～一二月頃、戦争回避の運動に参加	四月、日ソ中立条約調印○同月、日米交渉開始○一〇月一八日、東条英機内閣成立○一二月八日、日米開戦
一八	一九四三	七一	七、八月、高松宮宣仁、東久邇宮稔彦に講和を見据えた戦時外交の重要性を説く	
一九	一九四四	七二	秋頃から抗戦論を説く	七月、サイパン玉砕
二〇	一九四五	七三	五月二五日、空襲で千駄ヶ谷の自宅を焼失○一〇月九日、幣原内閣成立○一二月二五日、昭和天皇の人間宣言詔書の草案起草。同日、感冒を発症、のちに肺炎を併発、マッカーサーからペニシリンを贈られる	八月一五日、玉音放送○一〇月四日、マッカーサーは近衛に憲法改正を示唆○同月二四日、国際連合発足○一二月二七日、極東委員会の設置決定
二一	一九四六	七四	一月、公職追放による内閣改造○同月二四日、幣原・マッカーサー会談、戦争放棄が問題になる○二月二一日、マッカーサーと会談、GHQ草案の原則受諾を決意○三月六日、憲法改正草案要綱発	一月一日、昭和天皇の人間宣言詔書渙発○二月一三日、GHQは憲法草案を提示○四月一〇日、衆議院総選挙、第一党に自由党○同月一九日、

			表○四月、進歩党総裁に就任○五月二二日、第一次吉田茂内閣成立、無任所大臣として入閣	東京裁判開廷○六月、米国は対日武装解除・非軍事化条約案を公表
二二	一九四七	七五	三月、進歩党解党、民主党成立、幣原は最高顧問に就任○四月二五日、衆議院総選挙に初当選○一一月二九日、民主党を離党、同志クラブを結成	四月二五日、衆議院総選挙、第一党に社会党○五月二四日、片山哲内閣成立
二三	一九四八	七六	三月一五日、自由党に合流し、民主自由党（民自党）結成、吉田が総裁、幣原は最高顧問に就任	○三月、芦田均内閣成立○一〇月一五日、第二次吉田内閣成立
二四	一九四九	七七	一月以降、幣原は民主党連立（犬養）派との連携やその民自党入党に反対○二月一一日、衆議院議長に就任○九月一一日、末妹節死去	一月二二日、衆議院総選挙、自由党が過半数を獲得○九月一七日、英米仏は対日多数講和締結の意思表明、以後、国内で講和問題が争点化
二五	一九五〇	七八	一月一日、GHQのホイットニー民政局長は日本国憲法第九条の発案者は幣原であると表明、幣原は不快感を抱く○六月一六日、苫米地民主党最高委員長に超党派外交を申し入れ○六月二二日、ダレス国務省顧問に講和後の米軍駐留を申し入れ○六月以降、超党派外交を提唱	一月一日、マッカーサーは日本国憲法下での自衛権容認を声明○三月一日、民自党は自由党に改称○六月四日、参議院選挙、第一党に自由党○六月二五日、朝鮮戦争勃発
二六	一九五一	七九	三月一〇日、死去	九月八日、サンフランシスコ講和条約調印

参考文献

一　幣原喜重郎本人の著作（本書で言及した公刊物のみ。『幣原平和文庫』所収のものは別掲）

『外交大観』（木村小左衛門編）昭和三年七月二八日講演録　昭和三年
『外交五十年』改版　中央公論新社　平成二七年（初版は読売新聞社、昭和二六年）
「義務」（思想の科学研究会編『私の哲学』続）　中央公論社　昭和二五年
「序文」（ジョン・フォスター・ダレス『戦争か平和か』藤崎万里訳）　河出書房　昭和二五年
「序」（青木得三『太平洋戦争史』第一巻）　世界平和建設協会　昭和二五年
（『太平洋戦争前史』ゆまに書房　平成一〇年として再刊）
「序文」（久保寺山之助『志保路の誉』）　輝く日本社　昭和三〇年
「支那問題概観」（『外交時報』第五六〇号）　昭和三年四月一日号
「対支問題概観」（『中央公論』）　昭和四年三月号
「戦争の幽霊」（同右）　昭和二六年五月号
「自主的外交と国際連盟」（『国際知識』第五巻第六号）大正一四年五月九日述　大正一四年六月号
「国際平和に関する世界の大勢」（同右、第一〇巻一号）昭和四年一一月一一日講演録　昭和五年一月号

「国際紛争平和的処理に就て」（同右、第一一巻第一一号）　昭和六年一一月号
「忘れ得ぬ人々」（『文芸春秋』）　昭和二六年一月号
「内外情勢と日本経済」（『先見経済』）講演録　昭和二五年六月一四日号
「平和の先駆者」（『国会』第二巻第九号）昭和二四年五月三日・ラジオ演説　昭和二四年八月一五日
「絶対平和への道」（『東京新聞』）　昭和二五年五月二日
朝日新聞社編『日本外交秘録』（幣原も参加した外交座談会筆記）　朝日新聞社　昭和九年
「幣原喜重郎閑談録」（文責、編集部）（『文芸春秋』）　昭和八年一〇月号
「幣原喜重郎男随談録」（文責、編集部）（『中央公論』）　昭和一五年五月号
「日本の率直なる公式声明（A Frank Official Statement for Japan）」*Current History*, vol. 15, no. 3
The New York Times, New York, 1921

二　幣原の伝記

宇治田直義『日本宰相列伝17　幣原喜重郎』　時事通信社　昭和六〇年
（初版は昭和三三年、原題は『幣原喜重郎（三代宰相列伝）』）
岡崎久彦『幣原喜重郎とその時代』　PHP研究所　平成一二年
木村毅「木村毅氏幣原喜重郎伝」（幣原平和財団編『幣原喜重郎』の没原稿、『幣原平和文庫』
国立国会図書館憲政資料室蔵）

同　　右「弱し、されど正し――幣原喜重郎伝」（『明治文化研究』第四、五集。「木村毅氏幣原喜重郎伝」の中から喜重郎の幼少期を翻刻したもの）　昭和四四～四五年
塩田　潮『日本国憲法をつくった男』　朝日新聞出版　平成二九年
（初版は文芸春秋、原題は『最後の御奉公』平成四年）
幣原平和財団編『幣原喜重郎』　幣原平和財団　昭和三〇年
服部龍二『増補版　幣原喜重郎』　吉田書店　平成二九年
（初版は有斐閣、原題は『幣原喜重郎と二十世紀の日本』平成一八年）

三　研究者・研究家による著作（本文中に掲げた書籍・論文のみ）

麻田貞雄『両大戦間の日米関係』　東京大学出版会　平成五年
浅野豊美「日ソ関係をめぐる後藤新平と幣原喜重郎」（杉田米行編『一九二〇年代の日本と国際関係』）　春風社　平成二二年
五百旗頭真『米国の日本占領政策』上　中央公論社　昭和六〇年
伊藤之雄『昭和天皇と立憲君主制の崩壊』　名古屋大学出版会　平成一七年
入江　昭『極東新秩序の模索』　原書房　昭和四三年
入江俊郎『憲法成立の経緯と憲法上の諸問題』　入江俊郎論集刊行会　昭和五一年
（原書は『日本国憲法成立の経緯』憲法調査会事務局　昭和三五年）

臼井勝美『日本と中国』 原書房 昭和四七年
海野芳郎『国際連盟と日本』 原書房 昭和四七年
大竹万里「ヘンリー・L・スティムソンと一九三〇年ロンドン海軍軍縮会議」(『政治経済史学』第五三三号) 平成二三年
岡崎匡史『日本占領と宗教改革』 学術出版会 平成二四年
何力「中国の関税自主権の回復と日中関係(一～四)」(『法と政治』第五〇巻第二、三・四号、第五一巻第三・四号、第五二巻第二・三号) 平成一一～一三年
川田稔「浜口雄幸とロンドン海軍軍縮条約」(『人間環境学研究』第二巻第一号) 平成一六年
河西晃祐『帝国日本の拡張と崩壊』 法政大学出版局 平成二四年
功刀俊洋「大東亜戦争調査会の戦争責任観」(『歴史評論』第五五七号) 平成八年
熊本史雄『大戦間期の対中国文化外交』 吉川弘文館 平成二五年
同 右「南満洲行政統一問題と外務次官幣原喜重郎」(『近代史料研究』第一七号) 平成二九年
同 右「大戦間期外務省の情報管理と意思決定」(『日本史研究』第六五三号) 平成二九年
黒沢文貴『大戦間期の宮中と政治家』 みすず書房 平成二五年
小池聖一『満州事変と対中国政策』 吉川弘文館 平成一五年
黄自進「満州事変前後における国民政府の対日政策」(『東アジア近代史』第五号) 平成一四年
高文勝「治外法権撤廃と王正廷」(『日本福祉大学社会科学論集』第七号) 平成一六年

同　右　「満蒙危機と中国側の対応」（『日本福祉大学紀要』第一一四号）　平成一八年
小林道彦　『政党内閣の崩壊と満州事変』　ミネルヴァ書房　平成二二年
斎藤聖二　「寺内内閣における援段政策確立の経緯」（『国際政治』第八三号）　昭和六一年
坂野潤治　『近代日本の外交と政治』　研文出版　昭和六〇年
佐々木髙雄　『戦争放棄条項の成立経緯』　成文堂　平成九年
同　右　「大学ノート版「羽室メモ」」（『青山法学論集』第四〇巻第一号）　平成一〇年
佐藤勝矢　張作霖爆殺事件における野党民政党の対応」（『日本大学大学院総合社会情報研究科紀要』第五号）　平成一七年
柴山太　『日本再軍備への道』　ミネルヴァ書房　平成二二年
瀬川善信　「統帥権問題と参謀本部」（『防衛論集』第五巻第三号）　昭和四一年
関静雄　「幣原外交と郭松齢事件」（『帝塚山大学教養学部紀要』第五四輯）　平成一〇年
同　右　「幣原外交と北伐」（『帝塚山法学』第五号）　平成一三年
種稲秀司　『近代日本外交と「死活的利益」』　芙蓉書房出版　平成二六年
同　右　「外務省と日本の国連加盟外交」（萩原稔・伊藤信哉編著『近代日本の対外認識』Ⅱ）　彩流社　平成二九年
同　右　「幣原喜重郎と日本国憲法第九条」（『國學院大學紀要』第五七巻）　平成三一年
同　右　「日本外務省と国際連盟軍縮、安全保障問題」（「20世紀と日本」研究会編『もう一つの戦後史』）
同　　　右「幣原喜重郎の満蒙権益観の形成と危機対応の論理」（『東アジア近代史』第二四号）　千倉書房　平成三一年
令和二年
同　　　右「政党政治家期の幣原喜重郎と吉田茂」（『日本歴史』掲載号未定）
戸部良一『外務省革新派』　中央公論新社　平成二二年
永井　均「『敗者の裁き』再考」（『年報・日本現代史』第二一号）　平成二八年
中谷直司『強いアメリカと弱いアメリカの狭間で』　千倉書房　平成二八年
奈良岡聰智『加藤高明と政党政治』　山川出版社　平成一八年
同　　　右「加藤高明と岩崎家」（『法学論叢』第一六六巻第六号）　平成二二年
同　　　右「澤田廉三・美喜と岩崎家、昭和天皇（二）」（『法学論叢』第一六九巻第四号）
平成二三年
西　　修『日本国憲法成立過程の研究』　成文堂　平成一六年
同　　　右『証言でつづる日本国憲法の成立経緯』　海竜社　平成三一年
西田敏宏「東アジアの国際秩序と幣原外交（一、二）」（『法学論叢』第一四七巻第二号、
第一四九巻第一号）　平成一二、一三年
同　　　右「ワシントン体制の変容と幣原外交（一、二）」（『法学論叢』第一四九巻第三号、第一
五〇巻第二号）　平成一三年

同　　右「幣原喜重郎と国際協調」（伊藤之雄・中西寛編著『日本政治史の中のリーダーたち』）京都大学学術出版会　平成三〇年
野村乙二朗『近代日本政治外交史の研究』刀水書房　昭和五七年
波多野澄雄『太平洋戦争とアジア外交』東京大学出版会　平成八年
同　　右「広田・マリク会談と戦時日ソ関係」（『軍事史学』第二九巻第四号）平成六年
馬場伸也「北京関税特別会議にのぞむ日本の政策決定過程」（細谷千博、綿貫譲治編『対外政策決定過程の日米比較』東京大学出版会）昭和五一年
原　秀成『日本国憲法制定の系譜』第一～三巻　日本評論社　平成一六～一八年
平井邦男「武田仰天子の生涯と作品」（『大手前女子大学論集』第二〇号）昭和六一年
増田　弘『公職追放』東京大学出版会　平成一一年
三﨑裕子「明治女医の基礎資料」（『日本医史学雑誌』第五四巻第三号）平成二〇年
三川譲二「労働攻勢と進歩党少壮派」（『史林』第七四巻第六号）平成三年
簑原俊洋「移民問題解決への二つの日米交渉」（『神戸法学雑誌』第五〇巻第一号）平成一二年
宮田昌明『英米世界秩序と東アジアにおける日本』錦正社　平成二六年
三輪宗弘『太平洋戦争と石油』日本経済評論社　平成一六年
村井哲也『戦後政治体制の起源』藤原書店　平成二〇年
村井良太『政党内閣制の成立』有斐閣　平成一七年

望月雅士「金融恐慌をめぐる枢密院と政党」(『社会科学討究』第四二巻第三号) 平成九年
森山優「開戦外交と東郷外相」(『東アジア近代史』第一二号) 平成二一年
矢嶋光『芦田均と日本外交』 吉川弘文館 令和元年
于紅「小幡公使アグレマン問題にみる第二次幣原外交の対中国政策の転換」(『人間文化論叢』第四号) 平成一三年
Edwin M. Borchard, *The diplomatic protection of citizens abroad* The Banks law publishing co, New York, 1915
Robert H. Ferrell, *Peace in their Time: The Origins of the Kellogg-Briand Pact* New York, Yale University Press, 1968

四　同時代の文献・関係者による伝記・組織史など（『幣原平和文庫』所収のものは別掲）

伊沢多喜男伝記編纂委員会編『伊沢多喜男』 羽田書店 昭和二六年
石橋湛山『サラリーマン重役論』 竜南書房 昭和三一年
岩崎小弥太伝編纂委員会編『岩崎小弥太伝』 岩崎小弥太伝編纂委員会 昭和三二年
大野勝巳『霞が関外交』 日本経済新聞社 昭和五三年
小幡酉吉伝記刊行会『小幡酉吉』 小幡酉吉伝記刊行会 昭和三二年
鹿島平和研究所編『石井菊次郎遺稿　外交随想』 原書房 昭和四二年

外務省百年史編纂委員会編　『外務省の百年』上・下巻　原書房　昭和四四年
門真市史編さん委員会編　『門真市史』第三、四、六巻　門真市　平成九、一二、一八年
門真町史編纂委員会編　『門真町史』　門真町　昭和三七年
河東哲夫　『新・外交官の仕事』　草思社　平成二七年
（初版は平成一七年、原題は『外交官の仕事』）
著者は第二次世界大戦後の外交官。外務省、外交官とは何かを知るには良書である。幣原とは活躍した時代が違うが、アピールの場でもある国際会議の一面、幣原のアピール戦術や交渉術、国際機構観などを理解する助けとなる。
川村茂久　「霞ヶ関太平記」（『川村茂久関係文書』外務省外交史料館蔵）
同右　「対満強硬政策寸言」（同右）
宮内庁　『昭和天皇実録』第十一　東京書籍　平成二九年
桑原鶴　「幣原男爵の思い出」（『霞関会会報』第二三四号）　昭和四〇年
同右　「心配な記事（その三）」（同右、二六五号）　昭和四三年
憲法調査会　『憲法調査会第四、五回総会議事録』　大蔵省印刷局　昭和三一年
同右　『憲法制定の経過に関する小委員会第八、十三、十六、十七回議事録』　大蔵省印刷局　昭和三三〜四年
同右　『一九五一年五月五日米国国会上院軍事・外交合同委員会におけるマッカーサー元帥

の証言』（和英両文対照、発行所、発行年記載なし）
佐久間信「思いだすまま（その三、六）」（『霞関会会報』第一七九、一八一号） 昭和三五、三六年
佐藤尚武『回顧八十年』 時事通信社 昭和三八年
重光　葵『外交回想録』 中央公論新社 平成二三年（初版は毎日新聞社、昭和二八年）
同　右「運命の張鼓峰事件前後」（『日本週報』） 昭和二六年一二月一五日号
幣原道太郎「天皇と人間宣言」（『祖国と青年』第一〇巻第二五号） 昭和五一年
下田武三『戦後日本外交の証言』上巻 行政問題研究所 昭和五九年
下村　定「帝国陸軍の骨を拾ふ」（『文芸春秋』） 昭和二七年六月増刊号
自由民主党広報委員会出版局編『秘録・戦後政治の実像』 永田書房 昭和五一年
石峰生「首相臨時代理幣原喜重郎男」（『実業之日本』） 昭和六年一月一日号
ダグラス・マッカーサー『マッカーサー大戦回顧録』改版、津島一夫訳
中央公論新社 平成二六年（日本語版の初版は朝日新聞社、昭和三九年）
武見太郎「真の愛国者は誰か」（『文芸春秋』） 昭和三九年六月号
中外商業新報編輯局編『政治家群像』 千倉書房 昭和七年
筒井　潔「風雲急な欧州に使いして」（林正義編『秘められた昭和史』）
鹿島研究所出版会 昭和四〇年
東京大学占領体制研究会編『高木八尺名誉教授談話録』（昭和二八年一〇月二六日ヒアリング）

同　　右『松本烝治氏に聞く』（昭和二五年一一月二三日ヒアリング）　憲法調査会事務局　昭和三二年
東京婦人新聞社編『昭和大典記念日本婦徳の鏡』　東京婦人新聞社　昭和六年
（日本図書センター『日本女性人名資料事典』第一巻、同、平成一八年として再刊）
東郷茂彦『祖父東郷茂徳の生涯』　文芸春秋　平成五年
中島弥団次伝記刊行会『中島弥団次』　中島弥団次伝記刊行会　昭和三九年
「楢橋渡伝」編纂委員会編『楢橋渡伝』　「楢橋渡伝」出版会　昭和五七年
新田満夫編集『極東国際軍事裁判速記録』第一、七巻　雄松堂　昭和四二年
花見達二『昭和記者日記』　雪華社　昭和四二年
馬場恒吾『現代人物評論』　中央公論社　昭和五年
同　　右『政界人物評論』　中央公論社　昭和一〇年
原田熊雄『西園寺公と政局』第一～三巻、別巻　岩波書店　昭和二五～六、三一年
平野三郎『幣原先生から聴取した戦争放棄条項等の生まれた事情について』　憲法調査会事務局　昭和三九年
広瀬順晧監修・編『近代外交回顧録』第二、四巻　ゆまに書房　平成一二年
広田弘毅伝記刊行会編『広田弘毅』　葦書房　平成四年（初版は広田弘毅伝記刊行会　昭和四一年）

降旗徳弥「幣原議長を偲ぶ」(『再建』)　昭和二六年六月号
松本烝治『日本国憲法の草案について』(昭和二九年七月七日ヒアリング)　憲法調査会事務局　昭和三三年
松村謙三『三代回顧録』　東洋経済新報社　昭和三九年
武者小路公共「幣原氏を偲ぶ」(『読売新聞』)　昭和二六年三月一一日
村山有『終戦のころ』　時事通信社　昭和四三年
守島康彦編『昭和の動乱と守島伍郎の生涯』　葦書房　昭和六〇年
山浦貫一「時の顔　幣原喜重郎」(『ダイヤモンド』)　昭和二三年四月一日号
吉田茂『回想十年』改版、下巻　中央公論新社　平成二七年(初版は新潮社、昭和三一〜三三年)

著者名なしの記事
「幣原女史設立の祥樹保育園」(『日本女医会雑誌』第七三号)　昭和一一年
「新大臣出世物語　外務大臣幣原喜重郎氏」(『実業之日本』)　大正一三年七月一日号
「マッカーサー戦記・虚構と真実」(『文芸春秋』)　昭和三九年六月号
「元GHQ高官が明かす憲法第九条の秘密」(『This is 読売』)　平成六年九月号
「パネルディスカッション「幣原外交の時代」」(幣原隆太郎氏インタビュー)(『外交史料館報』第二一号)　平成一九年

五　史資料集など

芦部信喜ほか編著『日本国憲法制定資料全集』(1)　信山社出版　平成九年
安達峰一郎書簡集編集委員会編『国際法にもとづく平和と正義を求めた安達峰一郎』安達峰一郎博士顕彰会　平成二三年
粟野憲太郎・吉田裕編集・解説『国際検察局（IPS）尋問調書』第四八巻　日本図書センター　平成五年
池井優、波多野勝、黒沢文貴編『濱口雄幸日記・随感録』　みすず書房　平成三年
伊沢多喜男関係文書研究会編『伊沢多喜男関係文書』　芙蓉書房出版　平成一二年
伊藤隆、広瀬順晧編『牧野伸顕日記』　中央公論社　平成二年
伊藤隆ほか編「畑俊六日誌」(『続・現代史資料』第四巻)　みすず書房　昭和五八年
同　右「加藤寛治日記」(『続・現代史資料』第五巻)　みすず書房　平成六年
同　右『高木惣吉　日記と情報』下巻　みすず書房　平成一二年
伊藤隆、渡辺行男編『重光葵手記』　中央公論社　昭和六一年
同　右『続重光葵手記』　中央公論社　昭和六三年
太田健一ほか『次田大三郎日記』　山陽新聞社　平成三年
外務省編『日本外交年表並主要文書』下巻　原書房　昭和四一年

同　　右『日本外交文書』大正二年第三冊、大正三年第三冊、大正五年第三冊、大正六年第二、三冊、大正七年第一冊、大正八年第一、二冊上巻、大正九年第一冊上・下巻、第二冊上巻、第三冊下巻、大正十年第一冊下巻、第二冊、第三冊下巻、ワシントン会議上・下巻、大正十一年第三冊、大正十三年第一、二冊、大正十四年第二冊上・下巻、大正十五年第二冊下巻、昭和期I第一部第一、三〜五巻、昭和期I第二部第四巻、一九三〇年ロンドン海軍会議上・下巻、満州事変第一巻第一〜三冊、占領期第一、二巻、サンフランシスコ平和条約・準備対策、サンフランシスコ平和条約・対米交渉
本書は『日本外交文書』を多用したが、幣原の訓令に関しては、原記録が残っていない南京事件と第二次外相期の一部を除いて、すべて外務省にある原本を確認し、幣原が直接修正、決裁したものを使用した。
金　正　明　編『日韓外交資料集成』第五巻　巌南堂書店　昭和四二年
木戸日記研究会編『木戸幸一日記』上・下巻　東京大学出版会　昭和四一年
同　　右『木戸幸一関係文書』　東京大学出版会　昭和四一年
木　下　道　雄『側近日誌』　中央公論新社　平成二九年（初版は文芸春秋、平成二年）
清沢洌著、橋川文三編『暗黒日記』第二巻　筑摩書房　平成一四年（初版は東洋経済新報社、昭和二九年）
小　林　一　三『小林一三日記』第二巻　阪急電鉄　平成三年

小林龍夫編『翠雨荘日記』 原書房 昭和四一年
小林龍夫・島田俊彦解説「岡田啓介日記」（『現代史資料』第七巻） みすず書房 昭和三九年
小林道彦ほか編集『内田康哉関係資料集成』第一巻 柏書房 平成二四年
参謀本部編『杉山メモ』上 原書房 平成一七年（初版は昭和四二年）
進藤栄一、下河辺元春編纂『芦田均日記』第一～三、七巻 岩波書店 昭和六一年
枢密院『枢密院会議議事録』第三四、四三巻 東京大学出版会 昭和六一年、平成四年
高橋勝浩編「出淵勝次日記（二）」（『國學院大學日本文化研究所紀要』第八五輯） 平成一二年
高松宮宣仁『高松宮日記』第六巻 中央公論社 平成九年
高柳賢三、大友一郎、田中英夫編著『日本国憲法制定の過程』Ⅰ 有斐閣 昭和四七年
角田順校訂『宇垣一成日記』Ⅰ～Ⅲ みすず書房 昭和四三、四五、四六年
日本国際政治学会太平洋戦争原因研究部編『太平洋戦争への道』別巻 朝日新聞社 昭和六三年（初版は昭和三八年）
内政史研究資料『福島慎太郎氏談話速記録』 内政史研究会 昭和五九年
細川護貞『細川日記』改版、下巻中央公論新社 平成一四年（初版は中央公論社、昭和五一年）
原奎一郎編『原敬日記』四、五巻 福村出版 昭和四〇年
広瀬順晧監修・解題、長谷川貴志解題『戦争調査会事務局書類』第三巻 ゆまに書房 平成二七年
増田弘編『GHQ民政局資料』第四巻 丸善 平成一〇年

矢部貞治『矢部貞治日記』欅の巻　読売新聞社　昭和四九年
吉田茂記念事業財団編『吉田茂書翰』　中央公論社　平成六年
早稲田大学大学史資料センター編『大隈重信関係文書』第九巻　みすず書房　平成二五年
周美華編註『事略稿本　蔣中正総統档案』第一二冊　国史館　台北　二〇〇四年
秦孝儀主編『中華民国重要資料初編』抗日戦争期第一巻　中国国民党中央委員会党史委員会　一九八一年
北京師範大学、上海市档案館編『蔣作賓日記』　江蘇古籍出版社　一九九〇年
Foreign relations of the United States（米国の外交文書集、本文では*FRUS*と略記）, 1918, Russia, vol. 2, 1931, vol. 3, 1946, vol. 8, 1950, vol. 6
Documents on British Foreign Policy, 1919-1939（英国の外交文書集、本文では*DBFP*と略記）, First Series, vol. 6, Second Series, vol. 8

六　映像・その他の刊行資料

テレビ朝日　報道ステーション（幣原隆太郎氏インタビュー、平成二八年五月三日放送）
帝国国議会・国会議事録は、貴族院・衆議院各議事録を参照。外務省人事は『職員録』『外務省報』『外務省月報』を参考にした。

七　未公刊史料

国立公文書館蔵『昭和二十一年二月二十五日、二十六日　地方長官会議記録』、『公文類聚』第六十九編巻八

国立国会図書館憲政資料室蔵『幣原平和文庫』

（本文で参照した幣原の著述）

「外語大学」（昭和二四年一〇月一〇日講演）、「外交管見」（昭和三年一〇月一九日）、「華盛頓会議ノ裏面観其他」、「日『ソ』両国ガ中立条約ヲ締結セル各自ノ目的」、「一年前の回顧」（昭和二一年八月頃）、「幣原首相の紀元節の所感」（昭和二一年二月頃）、「憲法記念日式典」（昭和二四年五月三日）、「新日本の前途」、「東邦研究会の創立に就て」、「時局雑観」、「幣原衆議院議長講演、其他」昭和二五年一一月二七日、「第十回国会開会式辞」（昭和二六年一月頃）

（本文で参照した幣原以外の著述）

芦田均「民主党総裁を続る幣原男と私」、石射猪太郎「幣原男の想出」、同「駐米大使時代の仕事」、伊藤述史「日本の新外交と幣原さん」、太田為吉「幣原さんを語る」（昭和二八年一月一三日）、金森徳次郎「幣原先生の想出」、岸倉松「幣原喜重郎氏の想い出を語る」、同「超党派外交に関する主張」（昭和二八年八月三日）、「木村毅氏幣原喜重郎伝」、清沢洌「幣原男爵回顧談に対する所感」、同「幣原男と大東亜戦争和平観」、谷正之「和蘭公使時代の幣原さん」、永井松三「幣原男爵の想出」（昭和

二七年六月一六日)、著者不明「中島弥団次氏の日本戦争回避並に早期停戦媾和促進運動に関する証言」、武者小路公共「幣原さんの想出」、著者不明「超党派外交問題」

国立国会図書館憲政資料室蔵

『阿部信行関係文書』(「幣原喜重郎男爵稿　汪精衛氏ノ主宰セシ広東政府ノ日支同盟案」昭和一四年一一月)、『入江俊郎関係文書』、『外務省文書(Archives in the Japanese Ministry of Foreign Affairs, 1868-1945)』、『憲政資料室収集文書』、『佐藤達夫関係文書』、『財部彪関係文書』、『寺内正毅関係文書』、『日本占領関係資料』、『日本国憲法制定に関する談話録音』、『牧野伸顕関係文書』

外務省外交史料館所蔵史料(本書で直接言及したもののみ。(　)内は整理番号)

1 『日独戦役講和準備委員会会議録』(1.3.1.2-2)
2 『対外政策並態度関係雑纂・対支那ノ部(本野大臣)(松本記録)』(1.1.1.3-2-4)
3 『特派大使米国へ派遣一件(石井ランシング協定)(松本記録)』(2.1.1.39)
4 『南満洲行政統一問題一件』第一巻(1.5.3.20)
5 『対支新借款団関係』第一〜五巻(1.7.1.23)
6 『宣伝関係雑件』(1.3.1.35)
7 『本邦通信機関及通信員関係雑件・通信機関ノ部』第一巻(1.3.1.39-1)
8 「根本方針」、亜細亜局「亜細亜局関係問題ヲ中心トシテ見タル太平洋会議方針(未定稿)」、臨時平和事務局第一部国際連盟係「華府会議対策」(『華盛頓会議一件・準備』第一巻、2.4.3.3)

9 『華盛頓会議一件（総会議事録）』（2.4.3.46）
10 『帝国議会関係雑纂・総理、外務両大臣演説』第三巻（1.5.2.2-5）
11 『国際紛争平和的処理条約関係一件』第四巻（B.10.3.0.3）
12 『江浙並奉直紛擾関係・各国ノ態度』第六巻（1.6.1.85-9）
13 『江浙並奉直紛擾関係・政況』第一巻（1.6.1.85-3）
14 『反奉天派紛擾事件・帝国ノ態度及在留邦人保護』第一巻（1.6.1.86-4）
15 『帝国議会ニ於ケル外務大臣演説集』第一、二巻（1.5.2.2-5-2）
16 『在支帝国公館関係雑件・格式変更関係・昇格関係・公使館ノ部』第一巻（M.1.3.0.2-3-1-1）
17 『大正十四年支那暴動一件・北部支那ノ部』第一巻（5.3.2.155-1-2）
18 『大正十四年支那暴動一件・五三十事件』第二、五巻（5.3.2.155-1）
19 『支那関税並治外法権撤廃問題北京会議一件』第四～六、九、十一～十三巻（2.9.10.13）
20 『支那関税並治外法権撤廃問題北京会議一件・治外法権委員会』第一巻（2.9.10.13-3）
21 「支那時局ト之カ対ニ関スル件」（『支那新政府承認問題一件』1.6.1.87）
22 『支那地方税関係雑件・別冊広東不法課税』第一巻（3.14.4.24-1）
23 『各国関税並法規関係雑件・中国ノ部・附加税関係』第一巻（E.3.1.2.X1/C1-2）
24 『南京ニ於ケル支那兵ノ暴行及略奪事件・解決交渉関係（松本記録）』第一巻（A.1.1.0.4-3）
25 『戦争抛棄ニ関スル国際会議及条約関係一件・条約案ニ対スル研究関係』第一巻（B.10.3.0.1-3）

26 『国際連盟規約改正問題雑件・不戦条約ト連盟規約トノ適合ニ関スル規約改正問題』第一〜三巻（B.9.1.0.6-1）
27 『帝国ノ対支外交政策関係一件』第二巻（A.1.1.0.10）
28 『倫敦海軍会議一件・非公式交渉関係』第二巻（B.12.0.0.1-19）
29 日米仲裁裁判条約及調停条約締結問題関係資料」（『日、米間仲裁裁判条約関係一件』第二巻B.5.0.0.J/U1所収）
30 条約局第二課『条約局調書』第五十八、五十九回帝国議会参考資料、第六十四回帝国議会参考資料別冊
31 『支那治外法権撤廃問題一件（松本記録）』第一巻（B.4.0.0.C/X1）
32 『満洲事変・善後措置関係・日支共同委員会設置問題』（A.1.1.0. 21 - 12 -5）
33 『満洲事変・善後措置関係・国際連盟ニ於ケル折衝関係』第二巻（A.1.1.0. 21 -1）
34 『諸修史関係雑件・外交資料蒐集関係』第一巻（N.2.0.1.4-1）
35 「日華関係正常化ニ関連セル諸問題及国交修復ニ至ル過渡期間ニ於ケル援助要請事項」昭和二一年四月（『本邦対外政策調査研究関係雑集・本邦の対アジア政策調査研究関係』A'.1.1.0.1-1-1所収）

学習院アーカイブズ蔵『学習院長山梨勝之進文書』

慶應義塾図書館所蔵

『村上義一文書』（マイクロフィルム、雄松堂出版、平成一五年）、佐分利貞男宛幣原書翰

東京大学法学部法制史資料室蔵『松本文書』
防衛省防衛研究所図書館蔵
『東久邇宮日誌』、『満洲事変作戦指導関係綴』其一
三菱史料館所蔵史料（岩崎久弥宛幣原書翰、「幣原家調査報告書」）
立教大学図書館蔵「新憲法制定に関する松本談話烝治先生談話（１９４７年）」『宮沢俊義文庫』

著者略歴

一九七四年　に生まれる
二〇一〇年　國學院大學大学院文学研究科博士課程後期修了
広島大学文書館客員研究員などを経て
現在　國學院大學文学部兼任講師、博士（歴史学）

主要著書
『近代日本外交と「死活的利益」』（芙蓉書房出版、二〇一四年）
『近代日本の対外認識Ⅱ』（共著、彩流社、二〇一七年）
『もうひとつの戦後史』（共著、千倉書房、二〇一九年）

人物叢書　新装版

幣原喜重郎

二〇二一年（令和三）三月二十日　第一版第一刷発行

著　者　種《たね》稲《いね》秀《しゅう》司《じ》
編集者　日本歴史学会
代表者　藤田　覚
発行者　吉川道郎
発行所　株式会社　吉川弘文館
東京都文京区本郷七丁目二番八号
郵便番号一一三—〇〇三三
電話〇三—三八一三—九一五一〈代表〉
振替口座〇〇一〇〇—五—二四四
http://www.yoshikawa-k.co.jp/
印刷＝株式会社 平文社
製本＝ナショナル製本協同組合

© Syūji Taneine 2021. Printed in Japan
ISBN978-4-642-05301-3

JCOPY 〈出版者著作権管理機構　委託出版物〉
本書の無断複写は著作権法上での例外を除き禁じられています．複写される場合は，そのつど事前に，出版者著作権管理機構（電話 03-5244-5088，FAX 03-5244-5089，e-mail：info@jcopy.or.jp）の許諾を得てください．

『人物叢書』（新装版）刊行のことば

人物叢書は、個人が埋没された歴史書が盛行した時代に、「歴史を動かすものは人間である。個人の伝記が明らかにされないで、歴史の叙述は完全であり得ない」という信念のもとに、専門学者に執筆を依頼し、日本歴史学会が編集し、吉川弘文館が刊行した一大伝記集である。

幸いに読書界の支持を得て、百冊刊行の折には菊池寛賞を授けられる栄誉に浴した。

しかし発行以来すでに四半世紀を経過し、長期品切れ本が増加し、読書界の要望にそい得ない状態にもなったので、この際既刊本の体裁を一新して再編成し、定期的に配本できるような方策をとることにした。既刊本は一八四冊であるが、まだ未刊である重要人物の伝記についても鋭意刊行を進める方針であり、その体裁も新形式をとることとした。

こうして刊行当初の精神に思いを致し、人物叢書を蘇らせようとするのが、今回の企図である。大方のご支援を得ることができれば幸せである。

昭和六十年五月

日本歴史学会
代表者　坂本太郎

日本歴史学会編集

人物叢書〈新装版〉

▽没年順に配列　▽九〇三円～三、五〇〇円(税別)
▽品切書目の一部について、オンデマンド版の販売を開始しました。
詳しくは出版図書目録、または小社ホームページをご覧ください。

日本武尊　上田正昭著
継体天皇　篠川　賢著
聖徳太子　坂本太郎著
秦　河勝　井上満郎著
蘇我蝦夷・入鹿　門脇禎二著
天智天皇　森　公章著
額田王　直木孝次郎著
持統天皇　直木孝次郎著
柿本人麻呂　多田一臣著
藤原不比等　高島正人著
長屋王　寺崎保広著
大伴旅人　鉄野昌弘著
県犬養橘三千代　義江明子著
山上憶良　稲岡耕二著
行基　井上　薫著
橘諸兄　中村順昭著
光明皇后　林　陸朗著
鑑真　安藤更生著
藤原仲麻呂　岸　俊男著

阿倍仲麻呂　森　公章著
道鏡　横田健一著
吉備真備　宮田俊彦著
早良親王　西本昌弘著
佐伯今毛人　角田文衛著
和気清麻呂　平野邦雄著
桓武天皇　村尾次郎著
坂上田村麻呂　高橋　崇著
最澄　田村晃祐著
平城天皇　春名宏昭著
藤原冬嗣　虎尾達哉著
円仁　佐伯有清著
伴善男　佐伯有清著
清和天皇　神谷正昌著
円珍　佐伯有清著
菅原道真　坂本太郎著
聖宝　佐伯有清著
三善清行　所　功著
藤原純友　松原弘宣著

紀貫之　目崎徳衛著
小野道風　山本信吉著
良源　平林盛得著
藤原佐理　春名好重著
紫式部　今井源衛著
慶滋保胤　小原　仁著
一条天皇　倉本一宏著
大江匡衡　後藤昭雄著
源信　速水　侑著
源頼光　朧谷　寿著
藤原道長　山中　裕著
藤原行成　黒板伸夫著
藤原彰子　服藤早苗著
源頼義　元木泰雄著
清少納言　岸上慎二著
和泉式部　山中　裕著
源義家　安田元久著
大江匡房　川口久雄著
奥州藤原氏四代　高橋富雄著

藤原頼長	橋本義彦著
藤原忠実	元木泰雄著
源頼政	多賀宗隼著
平清盛	五味文彦著
源義経	渡辺保著
西行	目崎徳衛著
後白河上皇	安田元久著
千葉常胤	福田豊彦著
源通親	橋本義彦著
文覚	山田昭全著
畠山重忠	貫達人著
法然	田村圓澄著
栄西	多賀宗隼著
北条義時	安田元久著
大江広元	上杉和彦著
北条政子	渡辺保著
慈円	多賀宗隼著
明恵	田中久夫著
藤原定家	村山修一著
北条泰時	上横手雅敬著
道元	竹内道雄著
北条重時	森幸夫著
親鸞	赤松俊秀著
北条時頼	高橋慎一朗著
日蓮	大野達之助著
阿仏尼	田渕句美子著
北条時宗	川添昭二著
一遍	大橋俊雄著
叡尊・忍性	和島芳男著
京極為兼	井上宗雄著
金沢貞顕	永井晋著
菊池氏三代	杉本尚雄著
新田義貞	峰岸純夫著
花園天皇	岩橋小弥太著
赤松円心・満祐	高坂好著
卜部兼好	冨倉徳次郎著
覚如	重松明久著
足利直冬	瀬野精一郎著
佐々木導誉	森茂暁著
二条良基	小川剛生著
細川頼之	小川信著
足利義満	臼井信義著
今川了俊	川添昭二著
足利義持	伊藤喜良著
世阿弥	今泉淑夫著
上杉憲実	田辺久子著
山名宗全	川岡勉著
経覚	酒井紀美著
一条兼良	永島福太郎著
亀泉集証	今泉淑夫著
蓮如	笠原一男著
宗祇	奥田勲著
万里集九	中川徳之助著
三条西実隆	芳賀幸四郎著
大内義隆	福尾猛市郎著
ザヴィエル	吉田小五郎著
三好長慶	長江正一著
今川義元	有光友學著
武田信玄	奥野高広著
朝倉義景	水藤真著
浅井氏三代	宮島敬一著
上杉謙信	山田邦明著
織田信長	池上裕子著

明智光秀　高柳光寿著
大友宗麟　外山幹夫著
千利休　芳賀幸四郎著
松井友閑　竹本千鶴著
豊臣秀次　藤田恒春著
ルイス・フロイス　五野井隆史著
足利義昭　奥野高広著
前田利家　岩沢愿彦著
長宗我部元親　山本大著
安国寺恵瓊　河合正治著
石田三成　今井林太郎著
真田昌幸　柴辻俊六著
最上義光　伊藤清郎著
前田利長　見瀬和雄著
高山右近　海老沢有道著
島井宗室　田中健夫著
淀君　桑田忠親著
片桐且元　曽根勇二著
徳川家康　藤井譲治著
藤原惺窩　太田青丘著
支倉常長　五野井隆史著

徳川秀忠　山本博文著
伊達政宗　小林清治著
天草時貞　岡田章雄著
立花宗茂　中野等著
宮本武蔵　大倉隆二著
小堀遠州　森蘊著
徳川家光　藤井譲治著
由比正雪　進士慶幹著
佐倉惣五郎　児玉幸多著
林羅山　堀勇雄著
松平信綱　大野瑞男著
国姓爺　石原道博著
野中兼山　横川末吉著
保科正之　小池進著
隠元　平久保章著
徳川和子　久保貴子著
酒井忠清　福田千鶴著
朱舜水　石原道博著
池田光政　谷口澄夫著
山鹿素行　堀勇雄著
井原西鶴　森銑三著

松尾芭蕉　阿部喜三男著
三井高利　中田易直著
河村瑞賢　古田良一著
徳川光圀　鈴木暎一著
契沖　久松潜一著
市川団十郎　西山松之助著
伊藤仁斎　石田一良著
徳川綱吉　塚本学著
貝原益軒　井上忠著
前田綱紀　若林喜三郎著
近松門左衛門　河竹繁俊著
新井白石　宮崎道生著
鴻池善右衛門　宮本又次著
石田梅岩　柴田実著
太宰春台　武部善人著
徳川吉宗　辻達也著
大岡忠相　大石学著
賀茂真淵　三枝康高著
平賀源内　城福勇著
与謝蕪村　田中善信著
三浦梅園　田口正治著

毛利重就　小川國治著
本居宣長　城福勇著
山村才助　鮎沢信太郎著
木内石亭　斎藤忠著
小石元俊　山本四郎著
山東京伝　小池藤五郎著
杉田玄白　片桐一男著
塙保己一　太田善麿著
上杉鷹山　横山昭男著
大田南畝　浜田義一郎著
只野真葛　関民子著
小林一茶　小林計一郎著
大黒屋光太夫　亀井高孝著
松平定信　高澤憲治著
菅江真澄　菊池勇夫著
鶴屋南北　古井戸秀夫著
島津重豪　芳即正著
狩谷棭斎　梅谷文夫著
最上徳内　島谷良吉著
渡辺崋山　佐藤昌介著
柳亭種彦　伊狩章著

香川景樹　兼清正徳著
平田篤胤　田原嗣郎著
間宮林蔵　洞富雄著
滝沢馬琴　麻生磯次著
調所広郷　芳即正著
橘守部　鈴木暎一著
黒住宗忠　原敬吾著
水野忠邦　北島正元著
帆足万里　帆足図南次著
江川坦庵　仲田正之著
藤田東湖　鈴木暎一著
二宮尊徳　大藤修著
広瀬淡窓　井上義巳著
大原幽学　中井信彦著
島津斉彬　芳即正著
月照　友松圓諦著
橋本左内　山口宗之著
井伊直弼　吉田常吉著
吉田東洋　平尾道雄著
緒方洪庵　梅溪昇著
佐久間象山　大平喜間多著

真木和泉　山口宗之著
高島秋帆　有馬成甫著
シーボルト　板沢武雄著
高杉晋作　梅溪昇著
川路聖謨　川田貞夫著
横井小楠　圭室諦成著
小松帯刀　高村直助著
山内容堂　平尾道雄著
江藤新平　杉谷昭著
和宮　武部敏夫著
西郷隆盛　田中惣五郎著
ハリス　坂田精一著
森有礼　犬塚孝明著
松平春嶽　川端太平著
中村敬宇　高橋昌郎著
河竹黙阿弥　河竹繁俊著
寺島宗則　犬塚孝明著
樋口一葉　塩田良平著
ジョセフ＝ヒコ　近盛晴嘉著
勝海舟　石井孝著
臥雲辰致　村瀬正章著

黒田清隆　井黒弥太郎著
伊藤圭介　杉本　勲著
福沢諭吉　会田倉吉著
星　亨　中村菊男著
中江兆民　飛鳥井雅道著
西村茂樹　高橋昌郎著
正岡子規　久保田正文著
清沢満之　吉田久一著
滝　廉太郎　小長久子著
副島種臣　安岡昭男著
田口卯吉　田口　親著
福地桜痴　柳田　泉著
陸　羯南　有山輝雄著
児島惟謙　田畑　忍著
荒井郁之助　原田　朗著
幸徳秋水　西尾陽太郎著
ヘボン　高谷道男著
石川啄木　岩城之徳著
乃木希典　松下芳男著
岡倉天心　斎藤隆三著
桂　太郎　宇野俊一著

徳川慶喜　家近良樹著
加藤弘之　田畑　忍著
山路愛山　坂本多加雄著
伊沢修二　上沼八郎著
秋山真之　田中宏巳著
前島　密　山口　修著
成瀬仁蔵　中嶌　邦著
前田正名　祖田　修著
大隈重信　中村尚美著
山県有朋　藤村道生著
大井憲太郎　平野義太郎著
河野広中　長井純市著
富岡鉄斎　小高根太郎著
大正天皇　古川隆久著
津田梅子　山崎孝子著
豊田佐吉　楫西光速著
渋沢栄一　土屋喬雄著
有馬四郎助　三吉　明著
武藤山治　入交好脩著
坪内逍遥　大村弘毅著
山室軍平　三吉　明著

阪谷芳郎　西尾林太郎著
南方熊楠　笠井　清著
山本五十六　田中宏巳著
中野正剛　猪俣敬太郎著
三宅雪嶺　中野目　徹著
近衛文麿　古川隆久著
河上　肇　住谷悦治著
牧野伸顕　茶谷誠一著
幣原喜重郎　種稲秀司著
御木本幸吉　大林日出雄著
尾崎行雄　伊佐秀雄著
緒方竹虎　栗田直樹著
石橋湛山　姜　克實著
八木秀次　沢井　実著

▽以下続刊

日本歴史学会編集

日本歴史叢書 新装版

歴史発展の上に大きな意味を持ち基礎的条件となるテーマを選び、平易に興味深く読めるように編集。

四六判・上製・カバー装／頁数二二四〜五〇〇頁

略年表・参考文献付載・挿図多数／二三〇〇円〜三二〇〇円

〔既刊の一部〕

日本考古学史—斎藤　忠
六国史—坂本太郎
延喜式—虎尾俊哉
荘　園—永原慶二
鎌倉時代の交通—新城常三
桃山時代の女性—桑田忠親
中世武家の作法—二木謙一
キリシタンの文化—五野井隆史
広島藩—土井作治
城下町—松本四郎
開国と条約締結—麓　慎一
幕長戦争—三宅紹宣
日韓併合—森山茂徳
帝国議会改革論—村瀬信一
日本の貨幣の歴史—滝沢武雄
神仙思想—下出積與
印　章—荻野三七彦

日本歴史学会編集

日本歴史

月刊雑誌（毎月23日発売）

一年間直接購読料＝八六〇〇円（税・送料込）

内容豊富で親しみ易い、日本史専門雑誌。割引制度有。

日本歴史学会編

人とことば（人物叢書別冊）

四六判・二六〇頁／二一〇〇円

天皇・僧侶・公家・武家・政治家・思想家など、日本史上の一一七名の「ことば」を取り上げ、その背景や意義を簡潔に叙述する。人物像の見直しを迫る「ことば」も収録。出典・参考文献付き。

〈通巻三〇〇冊記念出版〉

日本歴史学会編

日本史研究者辞典

菊判・三六八頁／六〇〇〇円

明治から現在までの日本史および関連分野・郷土史家を含めて、学界に業績を残した物故研究者一二三五名を収録。生没年月日・学歴・経歴・主要業績や年譜、著書・論文目録・追悼録を記載したユニークなデータファイル。

▽ご注文は最寄りの書店または直接小社営業部まで。（雑誌を除き表示価格は税別です）　吉川弘文館

日本歴史学会編

概説 古文書学 古代・中世編

A5判・二五二頁／二九〇〇円

古文書学の知識を修得しようとする一般社会人のために、また大学の古文書学のテキストとして編集。古代から中世にかけての様々な文書群を、各専門家が最近の研究成果を盛り込み、具体例に基づいて簡潔・平易に解説。

〔編集担当者〕安田元久・土田直鎮・新田英治・網野善彦・瀬野精一郎

日本歴史学会編

遺墨選集 人と書

〈残部僅少〉

四六倍判・一九二頁・原色口絵四頁／四六〇〇円

日本歴史上の天皇・僧侶・公家・武家・芸能者・文学者・政治家など九〇名の遺墨を選んで鮮明な写真を掲げ、伝記と内容を平明簡潔に解説。聖武天皇から吉田茂まで、墨美とその歴史的背景の旅へと誘う愛好家待望の書。

日本歴史学会編

演習 古文書選

B5判・横開
平均一四二頁

古代・中世編――一六〇〇円
様式編――一三〇〇円
荘園編(上)――目下品切中
荘園編(下)――目下品切中
近世編――一七〇〇円
続近世編――目下品切中
近代編(上)――目下品切中
近代編(下)――目下品切中

〔本書の特色〕▽大学における古文書学のテキストとして編集。また一般社会人が古文書の読解力を養う独習書としても最適。▽古文書読解の演習に適する各時代の基本的文書を厳選して収録。▽収載文書の全てに解読文を付し、簡潔な註釈を加えた。▽付録として、異体字・変体仮名の一覧表を添えた。

▽ご注文は最寄りの書店または直接小社営業部まで。（価格は税別です）　吉川弘文館